Erich Adami · Alfons Schweiggert

König Ludwig II.

Seine triumphale Reise durch Franken

Husum

Umschlagabbildung vorn: Ludwig II. in Ulanen-Uniform. Parade-Abnahme der Bamberger Garnison auf dem Bamberger Ulanen-Exerzierplatz in der Hofholzkaserne an der Nürnberger Straße. Ludwig Behringer, München 1864.
Umschlag hinten Abbildungen aus dem Buch

Bibliografische Information der Deutschen Nationalbibliothek

Die Deutsche Nationalbibliothek verzeichnet diese Publikation in der Deutschen Nationalbibliografie; detaillierte bibliografische Daten sind im Internet über http://dnb.d-nb.de abrufbar.

Von Alfons Schweiggert ist auch folgendes Buch erschienen

Der Kronprinz

Kindheit und Jugend
König Ludwig II. von Bayern

Illustrationen von Alfons Schweiggert

260 Seiten, zahlreiche Abbildungen, gebunden
ISBN 978-3-930156-30-6
Turmschreiber Verlag, Husum

Gesamtherstellung: Husum Druck- und Verlagsgesellschaft
Postfach 1480, D-25804 Husum – www.verlagsgruppe.de

ISBN 978-3-89876-549-7

Inhalt

Vorwort 9

Der deutsche Bruderkrieg
18. Juni bis 31. Juli 1866 13

Schmerzliche Nachwehen
August bis Oktober 1866 18

Hektische Reisevorbereitungen
München, vom 3. bis 9. November 1866 21

Der königliche Hofzug
Reise im Salon- und Glaswagen 26

Zehn Stunden im Regen
Fahrt nach Bayreuth am 10. November 1866 31

Umjubelt auf dem Söller des Schlosses der bauwütigen Wilhelmine
Bayreuth, vom 10. bis 13. November 1866 38

Im Schneckentempo auf gefährlicher Strecke
Auf der „Schiefen Ebene" am 13. November 1866 53

Unerhörte Aktion eines ehrgeizigen Bürgermeisters
Münchberg, den 13. November 1866 56

Konzert mit „geborgter Hofkapelle"
Hof, vom 13. bis 14. November 1866 58

Zu Gast beim vertriebenen König von Griechenland
Bamberg, vom 14. bis 18. November 1866 67

Jubel, Tränen, Absolution
Schweinfurt, den 18. November 1866 80

Im Schneesturm zum Schauplatz des letzten Kampfes
Kissingen, vom 18. bis 20. November 1866 88

Geldgeschenk für einen Helden
Hammelburg, den 20. November 1866 97

Kein Orden für den Bürgermeister
Gemünden, den 20. November 1866 ... 99

Die Perle des Spessarts empfängt den König
Lohr, den 20. November 1866 ... 100

Umjubelt im „Bayerischen Nizza" und kleiner Abstecher zur „Afrikanerin"
Aschaffenburg–Darmstadt, vom 20. bis 24. November 1866 ... 101

Nach dem Besuch des Soldatenfriedhofs keine Theatervorstellung
Würzburg, vom 24. bis 30. November 1866 ... 113

Huldigung eines Dichters
Kitzingen, den 30. November 1866 ... 137

Königliches Gelöbnis in der Fürther Synagoge
Fürth, den 30. November und den 4. Dezember 1866 ... 140

Goldene Tage in der alten Kaiserstadt
Nürnberg, vom 30. November bis 10. Dezember 1866 ... 147

Viertelstündiger Zwischenstopp auf der Heimfahrt
Augsburg, den 10. Dezember 1866 ... 188

Stürmische Begrüßung in der Residenzstadt
München, den 10. Dezember 1866 ... 189

Rückzug in die geliebte Bergwelt
Hohenschwangau, am 12. und 13. Dezember 1866 ... 197

Wieder fest auf seinem Thron
Das Ziel von Ludwigs Frankenreise ... 200

Überraschende Weichenstellung 1866
Die besondere Bedeutung von Ludwigs Frankenreise ... 209

Literatur ... 212

Quellen ... 214

Personenregister ... 215

Bayerische Eisenbahnen im Jahre 1876

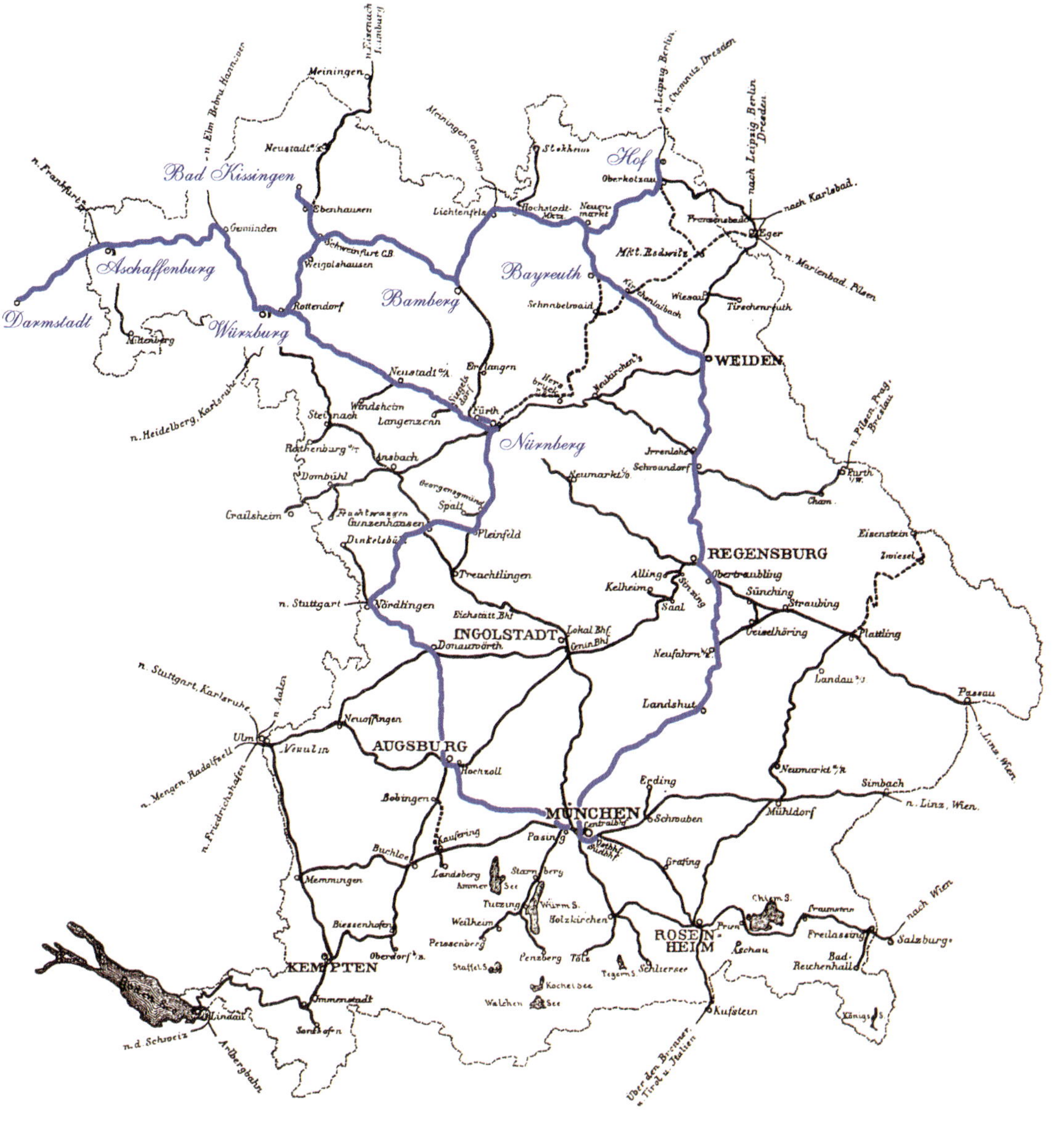

Reiseroute Ludwigs II.

Staatsbahnen im Betrieb.

Staatsbahnen im Bau.

Privat- und Anschluss-bahnen im Betrieb.

Gedenkblatt: Erinnerung an die Rundreise in den 3 fränkischen Kreisen 1866 mit den Städten Bayreuth, Bamberg (oben) und Würzburg, Nürnberg (unten)

Vorwort

Auch 125 Jahre nach seinem bis heute rätselhaften Tod im Starnberger See am 13. Juni 1886 beschäftigt die Persönlichkeit König Ludwigs II. von Bayern mehr als alle anderen Herrscher nicht nur der bayerischen Geschichte die Fantasie vieler Menschen. Bisweilen hat es sogar den Anschein, als nähme die Faszination dieser historischen Gestalt mit den Jahren noch zu. Dies zeigt sich vor allem 2011 erneut, wenn Bayern seinem wirtschaftlich erfolgreichsten König in Herrenchiemsee mit einer großen Landesausstellung zum Thema „Götterdämmerung – König Ludwig II." die Ehre erweist. All jenen, die dem König nach wie vor diesen wirtschaftlichen Erfolg absprechen und ihn eher als Geldverschwender sehen, der Bayern an den Rand des Staatsbankrotts gebracht hat, sei zum wiederholten Male gesagt, dass Ludwig II. mit seinen Investitionen für seine Schlösser in Bayern Arbeitsplätze und Einnahmen für bisher 125 Jahre gesichert hat und aller Wahrscheinlichkeit nach auch für viele weitere Jahrzehnte sichern wird.
Obwohl bis heute Tausende von Büchern und Schriften publiziert wurden, die sich mit unterschiedlichen, den König betreffenden Aspekten befassen, erscheinen doch immer wieder Bücher, die neue Facetten thematisieren, die bislang entweder zu wenig oder überhaupt nicht in den Mittelpunkt der Betrachtung gerückt wurden. Eines dieser Themen ist *Ludwigs II. triumphale Frankenreise*, die einzige Dienstreise, die der König während seines Lebens unternommen hat und auf der er seinen Untertanen so nahe kam wie niemals sonst in seinem ganzen Leben.
Gerade dieser Reise kam eine ungeheure politische Bedeutung zu. Der Krieg gegen Preußen war verloren. Die fränkischen Gebiete, die von 1803 bis 1806 dem bayerischen Territorium zugeschlagen worden waren, waren von den Kampfhandlungen am ärgsten betroffen. Während die Stimmung der Franken gegen die bayerische Zentrale in München ihren Tiefpunkt erreicht hatte, war ihr Groll über die mangelhafte bayerische Staats- und Heeresführung bedrohlich angewachsen. Ludwig war nach dem verlorenen Krieg nicht zu bewegen, das heimkehrende, geschlagene Heer zu begrüßen. Er fühlte sich von den politischen und militärischen Ereignissen überrumpelt und zum Schattenkönig degradiert. Sein Interesse galt der Kunst und nicht dem Militär, das in den Friedensjahren nicht für den Kriegsfall geschult worden war. Um seine Verbundenheit mit der vom Krieg heimgesuchten Provinz zu zeigen, wurde ihm nahegelegt, eine Reise durch Franken zu unternehmen. Schließlich machte bereits das Gerücht die Runde, die fränkischen Untertanen dächten an einen Abfall von Bayern. König Ludwig, der ernsthaft seinen Rücktritt erwog, weigerte sich anfänglich, die von seinen Ministern vorgeschlagene Reise anzutreten. Erst, als ihm auch Richard Wagner – dies sicher auch aus eigenem Interesse – von einem Rücktritt energisch abriet und ihn zum Antritt der Reise geradezu nötigte, gab

der König nach und trat am10. November seine Reise nach Franken an, die bis zum 10. Dezember 1866 dauerte. Diese Reise, die zu den wohl glücklichsten Erfahrungen in Ludwigs Leben zählte, wird selbst in einschlägigen Biografien entweder überhaupt nicht oder nur kurz erwähnt. Bislang fehlte eine lückenlose Darstellung all jener Geschehnisse, die sich im Verlauf dieser Reise ereigneten.

Der König-Ludwig Forscher Erich Adami, selbst Franke, hat nicht nur alle Orte der Frankenreise des Königs selbst besucht, sondern trägt seit Jahren in öffentlichen und privaten Archiven sowie in Bibliotheken alle jene Unterlagen und Dokumente zusammen, die mit der Frankenreise des bayerischen Monarchen zu tun haben. Die vorliegende Veröffentlichung entstand in enger Kooperation mit dem Münchner Schriftsteller und Ludwig-II.-Buchautor Alfons Schweiggert, dessen Aufgabe es war, das umfangreiche Quellenmaterial zu sichten und auszuwerten, die Ereignisse der 30-tägigen Reise zu einer nachvollziehbaren Gesamtschau zusammenzuführen, dabei dem Text die erforderliche Kontur und Lesbarkeit zu geben und schließlich auch aufzuzeigen, welcher besondere Stellenwert im Leben Ludwigs II. dieser Reise zukommt. Allen an der Persönlichkeit des Königs Interessierten werden jene Geschehnisse detailliert vor Augen geführt, die sich auf der Frankenreise abspielten. Nicht nur sämtliche, selbst nebensächliche Orte, die der König besuchte, sind berücksichtigt, sondern auch der Ablauf der einzelnen Tage wird bis in alle Einzelheiten dokumentiert. Die Chronologie der Ereignisse wird durch Bildbelege erweitert. Gemälde, Stiche, Pläne und Fotografien illustrieren die Vielfalt der dargebotenen Fakten.

Wie immer bei solchen Vorhaben, waren die Autoren auf die Hilfe von Einzelpersonen und Institutionen angewiesen. An erster Stelle gebührt vier Freunden Dank, die bereit waren, den Fundus ihrer Kenntnisse für dieses Buch zur Verfügung zu stellen. Rudi Kurz, ein Ludwigkenner aus Marktschorgast, forschte in Archiven nach Materialien für dieses Buch. Außerdem stellte er die Basisartikel zu den Kapiteln „Königszug“ und „Schiefe Ebene“ zur Verfügung. Die gleiche Offenheit erfuhren die Autoren bei Walter Hamm aus Uettingen, einem der besten Kenner des Krieges 1866, der umfangreiches Material zu diesem Thema lieferte. Da der Krieg 1866 nicht Zentralthema des Buches ist, konnten seine Anregungen – und dies auch aus Platzgründen – nur stark gekürzt Eingang finden. Auch ihm sei herzlich gedankt. Ein Dank geht auch an Michael Fuchs aus Berlin, der nach Durchsicht des Manuskripts manche Anregungen gab. Ein weiteres Dankeschön

Originalzug, mit dem Ludwig II. seine Frankenreise unternahm

gebührt Sandra Borkowsky aus Gießen, die für eine CD-Rom – dazu im Anhang des Buches nähere Informationen – verantwortlich zeichnet, die ergänzend zu dieser Veröffentlichung erscheinen wird und auf der alle jene Details und Quellen zu finden sind, die im Buch keinen Platz finden konnten.
Von den Institutionen nennen die Autoren mit Dank: die Bayerische Staatsbibliothek in München sowie die Staats- bzw. Stadtarchive Bayreuth, Hof, Bamberg, Schweinfurt, Bad Kissingen, Hammelburg, Gemünden, Lohr, Aschaffenburg, Würzburg, Kitzingen, Nürnberg, Fürth, Erlangen und Augsburg. Die dort archivierten und gespeicherten Materialen und Dokumente boten interessante Informationen und Hinweise, die in diese Publikation einflossen.
Gerade auch während der Frankenreise bestätigte sich Bismarcks Urteil über Ludwig II: „Sein königliches Bewusstsein war nicht bloße Eitelkeit, sein mehrseitiges Wissen nicht blendende Allwisserei, sein staatsmännisches Tun keine Torheit. Die Welt wird ihr Urteil über diesen bayerischen König bedeutend ändern, wenn man nicht bloß seine Kunstschöpfungen bewundert, sondern auch einmal Einsicht in seine staatsmännische Korrespondenz nimmt." Und, so möchte man ergänzen, sich auch einen Einblick in den Umgang mit seinen Untertanen gönnt, wie dieser sich nirgends sonst so eindrucksvoll zeigte wie auf seiner triumphalen Frankenreise von 1866, die er als junger König unternahm.

Kleinwallstadt und München
im Frühjahr 2011

Erich Adami, Alfons Schweiggert

Die Bayrische Königshymne

Heil unserm König! Heil!
Lang Leben sei sein Teil,
erhalt ihn Gott!
Gerecht und fromm und mild
ist er sein Ebenbild.
Heil unserm König! Heil! Gott gib ihm Glück

Fest ist des Königs Thron,
die Wahrheit seine Kron
und Recht sein Schwert.
Von Vaterlieb erfüllt
regiert er groß und mild.
Heil unserm König! Heil! Heil sei Dir! Heil!

Heilge Flamme glüh
glüh und erlösche nie
für's Vaterland
Wir alle stehen dann
voll Kraft für einen Mann,
für unser Vaterland Heil, Herrscher, Dir!

Sei bester König hier,
lang noch des Volkes Zier,
der Menschheit Stolz.
Der hohe Ruhm ist Dein
der Deinen Lust zu sein.
Heil unserm König! Heil! Heil, Herrscher, Dir!

* * *

Im Königreich Bayern wurde diese Hymne gesungen, so auch auf der Frankenreise Ludwigs II. Es ist eine Nachbildung der Habsburger Kaiserhymne „Heil, Kaiser Franz Josef, heil" mit der Melodie „God save the queen/king!"

Der deutsche Bruderkrieg

18. Juni bis 31. Juli 1866

Zur Frankenreise König Ludwigs II. wäre es vermutlich nie gekommen, wäre er nicht fünf Monate vorher in einen Krieg gezwungen worden, den er selbst nicht zu verantworten hatte und den er nicht wollte.
1864, als Ludwig eben König geworden war, hatten Preußen und Österreich im sogenannten Deutsch-Dänischen Krieg gemeinsam den Anschluss Schleswig und Holsteins an Dänemark verhindert und die beiden Herzogtümer den Dänen entrissen. Man glaubte, dies sei ein Zugewinn für Deutschland und den Deutschen Bund. Doch der preußische Ministerpräsident Otto von Bismarck wollte die Beute allein für Preußen behalten. Als er das von den Österreichern verwaltete Holstein widerrechtlich besetzte, forderte Österreich die mit ihm verbündeten deutschen Länder auf, gegen den Rechtsbrecher vorzugehen. Bismarck kam dies nicht ungelegen, wollte er Österreich doch aus dem deutschen Staatenbund hinausdrängen und damit Preußen die Vorherrschaft sichern.
Schon seit dem Ende des Ersten Deutschen Reiches im Jahre 1806 und mit der zum Abschluss der napoleonischen Epoche erfolgten Restauration gab es auf deutschsprachigem Gebiet keine zentrale Führungsgewalt. Stattdessen existierte mit dem Deutschen Bund ein lediglich lockerer Zusammenschluss von 35 mittelgroßen Ländern, die von Fürsten souverän regiert wurden. Dieser Staatenbund, zu dem neben den Königreichen Bayern, Hannover, Sachsen und Württemberg das Kurfürstentum Hessen-Kassel, Großherzogtümer wie Baden und Hessen-Darmstadt, außerdem etliche Herzogtümer, Fürstentümer und vier freie Reichsstädte gehörten, wurde von Preußen und Österreich dominiert.
Ludwigs Vater Maximilian hätte diese kleinen Mittelstaaten gerne zu einem geschlossenen Machtblock zusammengefügt, der dann neben dem starken Preußen und dem Kaiserreich Österreich eine dritte Großmacht gebildet hätte. Dies wollte Max II. deshalb, weil er sich sowohl von Österreich als auch vom protestantischen Preußen immer wieder bedrängt fühlte. „Wir in Bayern haben etwas Gutes von keinem der beiden Staaten zu versehen; die einen wollen uns aufzehren, die anderen wollen uns beherrschen." So umschrieb der bayerische Abgeordnete Völk diese Situation am 8. Juni 1866 recht treffend. Doch die von Max II. angestrebte „Trias-Idee" wurde nicht verwirklicht, weil die anderen kleinen Länder sich weigerten, Bayern die Führungsposition in diesem neuen Staatenbund zuzugestehen.
Dagegen war auch Bismarck. Er wollte stattdessen die Einigung der deutschen Staaten unter Ausschluss Österreichs und mit der Führungsrolle Preußens. Da ihm dies nicht gelang, schied er am 14. Juni aus dem Deutschen Bund aus und ließ die preußischen Truppen am 16. Juni Sachsen, Hannover und Kurhessen besetzen. Damit war der Deutsche Bund aufgelöst. Jetzt standen die Zeichen auf Krieg. Es ging um die Vorherrschaft in Deutschland und Bismarck beabsichtigte,

Otto von Bismarck,
Preußischer Kanzler

die deutsche Frage zugunsten Preußens „nicht durch Reden und Majoritätsbeschlüsse, sondern durch Eisen und Blut", also mit Waffengewalt zu lösen.

Ludwig II. aber wollte keinen Krieg. Sein Urgroßvater König Max I. Joseph, sein Großvater Ludwig I. und sein Vater Maximilian II. hatten das Glück, keinen Krieg führen zu müssen. Als Friedensfürsten hatten sie sich vor allem kulturellen Aufgaben gewidmet. Seit seiner ersten Thronrede betonte auch Ludwig immer wieder, den Frieden in Bayern um jeden Preis erhalten zu wollen. Jetzt sollte er plötzlich in einen Krieg hineingezogen werden, und das auch noch gegen den deutschen Bruderstaat Preußen, dem seine Mutter entstammte. War es nicht doch möglich, sich in der Auseinandersetzung zwischen Preußen und Österreich neutral zu verhalten? Nein, denn Bayern sah sich gezwungen, an die Seite von Österreich zu treten. Dort stand das Recht. Hätte Bayern seine Bündnispflichten gegenüber Österreich verletzt, wäre das ehrlos gewesen. „Dem Vorwurf des Wortbruchs und der Treulosigkeit" wollte sich Ludwig, wie er sagte, nicht aussetzen. Und so blieb Bayern nichts anderes übrig, als sich mit Österreich zu verbünden.

Aber womit sollte Bayern überhaupt in den Krieg ziehen? Etwa mit einer Armee, die schlecht ausgerüstet war und die seit Jahrzehnten, in denen in Bayern Frieden geherrscht hatte, auf keine kriegerische Auseinandersetzung vorbereitet worden war? Und dieses Heer sollte auch noch er anführen, der lieber Zivil als Uniform trug, der Waffen und sogar die Jagd verabscheute und der von Heeresführung nicht die geringste Ahnung hatte. Ludwig war verzweifelt und dachte an Abdankung. Er wollte den Thron seinem Bruder Otto übergeben, der mehr Interesse für das Militär zeigte. Doch Ludwigs Freund Wagner riet ihm davon ab.

Ludwig sah sich gegen seinen Willen gezwungen, am 10. Mai die Mobilmachung anzuordnen und seine bayerischen Soldaten an der Seite Österreichs in den Krieg gegen Preußen zu schicken, der am 21. Juni begann. Darüber zutiefst deprimiert, zog sich Ludwig nach Schloss Berg und auf die im Starnberger See gelegene Roseninsel zurück, um Abstand von dieser verkommenen Welt zu gewinnen. Doch die Regierung in München und die Bevölkerung verurteilten den Rückzug als Flucht vor dem Feind, für Ludwig aber war es eine Flucht vor dem bevorstehenden Hinschlachten kampfunerprobter Soldaten seines Landes. Sollte er sie etwa auffordern, in den sicheren Tod zu gehen, und dabei auch noch zuschauen? Nein, entsetzt über das Unabwendbare, vergrub er sich in die Einsamkeit und versuchte sich abzulenken. Vielleicht ließ er deshalb auf der Roseninsel als Zeichen des Protestes gegen den Krieg, dessen Feuer alles vernichtet, ein Feuerwerk des Friedens abbrennen. Und statt in militärischer Uniform aufzutreten, kleidete er sich lieber in fantasiereiche Kostüme. Seine Minister, die ihm den Krieg als unabwendbar

dargestellt hatten, wollte er nicht mehr sehen. Wichtige Depeschen und Staatspapiere ließ er sich zur Unterzeichnung in einem Kahn zur Roseninsel bringen.
Während sich die Armee zum Krieg rüstete, reiste der König am 22. Mai von Berg aus heimlich in die Schweiz, um sich an Richard Wagners Geburtstag in Tribschen am Vierwaldstätter See erneut mit ihm über seine Abdankungsabsichten zu unterhalten. Wagner riet ihm dringend davon ab, in erster Linie wohl deshalb, weil er befürchtete, dass ihn ein König ohne Thron finanziell nicht mehr so großzügig wie bisher unterstützen könne. Als Ludwig nach Berg zurückkehrte, murrten Regierung und Volk. Was war das für ein König, der sich kurz vor Kriegsbeginn davonstahl und das auch noch ausgerechnet zu Wagner in die Schweiz? Sie wussten nicht, dass es dieser Wagner war, der den jungen König stets aufs Neue zur Erfüllung seiner staatspolitischen Aufgaben überredete und ihn in einem Brief beschwor: „Wenden Sie dagegen mit größter Energie ihre Aufmerksamkeit den Staatsgeschäften zu; versagen Sie sich die tröstliche Zurückgezogenheit in Berg; halten Sie sich in Ihrer Residenz auf: Bleiben Sie beim Volke, zeigen Sie sich ihm. Wenn Sie mich so lieben, wie ich es ersehne, so erhören Sie meine Bitte, wenn ich Sie beschwöre, den Landtag selbst zu eröffnen." Der König folgte Wagners Aufforderung. Als er am 27. Mai in München zur Eröffnung des Landtags durch die Straßen fuhr, begleiteten ihn allerdings keine Hurrarufe. Stattdessen wurden ihm von den Straßenpassanten Schimpfworte nachgerufen, was ihn tief verletzte.
In seiner Rede vor dem Landtag versuchte der König erneut den Frieden heraufzubeschwören, als er betonte: „Ich war eifrig bemüht, auf die Erhaltung des Friedens im Bunde hinzuwirken, dessen Wahrung ebenso Pflicht jedes einzelnen Bundesgliedes als der Gesamtheit ist. Noch will ich die Hoffnung nicht aufgeben, dass das Verderben eines Bürgerkrieges von Deutschland abgewendet werde, dass eine Lösung der schleswig-holsteinischen Frage auf dem Wege des Rechts und einer zeitgemäßen Reform des Deutschen Bundes unter Mitwirkung einer nationalen Vertretung unserem großen Vaterlande neuerdings dauernden Frieden gebe." Doch seine Hoffnung erfüllte sich nicht. Seine Landtagsrede wurde schlecht aufgenommen. Noch am selben Tag telegrafierte Ludwig an Cosima von Bülow: „Empfang eiskalt! Presse schändlich!"
Die österreichische Kriegserklärung erfolgte am 17. Juni, die preußische am 18. Juni 1866. „O tief beklagenswerte Zeit", schrieb Ludwig am 17. Juni an Wagner. 13 bundestreue Staaten unter Führung Österreichs mit 397 000 Soldaten standen nun 18 abtrünnigen Staaten mit 326 000 Mann unter Führung Preußens gegenüber. Anstelle ihres Königs wurden die 42 000 Soldaten der bayerischen Armee von dem 71-jährigen Generalfeldmarschall Prinz Karl von Bayern, einem alten Mann, angeführt und von dem unerfahrenen 51-jährigen Generalleutnant Ludwig Freiherr

König Ludwig II. im Alter von 20 Jahren

Aschaffenburg, Gefecht am Bahnhof

von der Tann, der zudem im Verdacht stand, preußenfreundlich zu sein. Auch die Offiziere, die kein rechtes Vertrauen in die eigene Kraft besaßen, überzeugten nicht besonders. Als Kriegsminister fungierte Eduard von Lutz, ein kriegsunerfahrener Militärbürokrat. Am 18. Juni bewilligte die bayerische Regierung ein Militärbudget von 31,5 Millionen Gulden – mit diesem Geld hätte Ludwig alle seine Schlossbauten finanzieren können.

Zwar konnte man den König dazu bewegen, am 25. Juni dem Bamberger Hauptquartier einen Besuch abzustatten, der sich auf die Stimmung der bayerischen Soldaten äußerst positiv auswirkte. „Ach, wenn die Preußen wüssten, dass sie morgen sterben müssten ...", frohlockten sie in euphorischer Stimmung, ohne zu ahnen, dass dieses den Preußen zugedachte Schicksal vor allem ihnen selbst bestimmt war. Das Erscheinen des jungen, „überirdisch schönen" Königs übte auf alle Soldaten eine magische Wirkung aus. Ludwigs Rede vor dem Bamberger Hauptquartier, die jubelnd aufgenommen wurde, schloss mit den Worten: „Ich nehme nicht Abschied von euch. Meine Gedanken bleiben bei euch." Doch er selbst blieb nicht, um mit seiner Armee in den Kampf zu ziehen. Stattdessen zog er sich nach einer Kurzvisite in Schweinfurt und Neustadt sofort wieder nach Schloss Berg an den Starnberger See zurück.

Als 13 Tage nach Kriegsbeginn, am 3. Juli 1866, die österreichische Armee bei dem von ihr als starke Festung ausgebauten böhmischen Ort Königgrätz vernichtend geschlagen wurde, zeichnete sich auch die Niederlage der bayerischen Armee ab. Einen Tag vor dieser Entscheidungsschlacht schrieb Ludwig von der

Roseninsel aus an Richard Wagner: „Wehe dem Unseligen, der die Verantwortung dieses fürchterlichen Krieges zu tragen hat." Obwohl die Bayern, wie der preußische General Manteuffel anerkannte, „wie die Löwen" gekämpft hatten, waren sie in Führung und Taktik dem gegnerischen Heer weit unterlegen. Die Ausrüstung war schlecht. Die veralteten umständlichen Vorderlader waren den modernen schnell feuernden Zündnadelgewehren der preußischen Soldaten nicht gewachsen. In den fränkischen Regionen Bayerns, also in den ehemals von Hohenzollern beherrschten Gebieten, wurde die preußische Armee zudem mitunter eher als Befreier begrüßt, hofften die protestantischen Franken doch, im ebenso protestantischen Preußen womöglich eine neue und bessere Heimat zu finden. Die Preußen waren nicht mehr aufzuhalten. Am 10. Juli siegten sie bei Kissingen und Hammelburg, am 14. Juli bei Aschaffenburg. Am 16. Juli waren sie in Frankfurt am Main.
„O wie furchtbar, wie entsetzlich sieht es in der Welt jetzt aus", klagte Ludwig am 18. Juli seinem Freund Wagner, „die Geister der Finsternis herrschen; ach, überall Trug und Verrat, Eide gelten nicht, Verträge werden gebrochen; doch noch gebe ich die Hoffnung nicht auf. Gott gebe, dass Bayerns Selbstständigkeit gewahrt werden kann; wenn nicht, wenn die Vertretung nach außen verloren geht, wenn wir unter Preußens Hegemonie zu stehen kommen, dann fort, ein Schattenkönig ohne Macht will ich nicht sein."
Die Preußen rückten weiter in Franken vor. Zu den letzten Gefechten kam es am 25. und 26. Juli bei Uettingen, Helmstadt und Roßbrunn. Die Stadt Würzburg und die Marienfeste wurden am 27. Juli Ziel der preußischen Artillerie. Im Pfarrhaus von Eisingen, westlich von Würzburg, kam es zu einem ersten Waffenstillstand zwischen den Preußen und den Bayern. Das Gefecht bei Seybothenreuth am 29. Juli hatte keinen entscheidenden Einfluss mehr auf den Ausgang des Krieges. Und am 31. Juli wehte von der Nürnberger Kaiserburg die schwarz-weiße Fahne Preußens. Der Krieg, der knapp eineinhalb Monate gedauert hatte, war für die österreichischen Bündnispartner, darunter auch Bayern, verloren.

Schmerzliche Nachwehen

August bis Oktober 1866

Die Friedensverhandlungen in Berlin begannen mit einem Schock für Bayern. Preußen forderte 30 Millionen Gulden Kriegsentschädigung und umfangreiche Landesabtretungen, so eines Teils der Rheinpfalz und fränkischer Gebiete nördlich des Mains, darunter Kulmbach, Hof, Lichtenfels, Kissingen, Brückenau und Hammelburg. Durch diese enormen Gebietsverluste hätte Bayern an die 700 000 Bürger und Steuerzahler verloren. Weder von der Pfordten, noch Ludwig und seine Mutter, eine preußische Prinzessin, konnten gegen diese harten Friedensbedingungen etwas ausrichten. Es waren Bismarck und die Intervention des französischen Kaisers Napoleon III., der Preußen nicht zu mächtig sehen wollte, die schließlich zu glimpflichen Bedingungen führten. Bayern kam gleichsam mit einem blauen Auge davon. Neben 30 Millionen Gulden Reparationsleistungen mussten an Preußen „nur" die fränkischen Gebiete Gersfeld, Orb und Kaulsdorf abgetreten werden. Als Gegenleistung für diese relativ milden Friedenbedingungen forderte Preußen von Bayern ein geheimes Verteidigungs- und Angriffsbündnis, das bedeutete, dass ab sofort nicht mehr Österreich, sondern Preußen Bayerns Bündnispartner war. Im Kriegsfall würde der König von Preußen den Oberbefehl über die bayerischen Truppen erhalten. Außerdem musste Bayern dem deutschen Zollverein, einem Zusammenschluss für den Bereich der Zoll- und Handelspolitik, beitreten, der von Preußen dominiert wurde. Ludwig war darüber verbittert, dennoch seufzte er nach Unterzeichnung des Friedensvertrages am 22. August 1866: „Gottlob, dass Friede ist!"

Drei Tage später, an seinem 21. Geburtstag, dachte Ludwig erneut über einen Rücktritt zugunsten seines Bruders Otto nach, denn ein machtloser Schattenkönig von Preußens Gnaden wollte er nicht sein. Und als solcher empfand er sich, war nunmehr doch seine Hoheit sowie die seines Landes Bayern von Preußen empfindlich eingeschränkt. Ludwig war nicht zu bewegen, das geschlagene heimkehrende bayerische Heer mit Prinz Karl, der von einigen als „Verräter" bezeichnet wurde, in München zu begrüßen. Die Regierung und die Familie Wittelsbach fragten sich erneut, ob Ludwig wirklich dem Amt des Königs von Bayern gewachsen sei und ob es nicht besser wäre, ihn abzufinden, damit er sich seinen künstlerischen Schwärmereien widmen könne.

König Ludwig II. von Bayern in Generalsuniform

Ende August kam dann auch noch eine eigenartige Nachforderung aus Berlin. Ludwigs Onkel Wilhelm, der König von Preußen, verlangte plötzlich die Abtretung der Nürnberger Burg, da sich hier einst der Stammvater der brandenburgischen Zollern-Linie, der Burggraf von Nürnberg, aufgehalten hatte, bevor er die Mark Brandenburg als Lehen erhielt. Aber im Besitz der hohenzollerschen Ahnen war die Kaiserburg nie. Ludwig war „sehr beunruhigt", wie er seinem Großvater empört schrieb, aber er sah zunächst keine andere Möglichkeit, als die preußische Abtretungsforderung in ein bayerisches Mitbesitzungsangebot umzubiegen. Und so machte er am 29. August 1866 Onkel Wilhelm zähneknirschend den Vorschlag, die ehrwürdige Burg doch gemeinsam zu besitzen: „Wenn von den Zinnen der gemeinschaftlichen Ahneburg die Banner von Hohenzollern und Wittelsbach vereinigt wehen", heuchelte er, „möge darin ein Symbol erkannt werden, dass Preußen und Bayern über Deutschlands Zukunft wachen." Wie hellsichtig hatte Ludwig bereits vor dem Krieg geurteilt, als er erkannte, dass Preußen nicht nur die Vorherrschaft in Norddeutschland anstrebte. „Jetzt", meinte er schon am 11. April zu Fürst Hohenlohe, „aber später werden sie auch noch mehr verlangen."

Wilhelm I.,
König von Preußen

Der Krieg war vorbei, aber König Ludwig II. wusste, dass die Selbstständigkeit Bayerns stark angeschlagen war und dass auch er viel Vertrauen beim Volk eingebüßt hatte. Vor allem in Franken hatte sich in den vergangenen Monaten eine unheilvolle Stimmung aufgebaut. Schon beim Aufmarsch der bayerischen Truppen ab Ende Mai hatten die Kriegsbelastungen die beiden im Norden gelegenen Regierungsbezirke Unter- und Oberfranken massiv bedrückt. Die Truppen waren damals in zwei Lagern an der Mainlinie – in Grafenrheinfeld bei Schweinfurt und in Oberhaid bei Bamberg – konzentriert worden. Dort hatte die Bevölkerung nach dem geltenden „Verpflegungsreglement" für die Einquartierung, also für die Unterkunft von Soldaten in Haus und Anwesen, für die Verpflegung und den Vorspann, das heißt für Fuhrwerke zum Transport des Heeres sowie für Lieferungen bezüglich des Bedarfs der Armee Sorge zu tragen, wozu die Beschaffung von Nahrung, von Material für Biwaks, von Brennholz und Futter für die Tiere zählte. Auch wenn ein späterer Kostenersatz dafür in Aussicht gestellt worden war, so waren alle diese Leistungen zunächst von der Bevölkerung aus eigenen Vorräten und auf eigene Kosten zu bewerkstelligen gewesen.
Waren diese Belastungen schon während der Aufmarschphase recht beträchtlich, so steigerten sie sich noch erheblich, als die beteiligten Streitkräfte – die preußische Main-Armee mit ca. 45 000 Mann, das bayerische VII. Armeekorps mit ca. 70 000 Mann und die mit Bayern verbündeten süddeutschen Truppen, also das VIII. Armeekorps mit Kontingenten aus Baden, Württemberg, Hessen-Darmstadt, Nassau und Österreich mit ca. 40 000 Mann und schließlich auch noch das preußische II. Reservekorps mit ca. 20 000 Mann in Franken operierten. Zu all den Belastungen kamen noch die durch die Gefechte und durch Plünderungen verursachten Kriegsschäden, insbesondere im Raum Kissingen und bei Hammelburg, Laufach/Frohnhofen und Aschaffenburg, Helmstadt/Uettingen/Roßbrunn im Landkreis Würzburg und in Würzburg selbst, sowie bei Seybothenreuth in Oberfranken. Ganz zu schweigen von der Versorgung der zahllosen Verwundeten und der Bergung der Gefallenen.
Dies alles hatte in den davon betroffenen Gebieten von Unter- und Oberfranken, vereinzelt auch in Mittelfranken, zu nahezu totalen Ernteausfällen, zu völligem Verlust von Lebensmitteln und Vorräten und gigantischen Schadenssummen geführt.

Besetzung Nürnbergs durch die preußische Gardelandwehr 1866

Die fränkische Bevölkerung wurde gleichsam systematisch ausgeblutet, während Altbayern vergleichsweise ungeschoren davongekommen war. Dies verbitterte die Franken, zumal nach dem Waffenstillstand und dem Abzug der Truppen bis Ende August von Seiten der bayerischen Regierung weder anerkennende Worte noch finanzielle Entschädigungen für die immensen finanziellen und persönlichen Verluste geleistet wurden. In Franken begann es im Volk unheilvoll zu brodeln und für die bayerische Regierung war es allerhöchste Zeit, dieser Unzufriedenheit in den „neubayerischen Provinzen" beschwichtigend zu begegnen. Man munkelte bereits, dass die Franken sich mit dem Gedanken trügen, sich von Bayern abzulösen. Dies konnte nur einer verhindern, König Ludwig II. Er sollte nun unverzüglich die vom Krieg so schwer in Mitleidenschaft gezogenen fränkischen Gebiete Bayerns besuchen, an Ort und Stelle die Folgen des Krieges besichtigen, die Schlachtfelder in Augenschein nehmen und den leidgeprüften Bewohnern Trost und Hilfe bringen. Durch sein Charisma, mehr aber noch durch entsprechende Hilfsangebote musste das Wohlwollen der Franken für Bayern schnellstens zurückgewonnen werden. Das Ministerium drängte den anfänglich zögernden König. Als auch Richard Wagner ihn dazu ermunterte, entschied sich Ludwig, die Fahrt ins Land der Franken anzutreten. „Leicht fällt es mir nicht, die Reise jetzt zu unternehmen", gestand er am 6. November Richard Wagner, „jetzt aus der so wohltuenden Einsamkeit herauszutreten, darin ich Trost finde [...] aber ich sehe es ein: Handeln hilft jetzt einzig, ‚es muss, es muss, höh're Macht gebeut's'. [...] ich will mit einem Male den Dunstkreis der Gehässigkeit, die Wolken der Bosheit und falschen Kunden, welche die Leute geschäftig oft um meine Person zu verbreiten suchten, auseinanderjagen, will, dass mein Volk erfährt, wie ich bin, dass es seinen Fürsten endlich kennenzulernen beginnt."
Aber König Ludwig sollte dabei auch seine Franken als treue Bayern kennenlernen. Die zunächst als Canossa-Gang empfundene Entscheidung sollte sich schon in wenigen Tagen zu einem beispiellosen Triumph für ihn entwickeln.

Hektische Reisevorbereitungen

München, vom 3. bis 9. November 1866

Nachdem Ludwigs Entscheidung gefallen ist, die Frankenreise anzutreten, ergeht *Anfang November* der Befehl an die Schlossverwaltungen insbesondere in Nürnberg, Bayreuth und Bamberg – auch in Brückenau, obwohl es dann doch nicht besucht wird – sowie Würzburg und Aschaffenburg, die Appartements in den dortigen Schlössern wohnlich einzurichten, da der König während seiner Reise dort Quartier nehmen wolle. Bezüglich der Reisedauer ist von 20 Tagen die Rede. Begleitet wird der König von der gesamten königlichen Hofhaltung.

Von *Samstag, den 3. November*, bis *Montag, den 5. November*, begibt sich Ludwig, der sich seit dem 14. Oktober in Hohenschwangau aufhält, auf einen Reitausflug. Er führt ihn nach Innsbruck, wo er am Abend seinen nach Rom reisenden Großvater Ludwig I. verabschieden will.

Am *Sonntag, den 4. November*, meldet die Presse, der König beabsichtige eine Reise nach Franken, um die vom Krieg heimgesuchten Orte zu besuchen. Begleiten soll ihn sein künftiger Kabinettchef Staatsrat Max von Neumayr, von dem angeblich auch die Idee zu dieser Dienstreise stammt, was Ludwig selbst später heftig dementiert. Da er gegen Ende der Reise mit Neumayrs Verhalten fortwährend unzufriedener ist, wird diesem später auch nicht die Leitung des Kabinetts übertragen. Geplant ist zunächst nur der Besuch der größeren Städte Frankens. Eine umfangreichere Rundreise, in der dann auch kleinere Städte besucht werden sollen, ist für das kommende späte Frühjahr oder den Sommer 1867 ins Auge gefasst. Inzwischen verlässt Ludwig Innsbruck und kehrt nach München zurück, wobei er in Partenkirchen bei einem Zwischenaufenthalt Nachtquartier nimmt.

Am *Montag, den 5. November*, trifft der König wieder in Schloss Hohenschwangau ein. An diesem Morgen reist auch Staatsrat von Pfistermeister auf Ludwigs Befehl nach Hohenschwangau. Nun laufen die Vorbereitungen der Frankenreise auf Hochtouren.

Als Zielpunkte der Reise sind folgende Städte ins Auge gefasst: Bayreuth (Schloss), Hof (Gasthof), Bamberg (Schloss), Kissingen (Königliches Kurhaus), Aschaffenburg (Schloss), Würzburg (Schloss) und Nürnberg (Kaiserburg). In den dort vorgesehenen Unterkünften, insbesondere in den Schlössern, werden die Räume vorbereitet.

Die militärische Reisebegleitung des Königs übernehmen die Generaladjutanten von LaRoche und Graf von Rechberg sowie der Ordonanzoffizier Freiherr von Künsberg.

Am *Dienstag, den 6. November*, berichtet Ludwig von Hohenschwangau aus seiner früheren Erzieherin und Freundin Sybilla von Leonrod in einem Brief über das Ende des Krieges und die geplante Reise in die vom Krieg besonders betroffenen fränkischen Gebiete.

König Ludwig II. als Reiter in den bayerischen Alpen

„[...] O welch fürchterliche Zeiten haben wir zu erleben gehabt! – Wie arg ward unser teures Bayerland durch die Gräuel des Bruderkrieges heimgesucht! – Doch, ich hoffe es fest zu Gott, wir werden in Zukunft ungetrübt die Segnungen des Friedens genießen dürfen, auf dieses entsetzlich traurige Jahr werden glücklichere Zeiten folgen."

Ludwig freut sich besonders auf den Besuch der Stadt Nürnberg, für ihn der Höhepunkt der Reise:

„Seit 4 Wochen weile ich im herrlichen Hohenschwangau, wo ich die schönsten Tage meines Lebens in den unvergesslichen Jahren der Kindheit verlebte, übermorgen fahre ich nach München zurück und gedenke am Sonnabend eine Reise in die fränkischen Provinzen zu unternehmen, ich habe vor, etwa 6 Städte zu besuchen, welche am meisten durch die Wehen des Krieges zu leiden hatten; in Nürnberg gedenke ich mich 4–5 Tage aufzuhalten."

In der alten Kaiserstadt, so wünscht sich Ludwig, würde er gerne auch Sybilla von Leonrod treffen.

„Wie innig würde ich mich freuen, fändest Du Zeit in eine der Städte zu kommen, etwa nach Nürnberg, denn Du glaubst nicht, wie freudig es mein Herz stets bewegt, wenn ich Dich wiedersehe. [...]"

Dieser Wunsch wird auch in Erfüllung gehen.

Auch an Richard Wagner, der sich in Triebschen in der Schweiz aufhält, verfasst

Ludwig einen Brief, in dem er an den Besuch des Komponisten im letzten November in Hohenschwangau erinnert:

„[...] Herrliche Novembertage habe ich hier verlebt im teuren Hohenschwangau; die Ausflüge in die Umgegend, die ich zu Ross unternahm, haben dazu beigetragen, meine Gesundheit völlig zu kräftigen, und doch habe ich immerfort das entsetzliche Gefühl der Leere, denn es ist hart, sehr hart, so lange von dem geliebtesten der Freunde fern leben zu müssen; o diese fürchterliche Trennung! [...]"

Über die bevorstehende Reise äußert Ludwig:

„Ich glaube, es wird den Teuersten freuen zu hören, dass ich in einigen Tagen eine kleine Reise in die fränkischen Provinzen unternehmen werde und dann zu Anfang des nächsten Sommers die große Rundreise antreten will; was mich bei dem Besuche Nürnbergs bewegen wird, habe ich nicht nötig dem geliebten Freunde näher auszuführen, das können Worte nicht schildern! [...]"

Dieser Äußerung ist zu entnehmen, dass man in München bereits jetzt eine zweite, weit umfangreichere Frankenreise plant, die im Sommer 1867 stattfinden soll. Mit der bevorstehenden Kurzreise kann sich Ludwig aber noch immer nicht anfreunden, wie er Wagner gesteht:

„Leicht fällt es mir nicht, die Reise jetzt zu unternehmen (ich muss es dem teuren Freunde gestehen), jetzt aus der so wohltuenden Einsamkeit herauszutreten, darin ich Trost finde, die mich die Trennung von dem einzig geliebten Wesen leichter ertragen lässt; aber ich sehe es ein: Handeln hilft jetzt einzig, ‚es muss, es muss, höh're Macht gebeut's' – Denn gerade dadurch trage ich dazu bei, Unser heiliges und ewiges Werk zu fördern."

Der König sieht jedoch ein, dass er zur Wiederherstellung seines deutlich angekratzten Images, aufgrund dessen man gerade in Franken nicht gut auf ihn zu sprechen ist, dringend etwas tun muss. Und so versichert er Wagner, dass er auf seiner Reise alle gehässigen und boshaften Gerüchte zunichte machen und dem Volk zeigen wolle, dass er ein regierungsfähiger und starker König ist.

Am *Mittwoch, den 7. November*, begibt sich Staatsrat Max von Neumayr am Morgen zum König nach Hohenschwangau, um ihn zurück nach München zu begleiten. Doch erst am Nachmittag bricht Ludwig auf und muss daher in Steingaden übernachten. Fürst Paul von Thurn und Taxis wird heute „unter allergnädigster Anerkennung seiner Dienstleistung" seines Amtes als königlicher Flügeladjudant enthoben und zum 3. Artillerie-Regiment versetzt.

Mittlerweile kursieren sich ständig widersprechende Meldungen über die Reiseroute. So heißt es einmal, die Fahrt werde von München aus nach Nürnberg gehen. Von dort werde dann die Rundreise durch die vom Krieg heimgesuchten fränkischen Kreise ihren Anfang nehmen. Doch schon am nächsten Tag liest man, die Reise werde mit der Ostbahn nach Bayreuth und von dort aus quer durchs Fränkische führen. Schließlich gibt es neue und angeblich definitive Informationen. Danach reist Ludwig am Samstag mit der Ostbahn über Landshut und Regensburg nach Bayreuth, dann nach Hof, Bamberg, Schweinfurt, Aschaffenburg, Würzburg und Nürnberg.

Max von Neumayr, Reisebegleiter auf der Frankenreise König Ludwigs II.

Am *Donnerstag, den 8. November*, verlässt der König morgens Steingaden und kehrt über Weilheim in die Residenzstadt München zurück, wo er noch einige Termine wahrnehmen will.
Am *Freitag, den 9. November*, wird in der Presse verlautbart, dass es anlässlich der Frankenreise des Königs eine allgemeine ausnahmslose Amnestie für politische Gefangene geben wird. Da es aber in Bayern seit der Erlassung des Amnestiegesetzes vom 10. Juni 1865 keine aus politischen Gründen verurteilten Personen mehr gibt, kann auch vom Erlass einer Amnestie nicht die Rede sein.
Ludwigs Frankenreise soll „in strengstem Inkognito nach Nro.4 der allerhöchsten Reisevorschriften erfolgen", da man davon ausgeht, der hohe Gast werde in dem vom Krieg ausgebluteten Frankenland nicht gerade mit übermäßiger Begeisterung empfangen. Die Vorbereitungen des Obersthofmeisteramtes erwecken allerdings den Eindruck, dass man diese Vorschriften nicht allzu ernst nimmt, schickt man doch acht mit allen möglichen Reiseutensilien bis zum Bersten gefüllte Eisenbahnwaggons voraus, was nicht gerade auf eine Reise inkognito schließen lässt.
So verlässt bereits am 5. November ein Zug mit einem Teil der Hofhaltung München und fährt als Vorhut in Richtung Franken. Befördert werden ein Zahlmeister, ein Kämmerer, ein Confektmeister, 14 Offizianten, 20 Personen Küchenpersonal, 24 Jäger und Livreebediente, zwei Bereiter und 22 Stallbedienstete sowie 93 der prächtigsten Pferde und 17 Staatskarossen aus den königlichen Marställen in München. Mit ihnen soll der König und sein Gefolge jeweils an den Bahnhöfen der besuchten Städte abgeholt und eskortiert werden. Zur Ergänzung des Mobiliars in den königlichen Schlössern und Residenzen werden acht große Wagen mit Einrichtungsgegenständen vorausgesandt.
In Bamberg und Würzburg treffen ein Stallmeister, 25 Marstallbedienstete, 37 Pferde und 6 Wagen ein; in Bayreuth, Schweinfurt und Nürnberg ein Hoffourier, zwei Bereiter, 23 Marstallbedienstete, 34 Pferde, sieben Wagen; und in Hof und Aschaffenburg sind es zwei Bereiter, 15 Marstallbedienstete, 22 Pferde und fünf Wagen.

Als Dauer der Frankenreise sind nunmehr definitiv 20 Tage vorgesehen.
Folgende Aufenthalte und Tage sind geplant:
- Bayreuth – zwei Tage
- Hof und zurück nach Kulmbach – zwei Tage
- Bamberg – zwei Tage
- Schweinfurt – ein Tag
- Kissingen – zwei Tage
- über Hammelburg, Gemünden und Lohr nach Aschaffenburg – drei Tage
- Würzburg – drei Tage
  dabei Ausflüge in die vom Krieg heimgesuchten Ortschaften.
- Nürnberg, nach Ludwigs Forderung „mindestens 4–5 Tage"

Aus einem Kommentar des „Fränkischen Kuriers", betitelt „Die Reise des Königs", wird deutlich, welche Erwartungen die Franken an Ludwig haben. Sie würden, so heißt es darin, an seinen Besuch „freudige Hoffnungen knüpfen [. . .], dass mit dieser Reise eine neue segensreiche Ära für die Heimat, für das Gesamtva-

Schloss Hohenschwangau

terland inauguriert [eingeleitet] wird." Vom König, der in München „von ultramontanen und reaktionären Einflüssen" umgeben sei, sind „seit seinem Regierungsantritt nur von hohem Sinne zeigende Neigungen kund geworden, viele Einrichtungen der gesetzlichen Vertretung des Landes vorgelegt worden, die dem Staate zum Segen gereichen müssen."
Des Weiteren äußert der Kommentar unverhohlen die Zuversicht, dass sich Ludwig, nachdem er sich einem seine jugendliche Schaffenskraft lähmenden Umfeld entzogen habe, „mit der ihm so reich verliehenen Begabung dem Wohle des Volkes, dem Heile des Staates" widmen werde. Dabei würde er sich überzeugen können, „dass die Bewohner der fränkischen Provinzen [...] nicht die schlechtesten Bürger des bayerischen Staates sind." Sie forderten lediglich innenpolitisch „eine Befreiung von allen drückenden Schranken im bürgerlichen Leben, eine verständnisvolle Befriedigung aller volkswirtschaftlichen Bedürfnisse, eine Stärkung der Macht des Landes durch allgemeine Teilnahme an der Wehrpflicht" und außenpolitisch wünschten sie sich „ein Schutz- und Trutzbündnis mit dem deutschen Norden zum Heile Bayerns und Gesamtdeutschlands." Der König könne sich überzeugen, dass die Franken, „wenn ihre Liebe und Verehrung wahrhaftig gewonnen ist, der höchsten Aufopferung fähig sind." Sie bekennen „freimütig ihre Ansichten" und seien kein Volk, das bei Durchkreuzung ihrer Pläne „von niedriger Schmeichelei zur schwärzesten Verleumdung übergeht. – Möge sich Ludwig II. wohlfühlen in den fränkischen Gauen des Bayernlandes; und wenn er am Schlusse dieser Reise einkehrt in der alten Kaiserburg zu Nürnberg, wird ihm zuversichtlich ein herzliches ‚Glückauf' entgegentönen."
Solche wohlwollenden Formulierungen stimmen Ludwig vor Antritt seiner Reise doch recht zuversichtlich.

Der königliche Hofzug

Reise im Salon- und Glaswagen

Die Reise nach Franken unternimmt König Ludwig II. mit dem schnellsten und wichtigsten Verkehrsmittel der damaligen Zeit, mit der Eisenbahn. Als bayerischer Monarch reist er natürlich nicht im Abteil eines planmäßig fahrenden Zuges, in dem sich die Bürger seines Landes aufhalten, sondern in einem eigens für ihn gebauten und eingerichteten königlichen Hofzug.

Da die Entstehungsgeschichte der Hofzüge recht interessant ist, wird sie im Folgenden kurz skizziert.

Als am 7. Dezember 1835 die „Adler" von Nürnberg nach Fürth dampft, beginnt das Zeitalter der Eisenbahnen. Bayern besitzt als erstes deutsches Land eine eigene Eisenbahnlinie über eine Strecke von sechs Kilometern. Etwa neun Monate später, am 17. August 1836, hat *König Ludwig I.* Gelegenheit, das neue Beförderungsmittel kennenzulernen. Während seiner Regierungszeit bis 1848 existiert bei den Bayerischen Staatsbahnen allerdings noch kein eigener Königszug. Für Reisen der „hohen und höchsten Herrschaften" werden lediglich einzelne Salonwagen bereitgestellt. Aber bereits 1844 lässt Ludwig I. bei seinem Innenminister von Abel anfragen, ob es mit der Verfassung vereinbar sei, „eigene Eisenbahnwagen für den ausschließlichen Gebrauch durch das Königshaus herstellen zu lassen". Von Abel antwortet, dass „keine Bestimmung der Verfassungsurkunde" der Anschaffung von höfischen Eisenbahnwagen auf Staatskosten entgegenstünde. Doch erst gegen Ende seiner Regierungszeit bestellt Ludwig I. einen aus vier Dreiachsern bestehenden Zug.

Wie aufgeschlossen *König Maximilian II.*, der Sohn und Nachfolger Ludwigs I., der Eisenbahn gegenübersteht und welch weiterführende Gedanken er sich macht, beweist ein Schreiben vom 30. November 1851. Max erkundigt sich bei Staatsminister von der Pfordten, ob die Spurweite sämtlicher Eisenbahnen in Deutschland – vielleicht auch in den Nachbarstaaten – gleich sei, „sodass ich

Lokomotive Tristan

meinen eigenen Wagen auch bei Fahrten über Bayern hinaus benutzen kann, oder – wenn dies nicht der Fall sein sollte – ob nicht etwa mein Wagen so eingerichtet werden kann, dass er auf verschiedenen Gleisen brauchbar wäre." Von der Pfordtens Antwort vom 7. Dezember verdeutlicht die Misere der Länderbahnen. Sein Bericht schließt mit der Feststellung, der königliche Hofzug könne außerhalb Bayerns nicht verkehren. König Max gibt sich mit dieser Antwort nicht zufrieden und erkundigt sich, wie hoch der Kostenaufwand sei, wenn besondere Wagen konstruiert würden, die auf allen Gleisen fahren können. Man schätze, so die Auskunft, dass solch ein Wagen bei Cramer-Klett an die 12 000 Gulden kosten würde. Am 11. Januar 1852 gibt Max den Auftrag, königliche Wagen herzustellen, die „süddeutsche nebst österreichische, preußische und nordische Eisenbahnen [gemeint sind Eisenbahnstrecken] ohne Gefahr und besondere Anstände" befahren können. Rasch werden die Umbauten an den bereits vorhandenen Wagen vorgenommen. Außerdem wird der Zug 1855/56 auf vier Waggons erweitert, von denen aber nur ein Wagen als „Königswagen" bezeichnet wird. Die anderen drei Wagen werden als Gefolgewagen, als Heizwagen und als „Anschlusswagen" genutzt. Die Existenz dieses aus vier Wagen bestehenden Hofzuges belegt auch ein 1855 entstandenes Foto aus dem Bahnhof Ludwigshafen.

Ludwigs Vater, Maximilian II., ließ einen aus fünf Wagen bestehenden Königszug bauen.

1860 lässt König Max bei der Maschinenfabrik Klett & Co. in Nürnberg, der Vorläuferin der MAN, einen neuen, aus fünf Wagen bestehenden Königszug bauen, wobei statt einem zwei Gefolgswagen vorgesehen sind. Dieser besteht aus

1. dem Königswagen mit vier Achsen (hauptamtlich heißt der Wagen „Hauptsalon für den Allerhöchsten Dienst"),
2. zwei Gefolgewagen mit zwei Achsen, wobei die Hälfte eines der Wagen dem „Reisecommisär" vorbehalten ist,
3. einem Gepäckwagen mit zwei Achsen,
4. einem Heizwagen mit zwei Achsen.

Die blau lackierten Waggons sind nach heutigen Verhältnissen allerdings spartanisch eingerichtet: einige Einzelsessel für das Gefolge, zusätzlich für den Reisecommisär ein kleiner ovaler Tisch – das ist alles. Ergänzend zu vier Sesseln, einem Sofa und einem Tisch im großen Salon besitzt der Königswagen noch ein zwei Meter großes Abteil mit zwei Betten, einen kleinen Abort und einen ebensolchen Toilettenraum. Für das Begleitpersonal ist am anderen Wagenende ein 1,6 Meter langes Abteil mit zwei Sesseln vorhanden. Über offene Übergänge kann man von einem Wagen zum anderen gelangen. Die erste offizielle Fahrt vom neuen Münchner Zentralbahnhof nach Salzburg ist dazu bestimmt, den österreichischen Kaiser Franz Joseph nach München zu bringen. König Max II. kann sich seines neuen Hofzugs nicht lange erfreuen, da er am 10. März 1864 im Alter von 53 Jahren stirbt.

Nun ist *Ludwig* II. *König von Bayern*. Der 19-Jährige erbt den Hofzug seines Vaters Max II. Anstelle dieses Staatshofzuges wünscht er sich aber einen Hofzug für seine private Nutzung. Er kauft deshalb den Zug und lässt ihn 1865 nach seinem Geschmack erweitern.

Terrassenwagen des königlichen Hofzugs nach dem Umbau 1868

Der *private königliche Hofzug* besteht nunmehr aus sechs Wagen:

1. Dem vierachsigen königlichen Salonwagen, der sich damals noch in seinem alten, schlichteren Bauzustand befindet
2. Neu: einem offenen Aussichtswagen mit zwei Achsen, dem sogenannten Terrassen- oder Glaswagen. Dieser besitzt in der Mitte einen kleinen, verglasten Salon und zu beiden Wagenenden hin sogenannte „Promenadendecks" für sommerliche Freiluftfahrten.
3. Gefolgewagen 1 mit zwei Achsen
4. Gefolgewagen 2 mit zwei Achsen
5. einem Gepäckwagen mit zwei Achsen,
6. einem Heizwagen mit zwei Achsen.

Diesen Königszug nutzt Ludwig II. nach dem Ende des Krieges 1866 im November und Dezember dieses Jahres bei seiner ersten und einzigen Reise ins Land der Franken.

Im Zusammenhang mit dieser Reise wird irrtümlich immer wieder der *königliche Salonwagen* gezeigt. Doch dieser entsteht erst zwei Jahre nach der Frankenreise. 1868 lässt Ludwig auf dem Dach des Salonwagens die Königskrone anbringen und ihn äußerlich in jenen prächtigen Zustand versetzen, in dem er im Nürnberger Verkehrsmuseum noch heute zu sehen ist. Die prunkvolle innere Ausstattung erfolgt erst 1869/70. Der Theatermaler Franz Seitz verwandelt auf Wunsch des Königs den biederen Reisezug in eine rollende Residenz. Für Schreiner-, Bildhauer- und Vergoldungsarbeiten werden 7100 Gulden, für die Gemälde von Seitz 2000 Gulden und für Tapeten, Vorhänge und Mobiliar 5100 Gulden veranschlagt. Dazu kommen nachträgliche Anschaffungen für 1800 Gulden, außerdem die Nachvergoldung des Terrassenwagens für 800 Gulden und schließlich die Dampfheizung für 820 Gulden.

Für die Zeit nach der Umgestaltung, also nach 1870, sind nur wenige Hinweise auf die betriebliche Nutzung der beiden Prunkwagen dokumentiert. Belegt ist ihr Einsatz anlässlich eines Treffens König Ludwigs mit Kaiser Wilhelm I., das 1871, kurz nach der Reichsgründung im bayerischen Schwandorf, stattfindet. Der Kai-

ser ist auf dem Weg nach Gastein und fährt die Strecke von Schwandorf bis Regensburg gemeinsam mit dem Bayernkönig. Ein Zeitzeuge schildert, wie der Kaiser mit einem „bräunlich geschwärzten, einfachen Zug" in den Bahnhof Schwandorf einfährt und dort in den „noblen Königszug" Ludwigs II. einsteigt, womit der prunkvolle Hofzug mit dem Salonwagen gemeint ist.
Viele Einsatzmöglichkeiten des Prunkzuges für repräsentative Zwecke sind allerdings nicht bekannt, da Ludwig zurückgezogen in den Bergen lebt. Allenfalls nutzt er ihn für kürzere Wegstrecken, etwa für Fahrten zwischen München und seinen Wohnsitzen und Schlössern in den Bergen, zumal ja der Terrassenwagen, wie erwähnt, speziell für Fahrten aufs Land gebaut wurde. Sichere Belege dafür, dass er die Wagen für kürzere Fahrten verwendet, fehlen jedoch. Da Ludwigs spätere Reisen meist inkognito stattfinden, werden die Prunkwagen vermutlich gar nicht mehr genutzt.
Nach Ludwigs Tod 1886 dürfte der letzte offizielle Einsatz des prachtvollen Königszugs anlässlich des Besuchs des persischen Schahs Muzaffar ad-Din vom 19. bis 21. April 1889 stattgefunden haben. In den Jahren 1891 bis 1893 wird der gesamte Zug umgebaut: 1891 der Königswagen und der Terrassenwagen, 1892 die Gefolgewagen und zuletzt 1893 der Heiz- und Dienerschaftswagen sowie der Gepäckwagen. Zum 1. April 1894 scheidet der alte Königszug aus dem Park der Hofzugwagen aus und wird in den Salonwagenpark der bayerischen Bahn eingereiht.
Vom Hofzug Ludwigs II. sind heute nur noch der Salonwagen und der Terrassenwagen erhalten, wobei der Salonwagen der prunkvollste Wagen ist, hat der König mit enormem materiellem Aufwand doch gerade in ihm seinem Traum von einer märchenhaften Welt Ausdruck verliehen. Auf viele wirkt der Salonwagen allerdings wie eine imposante Theaterkulisse.
Salon- und Terrassenwagen zählen heute zu den Glanzlichtern der Fahrzeugsammlung im DB Museum Nürnberg. Dabei handelt es sich aber um rekonstruierte Versionen, die kaum Gebrauchsspuren aufweisen. Kenner bedauern dies, da Gebrauchsspuren Auskunft über die Verwendung eines Objekts geben. Den-

Salonwagen des königlichen Hofzugs nach dem Umbau 1868

noch verdeutlichen die beiden Wagen und einige überlieferte Dokumente zu Ludwigs Hofzug die Vorstellungen des Bayernkönigs.

Einen *einfachen grünen Hofzug* nutzt Ludwig II. vom Beginn seiner Regierungszeit an als „Inkognitozug" für seine Privatreisen. Dieser zunächst aus drei Wagen für den allgemeinen Schienenverkehr zusammengesetzte Sonderzug besteht aus einem Salonwagen, einem Begleitwagen 1./2. Klasse und einem Packwagen mit Kücheneinrichtung. Die beiden letzteren Wagen werden auf Wunsch des Königs 1876 durch den Gefolgewagen und den Servicewagen mit Küche und Vorratsraum ersetzt. Zugleich erhält der Reisewagen des Königs Übergangseinrichtungen zu den beiden anderen Wagen. Entsprechend dem von Ludwig II. bei Privatreisen angeordneten „strengsten Inkognito" sind die drei Wagen im Gegensatz zu den auffälligen Prunkwagen seines Hofzuges grün gestrichen. Mit größter Wahrscheinlichkeit benutzt er diesen unscheinbaren Zug bei seiner Reise nach Bad Schwalbach und an den Rhein (1864), nach Bamberg ins Hauptquartier (1866), nach Eisenach auf die Wartburg (1867) und nach Bayreuth zu den ersten Festspielen (1876). Auch für seine Auslandsreisen in die Schweiz (1865, 1866, 1881) und nach Frankreich (1867, 1874, 1875), die er inkognito unternimmt, dürfte dieser Zug zum Einsatz gekommen sein. Bei diesen Reisen verwendet Ludwig auch Pseudonyme, etwa Marquis de Saverny bei seinen Schweizer Aufenthalten oder Graf von Berg bei seinen Frankreichreisen. Mit letzter Sicherheit lässt sich allerdings nicht sagen, welcher Zug bei welcher Reise des Königs zum Einsatz gekommen ist, da ja auch zahlreiche weitere Wagen bzw. Züge für die Angehörigen des königlichen Hofes zur Verfügung stehen.

Prinzregent Luitpold, der nach Ludwigs Tod die Regentschaft übernimmt, reist im Salonwagen aus dem „Inkognitozug" Ludwigs II. und nicht im Prunkwagen. Im April 1892 erhält Luitpold einen neuen Salonwagen, mit dem man nicht zufrieden zu sein scheint, da er äußerst unruhig läuft. Daher wird bereits 1898 bei der Münchener Firma Rathgeber – neben der MAN die zweitgrößte Waggonfabrik in Bayern – ein neuer Hofsalonwagen bestellt. Er ist grün gestrichen und auf jeder Seite mit goldenen Zierleisten und zwei vergoldeten bayerischen Staatswappen versehen. Die Inneneinrichtung ist nach dem Geschmack der Zeit modern gestaltet. So ist der Vorsalon in dunklem Mahagoni getäfelt mit Füllungen in Lederschnitt und reicher Einlegearbeit an Decken und Türfüllungen. An der Decke ist ein Gemälde angebracht und in die Decke ein Oberlichteinsatz eingefügt, dessen gelb geflammtes Glas eine günstige Lichteinwirkung erzielt. Die Wände des Hauptsalons sind mit grünem Damast bezogen. Vier große Sessel, die sich in Schlaflager umwandeln lassen, und ein großes Sofa sind mit rotem Seidenplüsch bezogen. Die Holzvertäfelung an Rahmen, Türen und den Verkleidungen besteht aus amerikanischem Nussbaum. Ein Seitengang führt aus dem Salon in den mit blauem Damast ausgeschlagenen Schlafraum, in das Doppelabteil für Begleitpersonen mit daneben liegendem Waschraum und anschließendem Abteil für die Dienerschaft. Dieser Salonwagen wird von der Deutschen Reichsbahn übernommen, 1932 umgebaut und als Salonwagen verwendet. Nach Luitpolds Tod am 12. Dezember 1912 benützt ihn sein Sohn König Ludwig III. von Bayern bis zu seiner Abdankung am 13. November 1918.

Zehn Stunden im Regen

Fahrt nach Bayreuth am 10. November 1866

„An dem neblig-kühlen Morgen des 10. November 1866 stand der große Hofzug im Bahnhof der Münchner Ostbahn (dem Vorläufer des heutigen Starnberger Bahnhofs) Richtung Regensburg-Weiden zur Abfahrt bereit. Die blinkende, emailblaue Wagenschlange wartete auf den hohen Fahrgast in der neuen glaspalastähnlichen Halle des Ostbahnhofes, auf Gleis 1 – dem Königsgleis." So kündigt die Presse Ludwigs Abfahrt ins Frankenland an. Die wartende Menge am Münchner Bahnhof wird immer ungeduldiger und kann nur schwer von einer Postenkette zurückgehalten werden.

Pünktlich eine Viertelstunde vor der festgesetzten Abfahrt um 10.30 Uhr, trifft das Gefolge der sorgfältig ausgesuchten Chargen ein. Voll devoten Eifers weisen der Bahnhofsvorsteher und sein Personal die hohen und höchsten Herren auf die nach strenger Rangordnung vorgesehenen Sitzplätze ein. Die Beamten sind im blauen Frack und Zylinder, die Offiziere in Galauniform erschienen. Alle haben vollen Ordensschmuck angelegt.

An der Spitze rangiert Staatsrat Max von Neumayr und Obersthofmeister Gustav Graf zu Castell; ihnen folgen als amtierender Verkehrsminister Oberststallmeister Maximilian Graf von Holnstein, die beiden Generaladjutanten Graf von Rechberg und Rothenlöwen, Graf von LaRoche, die Flügeladjutanten Hauptmann Karl Theodor von Sauer und der Ordonnanzoffizier Oberleutnant Wilhelm Künsberg Freiherr von Frohberg. Dabei sind auch der Leibarzt Geheimrat Dr. Franz von Gietl, der Kabinettsekretär Maximilian von Feilitzsch und Rat Brochler. Hofsekretär Hofrat Julius von Hofmann, ursprünglich ebenfalls für die Reise vorgesehen, nimmt nicht teil.

Einer der wichtigsten Leute, die den König auf seiner Reise begleiten, ist jedoch der Reisecommissär, der gleichsam als königlicher Zugführer für die Technik, die Sicherheit und die betriebliche Abwicklung der Fahrt verantwortlich ist. Darüber hinaus unterstehen ihm die gesamten Reisevorbereitungen, die diskrete Ausarbeitung der erforderlichen Fahrpläne sowie die Organisation des maschinentechnischen Dienstes, d. h. die Bereitstellung der Lokomotiven und des Personals. Derart verantwortungsvolle Aufgaben sind natürlich nicht irgendeinem Eisenbahnbeamten anvertraut, muss der damit beauftragte Mann doch nicht nur technische und betriebliche Kompetenzen besitzen, sondern darüber hinaus mit dem Dienst bei Hofe vertraut und den Erfordernissen des diplomatischen Amtes gewachsen sein. Bis zum Winter 1866 besorgt den Dienst des Reisecommissärs Friedrich Petri, der Ingenieur und königliche Rat der Verkehrsanstalten. Er begleitet den König also auch auf der Reise durch Franken und zwar in einem eigenen Wagen, der fester Bestandteil des Hofzuges ist. Auf besonderen Wunsch Ludwigs wird auch dessen Nachfolger Generaldirektionsrat Adolph von Schamberger, der bei den königlichen Bayerischen Staatseisenbahnen für den Fahr-

König Ludwig II. von Bayern in Generalsuniform mit dem Krönungsmantel

dienst zuständig ist, zur Mitfahrt verpflichtet. Mit einem Reisecommisär dieser Qualität war die vorrangige Behandlung des Hofzuges auf allen Strecken und Bahnhöfen gewährleistet. Alles in allem sind es 119 Personen, die den König auf seiner Reise durch Franken begleiten. Der größte Teil davon ist schon vorausgereist. Von Damenbegleitung sieht die königliche Reisegesellschaft ab, da ja die Kriegsgebiete besichtigt und die von Schäden betroffenen Vertreter der Städte gehört werden sollen.

Das Interesse der auf dem Bahnhof sich drängenden Menschenmenge wendet sich jetzt der Lokomotive zu, die zischend und fauchend mit einer riesigen Rauchwolke langsam rückwärts in den Bahnhof einfährt. Technisch interessierte Personen kennen natürlich Modell, Herkunft und Leistungsvermögen der Lok, die den königlichen Hofzug ins ferne Franken ziehen wird. Es handelt sich um eine 1854 von der Maschinenfabrik Maffei in München gebaute Schnellzugslokomotive der bewährten Baureihe BVI. Sie ist leicht erkennbar durch ihre übermannshohen und ungeheuer kraftvollen Treibräder, die in der Mitte der Maschine zwischen Vorder- und Rückachsen gelagert sind. Auch das erstmals mit einem soliden Dach versehene Führerhaus erweckt die Aufmerksamkeit, denn dadurch ist der Lokführer nicht mehr dem um die Ohren pfeifenden Fahrtwind und dem ins Gesicht peitschenden Regen ausgesetzt.

Bekanntlich taufte die Herstellerfirma Maffei in München, ein Unternehmen von europäischem Ansehen, eine jede ihrer Lokomotiven auf einen Namen. So gab es die „Tristan", die „Bavaria" oder die „Palatina". Bei der Lokomotive des Königszuges handelt es sich höchstwahrscheinlich um die „Tristan". Immer näher rollt der dampfende und zischende Stahlkoloss rückwärts auf den Hofzug zu und lässt die Menge respektvoll zurückweichen. Sein aus Rauch, Öl und Dampf gemischter Atem, der stoßweise alles in Nebel hüllt, lässt die gewaltigen Kräfte der Maschine erahnen. Da, plötzlich ein Mark und Bein durchdringendes Aufheulen der Dampfsirene. Das schwierige Ankupplungsmanöver steht unmittelbar bevor. Noch zwei Meter, noch einen Meter Abstand. In dem Dampfnebel zwischen dem Ende der Lokomotive und dem Zug hantiert in gebückter Haltung ein Eisenbahner, der beim Aufprall die beiden Stahlmassen geschickt zusammenkoppelt und beim Rückstoß höllisch aufpassen muss, nicht zerquetscht zu werden. Die Reisenden werden bei dem Aufprall gehörig durchgeschüttelt, sogar einige Gepäckstücke fliegen umher.

Auf die Minute pünktlich trifft Ludwig II. in der Uniform der Königschevaulegers auf dem großen Bahnhofsplatz ein, sofort stürmisch umjubelt von der Menschenmenge. So tritt kein besiegter oberster Kriegsherr auf, sondern ein gebore-

ner Triumphator auf dem Weg, die Herzen seiner Untertanen zu erobern. Mit der ihm eigenen Würde, ernst und mit träumerisch dunklen Augen im etwas blassen Gesicht schreitet Ludwig, den Federbuschhelm unter den Arm geklemmt, durch die Bahnhofshalle. Er grüßt nach links und nach rechts, lächelt verhalten und wehrt die Ovationen bescheiden ab. Zielstrebig nähert er sich dem aus sechs Waggons bestehenden Hofzug, der noch nicht die „rollende Residenz" der späteren Jahre ist. Er begibt sich in den königlichen Salonwagen, der noch keine Königskrone auf dem Dach und keinen aufwendigen goldenen Zierrat im Inneren aufweist. Beides wird erst zwei Jahre später installiert werden. Der zweite Wagen, der sogenannte „Glas- oder Terassenwagen" ist ein offener Aussichtswagen und besitzt in der Mitte einen kleinen, verglasten Salon, eine königliche Laube sozusagen, außerdem zu beiden Wagenenden hin „Promenadendecks" für sommerliche Freiluftfahrten. Zu diesen beiden Wagen kommen noch ein Gepäckwagen, ein Heizwagen und zwei Gefolgewagen für die 12 Herren und einige Diener, die den König auf seiner Reise begleiten.
Alles Weitere verläuft programmgemäß nach Ziffer 104 der ministeriellen Anweisungen für den Eisenbahnverkehr. Auf den Pfiff des Stationsvorstehers antwortet der Lokomotivführer mit dreimaligem Aufheulen der Dampfsirene. Es folgt ein kräftiger Ruck und sich abschwächend ein zweiter und dritter. Das überdimensionale Treibrad fasst nach mehrfachem Durchdrehen Griff auf der Schiene und langsam rollt der königliche Hofzug aus dem Bahnhof.
Es ist 10.40 Uhr, die Reise ins Land der Franken hat begonnen.
Mit einer Geschwindigkeit von 40 km fährt der Zug dem abendlichen Zielpunkt Bayreuth entgegen. Etwa sieben Stunden wird die Fahrt dauern. Mittlerweile hat auch kühler Regen eingesetzt. Bedauerlicherweise sind von keinem der Mitreisenden Aufzeichnungen oder Tagebuchnotizen über diese Fahrt hinterlassen worden. Damit bleibt es der Fantasie eines jeden überlassen, womit Ludwig II. sich die lange Zeit der Anreise vertrieben hat.

Königlicher Hofzug unterwegs im Voralpenland

Zentralbahnhof in München um 1860

Eines aber steht fest, dass sich der König bewusst ist, im letzten halben Jahr, genau genommen vom 10. Mai 1866 an, zehn entscheidende Fehler gemacht zu haben. Zwar ist er selbst nicht bereit, alle diese Vorkommnisse als Fehler anzuerkennen, aber er weiß, dass sie in den Augen der Regierung und der Bevölkerung, vor allem der Münchner, gravierende, geradezu unverzeihliche Vergehen darstellen.

Der erste Fehler war die Tatsache, dass ihm das Militär und alle militärischen Aktionen nicht nur gleichgültig waren, sondern dass ihn die Mitglieder des bayerischen Heeres, „diese geschorenen Igelköpfe", wie er sie nannte, überhaupt nicht interessierten und dass er demzufolge auch jede kriegerische Auseinandersetzung verabscheute. „Das raue Kriegshandwerk", so Ludwigs tiefe Überzeugung, „verdirbt die Sitten der Menschen, macht sie unfähig, große und erhabene Ideen zu fassen, stumpft sie ab für geistige Genüsse, denn diese allein sind imstande dauernd zu fesseln, diese allein gewähren wahre Wonne und dauernde Befriedigung." Doch mit solchen Gedanken konnte das Volk nichts anfangen. Ein König hatte nach öffentlicher Meinung seine Armee zu befehligen und im Krieg seinen Mann zu stehen.

Der zweite Fehler war, dass er sich dem Krieg durch Abdankung zu entziehen gedachte. Was war das nur für ein Herrscher, der eigentlich gar nicht König sein wollte, sondern sich lieber den Künsten und dem von ihm als Gott verehrten Wagner und dessen schwermütiger Musik widmete? So fragten sich Regierung und Volk. Er war eben viel zu jung auf den Thron gekommen, ohne ordentlichen Studienabschluss, ein unfertiger junger Mann, der nach Ansicht vieler noch recht naiv und unschuldig wirkte und keinesfalls die Reife zum Regieren hatte. Das wurde ihm jedenfalls vorgeworfen.

Der dritte Fehler war, dass sich Ludwig heimlich zu Wagner nach Tribschen in die Schweiz fortstahl, während in Bayern der Krieg vor der Türe stand. Nach seiner Rückkehr auf der Fahrt zum Landtag bekam er auch deutlich zu spüren, was man

von diesem seinem Verhalten hielt, als ihm die Münchner auf der Straße Schimpfworte nachriefen und sich von ihm grußlos abwandten.
Der vierte Fehler war sein abgeschiedener Aufenthalt in Schloss Berg und auf der Roseninsel im Starnberger See, wohin er sich in Begleitung seines Flügeladjutanten Thurn und Taxis und des Reitknechts Völk in seine Traumwelt zurückgezogen hatte, um dort bei Verkleidungsspielen und beim Abbrennen von Feuerwerken das unaufhaltsame Nahen des Krieges zu verdrängen.
Der fünfte Fehler war, dass er dem in Bamberg stationierten Hauptquartier einen Besuch abstattete, bei dem ihn die Soldaten begeistert begrüßten, in der Erwartung, er würde nun mit ihnen in den bevorstehenden Kampf ziehen. Stattdessen ließ er seine Armee im Stich und zog sich wieder nach Berg zurück, wo er für seine Minister nur schwer zu erreichen war.
Der sechste Fehler war, dass Ludwig nicht wie Wilhelm I., der König von Preußen, an die Spitze seiner Truppen trat, sondern seinen 71-jährigen Großonkel, den Generalfeldmarschall Prinz Karl, als Oberbefehlshaber vorschob, der zusammen mit dem Generalstabschef Ludwig Freiherr von der Tann, den man der Preußenfreundlichkeit bezichtigte, das Heer befehligen sollte.
Der siebte Fehler war, dass er nach der Niederlage das geschlagene bayerische Heer mit dessen obersten Kriegsherrn, seinem Großonkel Karl, in München nicht begrüßen wollte, weshalb, wie die Wiener „Neue Freie Presse“ vermerkte, „ein Familienrat abgehalten wurde, in welchem die Frage aufgeworfen worden sein soll, ob denn der König Ludwig das ausreichende Talent hat, Bayern zu regieren, oder ob es nicht geboten sei, ihn zu vermögen, von seinem Thron zu steigen und sich in das Privatleben zurückzuziehen, wo er seiner Neigung zu Wagner, und ohne Gefahr für das Land leben könne.“ Manche sahen ihn also sogar als eine Gefahr für Bayern an und stellten außerdem schon damals seine geistige Gesundheit in Frage.
Der achte Fehler war, dass er nach den von Preußen diktierten Friedensbedingungen erneut an Abdankung dachte und damit tatsächlich den allenthalben geäußerten Überlegungen, es sei besser, wenn er die Krone niederlegen und sich in seine Privatsphäre zurückziehen würde, zu folgen gedachte.
Der neunte Fehler war, dass Ludwig weder den Ordonnanzoffizier Dürig empfing, der den Leichnam des bei Kissingen gefallenen Generals Oscar von Zoller durch die preußischen Linien nach München gebracht hatte, noch am Leichenbegängnis für diesen verdienten General teilnahm. Damit hatte er es nicht nur versäumt, eine bedeutende Führungskraft, die für das Bayernland ihr Leben gegeben hatte, zu ehren, sondern damit gleichsam auch dem gesamten bayerischen Heer seine Reverenz verweigert.
Der zehnte Fehler war, dass er auf die Kunde, dass ein nicht kleiner Teil der vom Krieg ausgebluteten Franken, vor allem jene protestantischen Glaubens, teilweise recht offen an einen Abfall von Bayern dachten und sich Preußen als neuer Heimat anschließen wollten, zunächst auffallend passiv reagierte. Erst nach eindring-

Entwurf des Fürstensalons im königlichen Bahnhofspavillon München

licher Mahnung des Ministeriums entschloss er sich dann doch zu einer Reise durch das kriegsgeschädigte Franken, um die aufgebrachten Gemüter dort zu beruhigen, die sich von der Regierung in München völlig vernachlässigt fühlten.
Und dorthin, in die Höhle des Löwen, nach Franken, befindet sich der bayerische König nun auf dem Weg, wo der Krieg vor allem blutige Opfer gefordert und erhebliche Zerstörungen angerichtet hat. Wer aber sind diese Franken überhaupt? Ein zeitgenössischer Chronist schildert diese eigenwilligen Menschen als „arbeitsames Volk und zweifelsohne einen der bildsamsten Stämme. Sie sind beweglicher, lebhafter und feuriger als ihre Brüder südlich der Donau. Mag daher kommen, dass sie mehr Wein trinken. Alter Zeit eingedenk besitzen die Franken einen ausgebildeten Stammesstolz. Leichten Blutes, heiteren Sinnes und regen Geistes, rührig, geschmeidig und lebensklug, allen Eindrücken offen und zugänglich ist der Frankenstamm. Keineswegs verschließt er sich hartnäckig und starrköpfig praktischen, einträglichen Neuerungen, huldigt auch nicht alten Verkehrtheiten, weil die Ahnen vielleicht ebenso gehandelt. Nein, er geht mit der Zeit und ermangelt nicht bedeutenden Unternehmungsgeistes [...] In der Arbeit stellt der Franke seinen Mann und lässt sich nicht leicht eine Mühe verdrießen. An Sonn- und Feiertagen aber geht er dem Vergnügen nach. Und an Festen lässt er etwas ‚Ordentliches' draufgehen."
Ihre Eingliederung in das Königreich Bayern im Jahre 1803, ohne gefragt worden zu sein und nur aufgrund des von Napoleon I. herbeigeführten Reichsdeputationshauptschlusses, empfanden viele Franken als unzulässige, widerrechtliche Vereinnahmung. Die Reichstadt Nürnberg folgte 1806. Die fränkischen „Neubayern" waren Unabhängigkeit gewohnt. Ihr fränkisches Stammesbewusstsein war viel zu ausgeprägt. „Wir leben in Bayern, wir gehören dazu, aber wir sind keine Bayern. Wir sind Franken!", so ihre Ansicht. Sie konnten sich daher zunächst nicht damit abfinden, die neue Obrigkeit zu akzeptieren. Ehemals waren ihre Herrscher die Bischöfe von Bamberg und Würzburg, die Markgrafen von Brandenburg-Ansbach und Bayreuth. Dazu kamen die Freien Reichsstädte Nürnberg, Rothenburg, Weißenburg, Windsheim, Dinkelsbühl und Schweinfurt. Immer wieder gab es Tendenzen zur Loslösung von Bayern, so 1832 beim „Gaibacher Fest", das zu einer Kundgebung gegen den bayerischen König wurde, und auch auf dem Höhepunkt der Revolution von 1848 dachte man an eine Trennung von Bayern. Jetzt waren es die üblen Nachwirkungen des Krieges von 1866, die man in München zu ignorieren schien, obwohl Franken darunter mehr zu leiden hatte als Altbayern. Das weckte erneut den Rebellengeist der Franken und ließ sie abermals an eine Trennung von Bayern denken. Erst mit der einsetzenden Industrialisierung sollten die Franken durch ihre Findigkeit und ihren Fleiß zum wirtschaftlichen Motor Bayerns werden. Und als immer mehr hohe Beamte in München Fuß fassten, hieß es sogar: „Bayern wird von den Franken regiert."
Würden ihn die Franken, diese kritischen Menschen, die sich nicht das Wort verbieten ließen, so mag sich Ludwig während der siebenstündigen Anreise wohl immer wieder gefragt haben, nicht auch mit Buhrufen begrüßen und ihm wo-

möglich sogar Schimpfworte nachrufen? Dem war vorgebeugt worden, indem man die „Nro.4 der königlichen Reisevorschriften" strikt einhalten wollte. Danach sollte der König schnell durch ausgesuchte fränkische Städte geschleust werden, ohne lange Aufenthalte und gegebenenfalls sogar inkognito, um sich dem Volk zu entziehen und damit allen eventuellen Vorwürfen und Schmähungen auszuweichen.

Andrerseits ist sich Ludwig bewusst, dass er seit der Übernahme seines königlichen Amtes durchaus Disziplin, Pflichtbewusstsein und großes Interesse für alle auf ihn zukommenden Aufgaben gezeigt hat. Es ist deshalb anzunehmen, dass er auch jetzt die siebenstündige Fahrzeit nutzt, um sich durch die Herren seines Reisestabes über die Probleme der fränkischen Kreise, die es zu besuchen gilt, zu informieren. Die Gespräche werden sich auch um die Schäden gedreht haben, die der Zivilbevölkerung durch den Krieg entstanden sind, und auf welche Weise die dadurch entstandene Not gelindert werden kann. Dazwischen aber schweifen Ludwigs Gedanken immer wieder zu Richard Wagner, dem verehrten Freund, in dessen Gesellschaft er sich jetzt sicher lieber aufhalten würde.

An der gesamten Reisestrecke haben sich entgegen aller Befürchtungen jubelnde Menschen eingefunden, um den Hofzug zu bewundern und um einen Blick auf den jugendlichen König werfen zu können.

Mittags um 12.15 Uhr rollt der Zug auf dem *Landshuter Bahnhof* ein. Der Aufenthalt dauert nur zehn Minuten, ein Empfang ist nicht vorgesehen. Allerdings bittet Ludwig den Oberst des hiesigen Kürassierregiments, Graf von Tattenbach, zu einem kurzen Gespräch in seinen Wagen. In der Bahnhofshalle und auf dem Bahnsteig drängen sich neugierige Landshuter Bürger, die nur zu gerne einen Blick auf den König werfen würden. Doch schon setzt der Zug seine Fahrt fort.

Der nächste Halt ist in *Regensburg*, wo der königliche Zug um 14.00 Uhr eintrifft. Auch hier warten am Bahnsteig viele Menschen, um ihren jungen König endlich einmal leibhaftig zu sehen und um ihm begeistert zuzujubeln. Der Aufenthalt dauert hier allerdings nur fünf Minuten.

In *Schwandorf* wehen von allen Häusern Flaggen und eine große Menschenmenge empfängt den König am Bahnhof mit lauten Jubelrufen. Aber auch hier sind ein Aufenthalt und ein Empfang nicht vorgesehen, trotzdem stehen die städtischen Beamten mit ihrem Bürgermeister am Bahnsteig Spalier, um den König zu begrüßen.

Üppig mit Flaggen bestückt präsentiert sich der Bahnhof in *Weiden*, als ihn der Königszug gegen 16.00 Uhr passiert. Ludwig entgeht es nicht, dass die Gegend hier jüngst noch vom Kriege heimgesucht worden war. Vielleicht spürt er die Erleichterung der Bürger über den mittlerweile erreichten Frieden und die Freude über den Besuch ihres Landesvaters. In das laute Rufen der Menge stimmt ein königlich sächsisches Jägerbataillon ein, das von hier über Eger in die Heimat befördert wird. Keiner im Hofzug lässt sich von dem regnerischen Novembertag nun noch die immer positiver werdende Stimmung trüben, alle warten gespannt auf das, was in den kommenden Tagen und Wochen alles auf sie zukommen wird.

Umjubelt auf dem Söller des Schlosses der bauwütigen Wilhelmine

Bayreuth, vom 10. bis 13. November 1866

Mit großer Spannung erwartet die Stadt Bayreuth, das erste Ziel der königlichen Frankenreise, ihren Landesvater. Damals ahnt noch niemand, dass bereits zehn Jahre später Bayreuth die Festspielstadt Wagners sein wird. Vielleicht erinnern sich ältere Menschen daran, dass Ludwig bereits im Alter von sieben Jahren einmal hier zu Besuch weilte. Damals hatte der Kronprinz mit seinem königlichen Vater Max II. in der Eremitage Quartier genommen. Dort war es auch, wo dem kleinen Ludwig während des Mittagessens ein Wachposten aufgefallen war, der draußen auf- und ab patrouillierte. Ludwig fragte den Vater, ob er dem Soldaten etwas zu essen geben dürfe. Der König verneinte. Ein Soldat, der auf Wache stehe, dürfe nichts nehmen. Der Kronprinz war enttäuscht. Schließlich wurde ihm doch erlaubt, sich an den Soldaten heranzuschleichen und ihm heimlich ein Stück Fleisch in die Patronentasche zu stecken. Sein Bruder Otto stopfte ihm noch seinen ganzen Kuchen hinein.

Jetzt, 14 Jahre später, sollte der mittlerweile 21-jährige König die Stadt Bayreuth wiedersehen, die auf eine wechselvolle Geschichte zurückblicken kann. Vor 60 Jahren mussten die Hohenzollern nach der Niederlage Preußens gegen Napoleon Bayreuth 1806 an Frankreich abtreten. Am 30. Juni 1810 hatten die Wittelsbacher die Stadt dann für stolze 15 Millionen Franc Napoleon abgekauft. Seither war Bayreuth bayrisch, was die Bürger zunächst nicht so ohne Weiteres verkraften konnten.

Noch jetzt ist ein Murren in Bayreuth zu hören, denn nicht alle freuen sich auf die Ankunft des Königs. In manchen Wirtschaften, so etwa am Kutscherplatz nahe dem Schloss, vernimmt man an den Tagen vor dem Eintreffen Ludwigs ungebührliche Reden. Das Bier löst die Zungen von Nörglern und Besserwissern. Sie sind schließlich Franken, die sich das Wort nicht verbieten lassen. Ungeniert lästern sie über den ganzen königlichen Klimbim, der da jetzt veranstaltet wird. Was soll denn dieser pompöse Besuch überhaupt? Ist der große Aufwand, den man in den markgräflichen und protestantischen Hohenzollernlanden gegenwärtig betreibt, wirklich gerechtfertigt? Soll man diesem Wittelsbacher tatsächlich so viel Ehre erweisen, ihm, der die Franken während des 66er-Krieges im Stich ließ, sich um das viele Leid einen Dreck scherte und dessen schlecht ausgebildete Soldaten dem preußischen Heer auch noch im Handumdrehen unterlegen waren? Wozu braucht es die vielen weißblauen Fähnchen in der Stadt, wo jetzt doch überall der Preußenadler mit dem schwarzweißen Schild, entweder in Stein gemeißelt oder wie im herrlichen Barocktheater über der Bühne, siegreich den Kopf hochreckt? Wozu das ganze närrische Imponiergehabe, wozu die Augenwischerei nach dem verlorenen Krieg in dem davon hart betroffenen Land? Wem nützt denn der Besuch des jungen Königs, dieses geschniegelten Postkarten-Apolls?

Sein Erscheinen heilt keine Wunden und macht auch keine zerstörten Häuser und Brücken wieder ganz.
Wahrscheinlich käme der König ohnehin nur, um all jene zu maßregeln, die hierzulande während der Kriegstage offen mit den Preußen geliebäugelt hatten, so wie jener evangelische Schullehrer, der seine Schulkinder, als bayerische Truppen durch das fränkische Lonnerstadt marschierten, zu Hochrufen auf Bismarck und nicht auf Ludwig II. animiert hatte. Oder jener evangelische Vikar, der während eines Feldgottesdienstes mit den bayerischen Soldaten für den Sieg des rechten Glaubens betete, und dies konnte doch wohl nur der evangelische Glaube sein. Auch andere fränkische Protestanten hätten den preußischen Glaubensbrüdern den Sieg gegönnt. Es verwundert nicht, dass in der bayerischen Presse Verdächtigungen erhoben wurden, Bayreuth habe es während der feindlichen Okkupation an loyalem Verhalten fehlen lassen, eine „niederträchtige Treue" zu Bayerns Krone gezeigt und recht offen mit den Feinden sympathisiert, ja sie sogar mit Hochrufen empfangen. Als der Feind im Juli dieses Jahres unmittelbar vor den Toren der Stadt stand, hätten sich die Bürger recht auffällig ihrer preußischen Vergangenheit erinnert. Und beim späteren Auszug des feindlichen Regiments sei eine große Menschenmenge zu preußischer Militärmusik frohgemut bis zur Stadtgrenze mitmarschiert. Das sei doch nur deshalb geschehen, so redeten sich die Bayreuther heraus, weil sich die Preußen nicht als Barbaren und Vandalen, sondern als „gesittete anständige Leute" erwiesen hätten. Der Magistrat wies „all die unsinnigen Gerüchte über angeblich stattgefundne Ovationen" kurzerhand sogar als „böswillige Erfindungen" zurück. Die Vertreter und Bewohner der Stadt seien keinen Augenblick vom Wege der Ehre und des Pflichtbewusstseins abgewichen.

Theodor Muncker, Bürgermeister von Bayreuth

Deshalb ist die Stadt jetzt auch darauf bedacht, alle Zweifel an ihrer Loyalität auszuräumen. Über Vergangenes mag nun niemand mehr reden. Stattdessen herrscht in Bayreuth ein lebhaftes Treiben, erwartet man doch den bayerischen König. Längst sind im markgräflichen Neuen Schloss die Möbel repariert, die Spiegel geputzt, die Böden gewienert und überall Blumen aufgestellt. Schließlich war in diesem Rokokoschlösschen seit der Zeit der bauwütigen Markgräfin Friederike Sophie Wilhelmine nichts mehr verändert worden, sodass es nun für den Besuch des Königs wohnlich hergerichtet werden musste. Wilhelmine hatte übrigens nicht nur die Eremitage und das Bayreuther Schloss gebaut, sondern auch noch das Hoftheater, das als das prächtigste Barocktheater der Welt gilt. Außerdem ließ sie zwischen Bayreuth und Bamberg die Eremitage Sanspareil – der Name bedeutet soviel wie „beispiellos" – errichten. Auf etliche Felsen stellte sie noch Aussichtspavillons im chinesischen Stil und ein als künstliche Ruine gestaltetes Felstheater, dazu den „morgenländischen Bau" einer weiteren Eremitage. Geplant hatte sie wenige Kilometer außerhalb von Bayreuth in Donndorf auch noch das Gartenschloss Fantaisie, das aber erst zwei Jahre nach ihrem Tod begonnen wurde. Ob Ludwig sich durch Wilhelmines

Bahnhof in Bayreuth um 1857

Bauleidenschaft, die ihm sicher bekannt gewesen sein dürfte, womöglich anstecken ließ, ist allerdings nicht bekannt.
Am *Freitag, den 9. November*, einen Tag vor dem Besuch des Königs, laufen im Vorzimmer des Regierungspräsidenten von Bayreuth die Telegrafendrähte heiß. Staatsminister Freiherr von Pechmann gibt die Anweisung, dass bei der Ankunft des Königs am Abend des nächsten Tages in Bayreuth peinlichst „Nro. 4 der allerhöchsten Reisevorschriften" zu beachten sei. Diese besagt, dass der König sein „strengstes Inkognito" gewahrt wissen möchte, dass es also am Bahnhof durch die Honoratioren der Stadt keinen offiziellen Empfang geben dürfe. Vereinsabordnungen und Festjungfrauen sind nicht zugelassen, Festschmuck und Festbeleuchtung sind zu unterlassen und auch Ansprachen sind untersagt. Überhaupt soll die Bevölkerung den König bei seiner Ankunft möglichst nicht zu Gesicht bekommen. Zutritt zum Bahnhof haben deshalb nur Schlossbedienstete und Kutschenpersonal. Die Abfahrt ins königliche Quartier habe sofort nach der Ankunft seiner Majestät in einer geschlossenen Kutsche zu erfolgen. Noch sind diese rigiden Abschottungsvorschriften nicht aufgehoben. Befürchtet Ludwig etwa, wie erwähnt, von den Bayreuthern wegen seines Verhaltens in den Kriegsmonaten mit Buhrufen und Pfiffen empfangen zu werden?
Am Nachmittag gegen 16.15 Uhr kommt mit der Ostbahn ein Teil der vom König benötigten Hofhaltung auf dem Bahnhof an. Es sind etwa 80 Personen, darunter 14 Offizianten mit dem Zahlmeister, das Küchenpersonal, zwei Bereiter mit 22 Stallbediensteten, 14 Lakaien, 40 Pferde, Equipagen usw.
Die Ankunft des Königs fällt auf *Samstag, den 10. November*, einen recht unfreundlichen Tag. Im nahen Fichtelgebirge ist bereits der erste Schnee gefallen und die erste Erkältungswelle ist unaufhaltsam im Anrollen. So unfreundlich das Wetter ist, so festlich ist die Stadt geschmückt. Selbst abgelegene Hütten sind mit Girlanden verziert. Aus den Fenstern und von den Dächern wehen Fahnen in den Landesfarben und signalisieren, dass Bayreuth ein freudiges Ereignis bevorsteht.

Rasch verbreitet sich in der Stadt die Nachricht, dass der König um 17.30 Uhr eintreffen wird. Auch wenn es auf Wunsch Ludwigs keinen offiziellen Empfang geben soll, will es sich die Bevölkerung nun nicht nehmen lassen, dem hohen Gast zu zeigen, dass er willkommen ist.
Es beginnt bereits zu dämmern, als sich der königliche Hofzug dem Bayreuther Bahnhof nähert. Schon von Ferne bemerkt Ludwig die in ein Lichtermeer getauchte Stadt. Wie leuchtende Perlschnüre erscheinen die Lichterreihen und verleihen den Häusern ein märchenhaftes Aussehen. Darüber ragt der Turm der Stadtkirche, die ebenfalls mit sehr viel Geschmack illuminiert wurde. Für einen Augenblick vergisst Ludwig sein Lampenfieber und ist von dem zauberhaften Ambiente tief beeindruckt. Jetzt lodert als Willkommensgruß für den König plötzlich eine mächtige Feuersäule auf, ein riesiges Freudenfeuer, das vor der Stadt entzündet wurde. Und dort auf dem Dach des stattlichen Gebäudes der Baumwollspinnerei flammt das vom hellen Gaslicht erleuchtete und hochragende „Ludwig-L" mit Krone auf, ein weiteres Zeichen für die Freude der Bayreuther.
Gegen 17.25 Uhr verkünden 101 Böllerschüsse die Einfahrt des Zuges in den Bahnhof. Über eine Stunde lang feuert das Militär in den nächtlichen Himmel. Als der königliche Zug um 17.30 Uhr in den Bahnhof rollt, regnet es noch immer in Strömen. Doch das Prasseln der Regentropfen wird vom Geläut aller Glocken der Stadt übertönt.
Trotz des offiziellen Verbotes wird der König von einer riesigen Menschenmenge mit nicht enden wollenden Hochrufen begrüßt, die weithin durch die Nacht hallen. Dazwischen die Klänge der Nationalhymne. In Begleitung seiner städtischen Beamten heißt Bürgermeister Johann Theodor von Muncker Seine Majestät König Ludwig II. ehrfurchtsvoll im Namen der Bürgerschaft willkommen. Ludwig ist von dem eigentlich untersagten Empfang überwältigt, den er so nicht erwartet hat, und er dankt der Stadt in huldvollster Weise. Dann steigt er in seine Kutsche, der ein Wagen der städtischen Deputation vorausfährt. Der Weg geht jedoch nicht sofort zum königlichen Schloss, sondern in kurzer Rundfahrt durch die Stadt, deren Straßen taghell erleuchtet sind, vorbei an den illuminierten Häu-

Bayreuther Bürgerressource

sern, an der Spinnerei mit dem kolossalen königlichen Namenszug auf dem Giebel, vorbei am Palais des Herzogs Alexander von Württemberg, an der Stadtkirche und am Turm der katholischen Kirche, vorbei auch am alten Schloss, am Opernhaus und am Rathaus. Am Eingang der Jägerstraße, wo eine illuminierte Ehrenpforte mit den Wappen der acht Kreise errichtet und vom großen Wappen der Stadt Bayreuth gekrönt ist, erwarten den König 25 Bayreuther Ehrenjungfrauen, gekleidet in den Landesfarben Weiß und Blau. Fräulein Pauline Käfferlein, die Sprecherin der Gruppe, begrüßt Seine Majestät mit einem Gedicht, das sie dem König auf einem Seidenkissen überreicht. Darin heißt es unter anderem:

O hoher Fürst, gar trübe Zeit
Hat letzter Sömmer uns gebracht!
Doch wie viel schöner, nach dem Leid,
Uns heut des Glückes Sonne lacht!

Gerührt dankt Ludwig den Damen. Und weiter geht die Fahrt unter dem Jubel der Bevölkerung durch die mit Kerzen illuminierte Jägerstraße, den Markt, die Breite Gasse und die Friedrichsstraße. Dann wendet der Konvoi um das Jean-Paul-Denkmal und fährt durch die Kanzleistraße zurück, den Rennweg hinauf und weiter zum königlichen Schloss. Dort angekommen, lässt Ludwig Bayreuths Bürgermeister Muncker in sein Appartement kommen, um ihm für den überaus herzlichen Empfang, der ihn überrascht hat, seine Anerkennung auszusprechen. Mit dem Auftrag, auch der Bürgerschaft den Dank mitzuteilen, wird der Bürgermeister entlassen.
Auf den Straßen vor dem Schloss entsteht plötzlich Unruhe. Wie ein Lauffeuer verbreitet sich die Kunde, der König werde sich in Kürze überraschend auf dem Balkon des Neuen Schlosses zeigen. Aus allen Ecken der Stadt eilen die Bürger herbei, um einen Blick auf den jungen Herrscher zu erhaschen. Und tatsächlich, un-

Bayreuth, Neues Schloss

Bayreuth Schloss Fantaisie, Parkfassade

verkennbar an der hohen Gestalt, zeigt sich der König im matten Licht der Kerzen und im Widerschein der Fackeln barhäuptig und ohne Mantel auf dem Balkon. Jubel brandet auf. Ohne auf den strömenden Regen zu achten, grüßt Ludwig seine Bayreuther, die sich in einen wahren Taumel der Begeisterung steigern und in nicht endende Hochrufe ausbrechen. Der König bemerkt nicht, wie ihn der kalte Novemberregen immer mehr durchnässt und er sich dabei wohl jene Erkältung zuzieht, die er während seiner gesamten Frankenreise nicht mehr los wird. Bis in die späte Nacht füllt die Bevölkerung die Straßen und bewundert das imposante Schauspiel.
Das Standbild von Ludwigs Vater, dem bereits verstorbenen König Max II., das ebenfalls reich mit Blumenkränzen geschmückt und schön beleuchtet ist, steht dem königlichen Regierungsgebäude gegenüber und blickt reglos auf die Huldigungen, die seinem Sohn dargebracht werden. Der Morgen bricht bereits an, als auf Bayreuths Straßen endlich Ruhe einkehrt. Die „Bayreuther Zeitung" äußert zu Ludwigs Ankunft den Wunsch: „Mögen die Tage, die seine Majestät zu seinem hiesigen Aufenthalte bestimmt hat, gesegnet sein für ihn; Er kann es wahrnehmen, wie treu und innig man ihm ergeben ist."
Ludwigs Ankunft an einem Samstag erinnert die Bayreuther nach Aussage der „Bayerischen Zeitung" vom 12. November angeblich an einen anderen Samstag: „Ich führe noch an, dass ich es als ein merkwürdiges Zusammentreffen im Volke erwähnen hörte, dass, wie der 28. Juli, an dem die Preußen hier einrückten, ebenso der 10. November, an welchem der Landesherr seinen Einzug in Bayreuth gehalten hat, ein Samstag ist."
Dazu kommentiert der „Würzburger Anzeiger" am 14. November: „Man liest heute mit Genugtuung in der ‚Bayerischen Zeitung', von dem merkwürdigen Zusammentreffen, dass der Tag, an welchem die Preußen in Bayreuth einrückten

(28. Juli), und der Tag, an welchem der König dorthin kam (10. November), ein Samstag war! Wirklich merkwürdig – von der ‚Bayerischen Zeitung'. Fühlt denn die ‚Bayerische Zeitung' nicht, dass zu solchen süßlichen Byzantinismen [Schmeicheleien] keine Zeit weniger angetan ist als die jetzige, und keine politische Lage weniger als die dermalige Bayerns? Dass ein König von Bayern an jedem beliebigen Wochentag in irgendeine Stadt seines Landes einziehen kann, ist ganz und gar nicht verwundersam; dass aber die Preußen so leichten Laufs allüberall in Bayern einrücken konnten – auch in München, wenn's ihnen beliebt hätte –, das war schon verwundersamer."
Der „Würzburger Anzeiger" kritisiert diesen seltsamen Vergleich in der „Bayerischen Zeitung" also als höchst unpassende Schmeichelei. Was hat die die Okkupation Bayreuths durch die Preußen an einem Samstag denn schon mit Ludwigs zufälliger Ankunft ebenfalls an einem Samstag gemeinsam?
Am *Sonntag, den 11. November*, strömen die Menschen gleich morgens wieder auf die Straße, um einen Blick auf den König werfen zu können und ihm zuzujubeln. Als Ludwig im Schlafzimmer des neuen Schlosses die Augen aufschlägt, sieht er durchs Fenster, dass der erste Schnee gefallen ist. Vielleicht wirft er beim Frühstück auch einen Blick ins „Bayreuther Tagblatt", wo ihm auf der ersten Seite das Willkommensgedicht des Herrn Post-Offizial Caflisch ins Auge springt, das mit den Zeilen beginnt:

> Sey uns gegrüßt, o König, hier in Franken!
> Ein Sonnenstrahl nach schwerem Kriegsgewitter,
> Ein Jubelruf, nach einem Kelch, so bitter
> Den wir geleert, doch ohn' in Treu zu wanken.
> Sey uns gegrüßt im treuen Frankenlande!

Auch der Dankesgruß an die Bayreuther Bürger, den Ludwig gestern Nacht dem Bürgermeister Muncker aufgetragen hat, ist auf der ersten Seite des „Bayreuther Tagblatts" zu lesen:
„Seine Majestät der König haben unmittelbar nach der Ankunft im Königlichen Schlosse die höchste Freude über den herzlichen Empfang in hiesiger Stadt dem Unterzeichneten in allergnädigster Weise ausgesprochen, und ihn zu beauftragen geruht, hiervon seinen Mitbürgern und sämtlichen Bewohnern Bayreuth's Kenntnis zu geben.
Der Unterzeichnete schätzt sich glücklich, diesen huldvollen Auftrag verkündigen zu können.
Bayreuth, den 10. November 1866.
Muncker, Bürgermeister"

Der junge König ist vom Empfang in Bayreuth begeistert.

Wie jeden Sonntag, so vernachlässigt der König auch auf dieser Reise nicht seine Christenpflicht und besucht in Zivilkleidung und zu Fuß die Heilige Messe in der Schlosskirche.
Mittags um 13.00 Uhr gibt er den Zivil- und Militärbehörden sowie den städtischen Kollegien einen Empfang. Um 16.00 Uhr sind an die 50 Honoratioren der

Bayreuth, Schloss Eremitage

Stadt und des Gefolges zur Hoftafel geladen, darunter seine königliche Hoheit Herzog Alexander von Württemberg, die Herren des königlichen Gefolges und des königlichen Kabinetts, das Regierungs-Kollegium, der Bürgermeister mit den Vertretern der Gemeinde-Kollegien, die Stabsoffiziere der Garnison, der Landwehr-Distrikts-Inspektor und der Landwehr-Major, der Stadtkommandant, der Staatskommissar, der Bezirksgerichtsdirektor und beide Stadtpfarrer. Von den Herren Offizieren sind vor allem jene geladen, die jüngst ausgezeichnet wurden. Auch das königliche Consistorium ist anwesend. Der König unterhält sich mit einem der Mitglieder ausführlich über die konfessionellen Verhältnisse und Unterschiede. Freudig wird registriert, als sich Ludwig erhebt und ein Hoch auf das Wohl der Stadt Bayreuth ausbringt. Vermutlich überreicht er auch während dieser Hoftafel an Bürgermeister Muncker eine Spende von 1000 Gulden, die an die Armen der Stadt verteilt werden soll.

Der *Ball der „Bürger-Ressource"*, der von dieser Gesellschaft zu Ehren der Anwesenheit Seiner Majestät des Königs organisiert wurde, stellt den absoluten Höhepunkt des Tages dar. 175 alteingesessene und angesehene Familien und Bürger der Stadt Bayreuth, darunter auch die Mitglieder des Magistrates, gehören zur Bürger-Ressource. Das Lokal, dessen Fassade prachtvoll illuminiert ist, liegt am Ende des Rennwegs, erweist sich aber für dieses bedeutende Ereignis als viel zu klein; rasch ist es überfüllt. Gegen 19.00 Uhr treffen Herzog Alexander von Württemberg, die Herren des königlichen Gefolges, die Spitzen der Behörden, der Bürgermeister und sämtliche Magistratsräte ein. Auch zahlreiche junge Damen sind gekommen, deren Wunschtraum es ist, vom König zum Tanz aufgefordert zu werden.

Bayreuth, Panorama um 1870

Der König erscheint gegen 20.00 Uhr in der Uniform des 6. Chevaulegersregiments und wird mit enthusiastischen Jubelrufen willkommen geheißen. Nach einer kurzen Begrüßung eröffnet er den Ball und tanzt mit der Gemahlin des Bürgermeisters Muncker eine Polonaise. Bei dem Gedränge im Saal entsteht rasch eine drückende Schwüle. Zum Tanzen steht bald nur noch eine kleine Freifläche zur Verfügung. Das alles hält Ludwig jedoch nicht ab, sich noch fünfmal auf die Tanzfläche zu begeben, um auch, wie dies ausdrücklich von ihm befohlen wurde, mit Bürgerstöchtern zu tanzen. Die Ehre, mit dem König die Contre-Tänze zu absolvieren, haben Freifrau von Zwehl, Freifräulein von Zwehl, Comtesse Hirschberg, Fräulein Pauline Käfferlein und Fräulein Anna Thiem. Die beiden Letzteren entstammen angesehenen Bayreuther Bürgerfamilien. Verlegen und errötend schweben die auserwählten Bürgerstöchter mit dem jungen König übers Parkett. Ohne auf Standesunterschiede zu achten, bewegt sich Ludwig inmitten der dicht gedrängten Menge und unterhält sich mit jedermann. Von Minute zu Minute erobert er durch seine lebhafte, leutselige Art die Sympathien der Anwesenden immer mehr. Man drängt sich in seine Nähe, um mit ihm ins Gespräch zu kommen. So ungezwungen heiter hatte man sich den bayerischen König nicht vorgestellt. Der Ball bereitet Ludwig derart großes Vergnügen, dass er seinen Aufenthalt über die vorgesehene Zeit hinaus verlängert.

Es ist bereits nach 23.00 Uhr, als er unter dem stürmischen Jubel der hochbeglückten Gesellschaft das Fest verlässt und in seine Residenz zurückkehrt. Der Ball gilt wohl als eines der freudigsten Ereignisse in Ludwigs Leben. Nie wieder sollte er sich in bürgerlichen Kreisen so ungeniert bewegen wie damals auf dem Ball der Bürger-Ressource.

Ein großer Festmarsch, geschaffen von dem Komponisten und Klaviervirtuosen Sigmund Karpeles zur Feier der Anwesenheit König Ludwigs II., soll, wie es heißt,

zum Abschluss des Tages noch aufgeführt worden sein. Ein Nachweis dafür und auch bezüglich des Aufführungsortes existiert allerdings nicht.
Der Besuch auf Schloss Fantaisie steht am *Montag, den 12. November*, auf dem Programm. Nach wie vor prangt die Stadt im festlichen Schmuck und in allen Schaufenstern sind Porträts des Königs ausgestellt. In der Montagsausgabe des „Bayreuther Tagblatts" informiert Bürgermeister Muncker die Stadt über die großzügige Spende des Königs:
„Seine Majestät König Ludwig II. haben allergnädigst geruht, dem Stadtmagistrat Bayreuths ein Geschenk von 1000 fl. [Gulden] zur Verteilung unter die Armen übergeben zu lassen. Man erwartet daher von der hiesigen Einwohnerschaft, dass seine Majestät unser allergnädigster König mit Bittgesuchen um Unterstützungen verschont werde.
Bayreuth, den 11. November 1866
Der Stadtmagistrat Muncker"

Gegen Mittag besucht Ludwig seine königliche Hoheit Prinz Alexander von Württemberg auf dessen *Schloss Fantaisie*, fünf Kilometer westlich von Bayreuth gelegen. Das 1765 fertiggestellte Schloss nutzten die Brandenburg-Bayreuther Markgrafenpaare als Sommerresidenz. Sechs Jahre später, im Frühjahr 1872, wird sich dort der von ihm vergötterte Freund Richard Wagner aufhalten und am dritten Akt der Götterdämmerung arbeiten.
Eine *Truppenparade* auf der Auwiese unter Beteiligung des in Bayreuth stationierten 7. Infanterie- und des 6. Chevauxlegers-Regiments findet um die Mittagszeit statt. Die Regimenter stellen sich um 13.30 Uhr auf dem Manöverplatz auf. Trotz des schlechten Wetters nimmt der König in Feldmarschallsuniform teil. Hoch zu Ross trifft er gegen 14.15 Uhr samt seinem Gefolge ein. Generalmajor von Schleich, die Regimentskommandanten mit den Adjutanten und Ordonanz-Offizieren sprengen ihm auf ihren Pferden entgegen. Erneut finden sich die Bayreuther in Massen ein, um das Schauspiel zu genießen. Sie begrüßen den Monarchen mit donnernden „König Ludwig lebe Hoch"-Rufen. Nachdem Ludwig an den Truppen vorübergeritten ist, kommen einige Manöver zur Aufführung. Dann beginnt das Defilé. Ungefähr gegen 15.00 Uhr ist die Truppenparade zu Ende und der König kehrt in die Stadt zurück.
Natürlich wollen sich auch Bayreuths Wirtschaftsunternehmen dem König präsentieren. Doch zuvor will Ludwig noch alle Verwundeten in den Krankenhäusern besuchen, wie er sich das zu Beginn seiner Frankenreise fest vorgenommen hat. Und so begibt er sich in das örtliche Krankenhaus, in dem etliche verletzte Soldaten ihre Blessuren auskurieren. Er unterhält sich freundlich mit ihnen und ordnet an, dass jeder einen Dukaten mit seinem Bildnis überreicht bekommt.
Anschließend visitiert er trotz des Zeitdrucks noch einige Fabriken der Stadt, um auch ihnen sein Interesse zu bekunden. Beim Besuch der festlich geschmückten Zucker-Raffinerie von Theodor Schmitt in St. Georgen, einem Bayreuther Stadtteil, erinnert sich Ludwig daran, wie ihm bei seinem Besuch 1851 – damals war er ein sechsjähriges Bübchen – von den Arbeitern dieser Fabrik ein kleiner Zucker-

1864 ließ Ludwig einen „Geschenkdukaten" für besondere Anlässe prägen, der 5 Gulden wert war.

hut überreicht wurde. Heute spendet er für die Kranken- und Unterstützungskasse der Fabrikarbeiter 100 Gulden. Auch die Baumwollspinnerei kann sich eines kurzen Besuchs erfreuen. Der König trägt dem Direktor auf, den Arbeitern mitzuteilen, er bedauere es sehr, nicht alle Abteilungen aufsuchen zu können. Er werde dies aber bei seinem nächsten Besuch nachholen. Für die beabsichtigte Visite der Flachsspinnerei zu Laineck reicht die Zeit nicht mehr, denn bereits um 17.00 Uhr ist im Neuen Schloss eine große königliche Hoftafel angesetzt, zu der sämtliche Offiziere der Garnison – es sind dies das 6. Chevaulegers-Regiment und das 7. Infanterie-Regiment – geladen sind.

Im Verlauf des Banketts wird Feldwebel Schlemmer vom 7. Infanterie-Regiment, der für seine Tapferkeit bereits mit der goldenen Medaille ausgezeichnet wurde, vom König mit einer goldenen Uhr nebst goldener Kette beschenkt. Dann verkündet Ludwig, jeder Soldat, vom 1. Unteroffizier abwärts, der an der heutigen Militärparade teilgenommen habe, solle den doppelten Lohn erhalten.

Inzwischen eilen, bereits seit 16.30 Uhr, die Damen in reicher Toilette und die Herren im schwarzen Frack zum Markgräflichen Opernhaus, um sich die besten Plätze zu reservieren, denn am Abend wird hier von Mitgliedern des Musik-Dilettanten-Vereins und Liederkranzes ein großes Konzert zu Ehren Seiner Majestät veranstaltet, zu dem der Magistrat die Einladungskarten ausgegeben hat. Bereits um 19.00 Uhr sind alle Räume restlos überfüllt, nun auch mit Beamten in Dienstuniform und mit Offizieren in Galauniform. Das altehrwürdige Opernhaus, eines der schönsten Baudenkmale der Stadt, ist erstmals mit Gas beleuchtet, obwohl der Kronleuchter nur provisorisch angeschlossen ist, da die Gaseinrichtung noch nicht vollständig fertiggestellt ist. Auch die bereits geplante Gasheizung konnte noch nicht eingebaut werden. Lange ist es her, dass in diesen prunkvollen Räumen eine derart festliche Veranstaltung stattgefunden hat. Von dem dunkel getönten Holzbau, der im Jahre 1748 von dem Markgrafen Friedrich im italienischen Spätbarock errichtet wurde, hebt sich das Publikum in festlicher Garderobe wohltuend ab. Auf der reich geschmückten Bühne, einer der größten in Deutschland, sitzen im weiten Halbkreis weiß und blau gekleidete junge Damen.

Um 20.15 Uhr erscheint Seine Majestät in der Oberstenuniform des 6. Chevaulegers-Regiments mit seinem Gefolge. Acht Logen sind für die hohen Herren reserviert. Das Haus erstrahlt in prächtigem Glanz und das Publikum begrüßt den König stehend mit einem dreimaligen donnernden Hoch. Das abwechslungsreiche Konzertprogramm beginnt mit der Bayrischen Nationalhymne von Seidel und endet nach zwei Stunden mit der Jubelouvertüre von Carl Maria von Weber. Ludwig folgt jedem Vortrag mit großer Aufmerksamkeit und spendet reichlich Applaus. Nach den letzten Tönen der Jubel-Ouvertüre enthüllt sich auf der Bühne ein Tableau mit der Büste des Königs, umgeben von Genien und mit bengalischem Feuer beleuchtet. Das ganze Haus applaudiert frenetisch und lässt den König hochleben.

Nun bittet Ludwig Bürgermeister Muncker zu sich in die Königsloge. Er bedankt sich für den wunderbaren Empfang und die schönen Tage in Bayreuth und verleiht ihm das *Ritterkreuz I. Klasse des St. Michaelsordens*, das er ihm persönlich anhef-

Bayreuth, Markgräfliches Opernhaus, Zuschauerraum

tet. Dieser Orden ist auch ein Dank des Königs für die großen Verdienste des Bürgermeisters um seine Stadt während der entbehrungsreichen Zeit des Krieges. Wie positiv das Konzert allenthalben aufgenommen wurde, bestätigt auch folgende Notiz im „Bayreuther Tagblatt“:

„Das Bayreuther Markgräfliche Opernhaus, eines der schönsten Baudenkmale im Renaissance-Stil, mag ganz erstaunt gewesen sein ob der glänzenden Gesellschaft, die es füllte, und der Pracht, die es nach langer Nacht endlich wieder einmal am vergangenen Montag entfalten durfte. Der Wunsch ist dabei gewiss sehr verzeihlich, dass es mehr wie bisher dem Vergnügen unserer Stadt dienstbar gemacht werden möchte. Nach der Gasbeleuchtung sollte auch die entsprechende Beheizung nicht fehlen. Das stattgefundene Konzert macht dem Musik-Dilettanten-Verein und dem Liederkranz, welche so wertvolle Bestandteile unseres gesellschaftlichen Lebens sind, alle Ehre. Man bedenke, zu dem Konzert waren nur drei Tage Vorbereitung gegeben.“

Nach der Veranstaltung verlässt der König gegen 22.00 Uhr unter den Hochrufen des Publikums das Opernhaus. Ein prachtvoller Fackelzug zu seinen Ehren erwartet ihn, und begleitet von einer Musikkapelle bewegt sich der imposante und prachtvoll beleuchtete Konvoi mit der königlichen Kutsche in Richtung Neues Schloss, umbraust von den Jubelrufen der an den Straßen dicht gedrängten Menge. Zurück in seiner Residenz, zeigt sich der König trotz des Regens nochmals barhäuptig auf dem Balkon, was man ihm mit donnernden Hochrufen dankt. Das Schloss ist in magisches Licht getaucht. Festliche Musik und eine Serenade des Liederkranzes beschließen den Abend. Nach Beendigung der Darbie-

König Ludwig II. als Oberstinhaber des 4. bayerischen Chevaulegers-Regiments

tungen tritt der König an die Brüstung des Balkons und dankt seinen Untertanen mit lauter, weithin vernehmbarer Stimme: „Ich sage meinen herzlichsten, innigsten Dank."

Dann bittet er Bürgermeister Muncker und eine Abordnung vor dem Schloss wartender Bürger in seine Gemächer, um ihnen nochmals persönlich für den schönen Abend zu danken. Der König gibt dem Stadtoberhaupt eine Botschaft für alle jene mit, die diesen Abend so unvergesslich gestaltet haben. Danach zieht er sich in sein Schlafgemach zurück. Unter Hochrufen verlässt die Menge mit ihren brennenden Fackeln den Schlossplatz und marschiert zum Marktplatz, wo sie sich nach und nach auflöst. Ein ereignisreicher und wunderbarer Tag geht zu Ende.

Am *Dienstag, den 13. November*, heißt es für den König, von Bayreuth Abschied zu nehmen. Auf der Titelseite der Dienstag-Ausgabe des „Bayreuther Tagblatts" steht eine Dankesadresse des Königs an alle Mitwirkenden des gestrigen Konzerts und des nächtlichen Fackelzuges. Der Text lautet:

„Die Unterzeichneten, welche die Ehre hatten, von Seiner Majestät dem König während der gestrigen Fackel-Serenade empfangen zu werden, erfüllen eine von Seiner Königlichen Majestät ihnen auferlegte angenehme Pflicht, indem sie den sämtlichen Damen und Herren, welche bei der gestrigen Festproduktion im Königlichen Opernhause mitwirkten, und allen Einwohnern, welche sich am Fackelzuge beteiligten, den Dank Seiner Majestät unseres geliebten Königs verkündigen.

Bayreuth, 13. November 1866

Muncker. Rose. Th. Wagner"

Unmittelbar vor seiner Abreise verleiht der König dem Regierungs-Präsidenten Theodor von Zwehl das *Großkreuz des Verdienstordens der Bayerischen Krone*. Dabei dankt ihm Ludwig für seine loyale Gesinnung, die er in den schweren Tagen des Krieges bewiesen hat, wobei er den Wunsch anfügt, seine umfassende und einsichtsvolle Tatkraft möge dem Kreis Oberfranken noch lange Zeit erhalten bleiben.

Gegen 10.15 Uhr begibt sich Ludwig zum Bahnhof, wo sich bereits Seine königliche Hoheit Herzog Alexander, der Bürgermeister Muncker mit dem Magistrat und den Mitgliedern des Gemeinde-Kollegiums und eine große Menschenmenge versammelt haben, um Abschied zu nehmen. In seiner Abschiedsrede sagt der Bürgermeister: „Wir wünschen von ganzem Herzen, dass es Seiner Majestät in unsern Mauern wohl gefallen haben möge und dass unserer Stadt recht bald wieder das Glück zuteil werde, den allergnädigsten Monarchen wiederum beherbergen zu können, und zwar auf – längere Zeit."

Unter dem donnernden Jubel der begeisterten Menge verlässt der königliche Sonderzug die Stadt Bayreuth in Richtung Hof. Die letzten königlichen Grüße empfängt der Liederkranz, der sich in aller Stille am Ende des Bahnhofs versammelt hat, um dem König ein Abschiedsständchen zu bringen.
Enttäuschung in *Seybothenreuth* macht sich *am 13. November* breit. Diese Stadt, in der am 29. Juli 1866 die letzte Schlacht des Bruderkrieges stattfand, ist aufgrund einer Falschmeldung der festen Überzeugung, dass ihr der König ebenfalls einen Besuch abstatten wird, um die Gefechtsstelle zu besichtigen. Die Bürger hatten deshalb ihren Ort aufs Festlichste geschmückt und wollen den König herzlich willkommen heißen. Doch aus organisatorischen Gründen wird nichts daraus, wie Regierungspräsident von Zwehl aus Bayreuth an den Seybothenreuther Gemeindevorsteher telegrafiert: „Seine Majestät der König lassen danken für Ihre freundliche Einladung, allein der Besuch von Seybothenreuth war nicht in den Plänen der gegenwärtigen Reise seiner Majestät gelegen und konnte daher nicht stattfinden, was ich auf Allerhöchsten Befehl Ihnen hiermit eröffne."
Die Bürger von Seybothenreuth können es kaum fassen, als der Zug durch ihren Bahnhof, ohne anzuhalten, in Richtung Hof weiterrollt. Hatte nicht hier beim letzten Gefecht in Seybothenreuth das 670 Mann starke 4. Bataillon des Königlich-Bayerischen Infanterie-Leibregiments vier Gefallene, 74 Verwundete und 257 Gefangene zu beklagen? In der preußischen Truppe kam kein Soldat ums Leben. Neben der Reiterattacke an der Petzelsmühle war ein Infanteriescharmützel am Goldhügel von Seybothenreuth der zweite Höhepunkt der Schlacht, bei dem die bayerischen „Leiber", wie der Kurzname des Regiments lautet, arglos in die „preußische Mausefalle" gingen. Noch heute erinnert ein Denkmal am Goldhügel an den schwarzen Tag.
Während die Seybothenreuther dem König gram sind, zehrt die Bayreuther Bevölkerung noch lange von dem hohen Besuch, der ihrer Stadt zuteil geworden ist. Ihren Abschiedsgruß, der am *14. November* auf der Titelseite der Mittwoch-Ausgabe des „Bayreuther Tagblatts" prangt, kann König Ludwig II. – er ist längst in Hof – nicht mehr lesen. Er beginnt mit den Worten:

> Sei gesegnet, König, auf allen deinen Wegen,
> Mit unseres Gottes höchstem allerreichstem Segen!
> Wie fast jedes Glück, ist das Glück zu schnell entfloh'n
> Geliebter König! zu seh'n Dich in uns'rer Mitte,
> Wie tief bewegt das Herz auch sei: Du gehst ja schon!
> Und umso inniger entströmet uns die Bitte:
> Vergiss uns nicht! Strahle bald in Huld uns wieder,
> Denn Du warst für uns ja Sonne nach der dunklen Nacht!
> Der schweren Zeit, wo die Freude lag darnieder,
> Du erst hast uns Licht und warmen Sonnenglanz gebracht!
>
> Bayreuth, Donnerstag den 15. November 1866

Als Resümee des Besuches in Bayreuth lässt sich festhalten: Das ursprüngliche Misstrauen der Nörgler hat sich als nicht gerechtfertigt erwiesen. Der Stadt ist es gelungen, den früheren Zweifel an ihrer Anhänglichkeit zum bayerischen Königshaus zu widerlegen. Die unerschütterliche Treue Bayreuths auch zu Bayern wurde in nur drei Tagen aufs Eindrucksvollste vor Augen geführt. Der König und sein Münchner Gefolge würdigten dies und zeigten sich äußerst nachsichtig und tolerant. So wenig es vorher je eine Wappenentfernung gegeben hatte, so wenig löste die ehemalige fränkische Preußenfreundlichkeit Strafversetzungen oder gar Säuberungsaktionen aus.
Bayreuth ist stolz, als erste vom Krieg betroffene Stadt „der Ehre des tröstenden Besuches seines Landesherrn teilhaftig geworden zu sein", wie es wörtlich in einer der Ansprachen zum Ausdruck kam. Über die Resonanz des königlichen Besuches bei der Bevölkerung schreibt das „Bayreuther Tagblatt": „Enthusiasmus lässt sich nicht befehlen und in der Tat ist bei des Königs Anwesenheit gar nichts befohlen worden, wenn aber trotzdem durch alle Kreise bis in die kleinsten Hütten der Ausdruck der Freude ging, dass der König uns besuchte, so braucht es keine lange Versicherung, dass dieses Gefühl ein aufrichtiges und von Herzen kommendes war.
Wir sind aber überzeugt, dass der König auf seiner Rundreise dieses Gefühl überall antrifft, und es mag ihm ein schönes Ziel sein, einem solchen Volke ein milder König und wahrhafter Vater zu sein und dauernd zu bleiben. Die Zukunft kann vielleicht noch manches schmerzliche Opfer heischen von Fürst und Volk, aber vereint werden auch die trüben Tage leicht überwunden, während die glücklichen Tage wie die eben erlebten ihren segenreichen Einfluss auf die Geschicke des Landes allewege bethätigen werden."
Als Nachhall zum Königsbesuch begeben sich am *Donnerstag, den 15. November*, gegen 11.00 Uhr die Mitglieder des Magistrats und die Gemeindebevollmächtigten der Stadt in feierlichem Zug zur Wohnung des Königlichen Regierungspräsidenten und Staatsrats Theodor von Zwehl, um ihn zum verliehenen *Großkreuz des Verdienstordens der Bayerischen Krone* zu beglückwünschen, außerdem auch zur *Ehrenbürgerwürde der Stadt Bayreuth*, mit der er ausgezeichnet wurde. Theodor von Zwehl ist über die Rede des Bürgermeisters Muncker, der die Verdienste würdigt, sichtlich gerührt. Er dankt allen Anwesenden und betont, er habe alles nur zum Wohle der Stadt und seines Regierungsbezirkes getan. Er fordere alle Bürger auf, ihn auch weiterhin kräftig zu unterstützen für König und Vaterland.
Nachdem die Mitglieder der städtischen Gremien in den Rathaussaal zurückgekehrt sind, drücken Magistratsrat Kraus und Herr Rose im Namen der Gemeindebevollmächtigten und des Magistrats ihre Freude darüber aus, dass Bürgermeister Muncker vom König den *St. Michaelsorden I. Klasse* erhalten hat, denn dies sei auch für die ganze Stadt eine hohe Ehre. Die Rede wird mit einem dreimaligen begeisterten Hoch auf Seine Majestät den König beschlossen.

Im Schneckentempo auf gefährlicher Strecke

Auf der „Schiefen Ebene" am 13. November 1866

Die Weiterfahrt des königlichen Zuges nach Hof muss in Neuenmarkt unterbrochen werden, da die Wagen für den abenteuerlichen Anstieg nach Marktschorgast vorbereitet werden müssen, gilt es doch, die berühmt-berüchtigte „Schiefe Ebene" zu bewältigen. Diese Trassenführung bereitete den Technikern schon bei der Errichtung 1843 erhebliche Schwierigkeiten. Bei dem Aufstieg zur Hochfläche zwischen Frankenwald und Fichtelgebirge sind auf einer Strecke von nur 7,7 km Länge immerhin 158 Meter Höhenunterschied zu bewältigen. Seither gilt die „Schiefe Ebene" als technische Meisterleistung. Immer wieder stehen Neugierige entlang der Steigung und beobachten, wie sich Züge diese gefährliche Strecke hinaufquälen. Kurz nach ihrer Freigabe geschah im November 1848 an dieser Stelle ein großes Unglück, als Zugwagen von der Lok abrissen und rückwärts die „Schiefe Ebene" hinunterdonnerten. Von da an kam für die Teilstrecke im Bahnhof Neuenmarkt eine Schiebelok mit Allradantrieb zum Einsatz, damit die Züge den stattlichen Höhenunterschied zwischen Neuenmarkt und Marktschorgast gefahrlos bewältigen konnten. Hinten an der Lok wurde ein doppeltes Gewicht angekoppelt, um den vorausfahrenden Zug im Kriechtempo sicher die „Schiefe Ebene" hinaufzuschieben.
Auch der königliche Zug wird also vor der Fahrt die „Schiefe Ebene" hinauf sorgfältig überprüft, dies auch wegen festgestellter Geräusche in den Fahrgestellen. Mit seinen starren Achsen verfügt der Zug über keine durchgehenden Bremsen, sodass die einzelnen Wagen, also auch der königliche Salonwagen, der erst später eine Gestängebremse erhält, nicht von der Lokomotive aus gebremst werden können. Dies muss deshalb vom Bremserhäuschen am Gepäckwagen, der immer

Ein Zug fährt auf der „Schiefen Ebene"

„Schiefe Ebene", Orientierungstafel

am Ende des Zuges mitfährt, von Hand geschehen. Außerdem muss die Lok „Tristan" neue Kohlen aufnehmen und am Wasserkran Wasser fassen.

Danach wird die Schiebelok C I, genannt „Beheim", am Königszug angekoppelt, was besonders schwierig ist, weil eine Kupplungsvorrichtung, wie man sie heute kennt, fehlt. Behutsam rollt die Schiebelok an den letzten Waggon heran, der Haken wird eingehängt und mit einem Schraubenschlüssel auf Spannung gebracht. Dann wird eine Sicherungskette um alle Wagenkupplungen des Zuges gelegt, von der Lok „Tristan" nach hinten bis zur Schiebelok. Jetzt wird der Zug auf Spannung gebracht, um auf diese Weise zu prüfen, ob alle Waggons auch zuverlässig gesichert sind. Dieser Prozedur – laut Stundenzettel der „Tristan" dauerte sie eine Dreiviertelstunde – muss sich jeder Zug auf der Strecke Neuenmarkt–Marktschorgast unterziehen. Der König hält sich während der Wartezeit in seinem Salonwagen auf, dessen Vorhänge zugezogen sind. Sicher lässt er, der allen technischen Neuerungen gegenüber aufgeschlossen ist, sich auch die Besonderheiten der „Schiefen Ebene" erklären.

Nachdem alle Vorbereitungen getroffen sind, schiebt sich der Königszug langsam bergauf. Die eine Dreiviertelstunde währende Fahrt wird wegen des prominenten Fahrgastes von Schaulustigen, darunter Schulklassen und Vereine, die entlang der Steigung aufmarschiert sind, interessiert verfolgt.

Die „Tristan" aus der Baureihe B VI – eine der leistungsstärksten Schnellzuglokomotiven von Maffei – arbeitet sich mit Hilfe der großen Übertragungsräder, die mittig angeordnet sind, mit voller Kraft die 7,7 km hoch. Vergleichbar einem Fahrrad ohne Gangschaltung, mit dem ein Radfahrer einen steilen Anstieg bewälti-

gen muss, so quält sich die Lok Meter für Meter nach oben. Erreicht der Zug auf gerader Strecke oder bei minimaler Steigung üblicherweise eine Geschwindigkeit von etwa. 40 km/h – für damalige Verhältnisse ein geradezu ungeheures Tempo, das man aus Sicherheitsgründen keiner Kutsche zugemutet hätte –, so benötigt er jetzt seine ganze Kraft, um die Steigung zu bewältigen.
Kurz vor der Bergstation Marktschorgast etwa auf Höhe der heutigen evangelischen Kirche – eine Brücke über die Bahn war damals nicht vorhanden – ruckt der ganze Zug und mit dem letzten Dampf erklimmt die Lok „Tristan" das gerade Stück vor der Bergstation. Beinahe kommt sie vor dem Bahnhof Marktschorgast zum Stillstand, was mit Hilfe der Schiebelok jedoch verhindert wird.
Hier am Ende der „Schiefen Ebene" muss wiederum ein technischer Halt eingeschoben werden. Die ganze Prozedur des Wasserfassens, der Kohlebunkerung und der Abkopplung der Schiebelok „Beheim" mit der Kettenentriegelung dauert erneut eine Dreiviertelstunde.
Das kleine Städtchen *Marktschorgast* hat sich natürlich ebenfalls auf den Besuch des Königs eingerichtet und den Bahnhof festlich dekoriert. Man hofft, dass Ludwig II. bei diesem längeren Halt seinen Wagen verlassen wird. Doch zur Enttäuschung der Wartenden lässt er sich nicht einmal am Fenster seines Reisewagens blicken. Das „Bayreuther Tagblatt" berichtet:
„*Bayreuth, 15. Nov.*: Seine Majestät der König passierte am Dienstagvormittag kurz vor 11 Uhr die Schiefe Ebene und die Eisenbahnstation Marktschorgast, welche festlich dekoriert war. Es hatten sich aus der Umgegend eine Menge Personal eingefunden um ihren Geliebten Landesherrn von Angesicht zu Angesicht zu schauen, die Seine Majestät mit lauten Lebehochs begrüßten. Hier wäre es möglich gewesen, die Kette des Fichtelgebirges in ihrem imposanten Bilde zu sehen, doch der Himmel war leider zu sehr verschleiert, um eine Fernsicht auf das reizende Gebirgspanorama zu gestatten."
Nach Abschluss aller Arbeiten setzt der königliche Zug seine Fahrt in Richtung Hof fort. Bei Münchberg erwartet den König eine neue Überraschung.

Bahnhof Marktschorgast um 1866

Unerhörte Aktion eines ehrgeizigen Bürgermeisters

Münchberg, den 13. November 1866

Auf der Strecke nach Hof fährt der königliche Zug auch durch das kleine Städtchen Münchberg. Ein offizieller Halt ist laut Obersthofmeisterstab hier jedoch nicht vorgesehen, denn man hatte durch das technische Procedere für die auf der „Schiefen Ebene" im Kriechtempo notwendige Fahrt bereits zu viel Zeit verloren. Zudem verlangt der König präzise Einhaltung der vorgesehenen Halte, weshalb ein Stopp auf dem Münchberger Bahnhof undenkbar ist. Im „Bayreuther Tagblatt" vom *Dienstag, den 13. November*, findet sich die Meldung:

„Heute vormittags 11 Uhr 50 Minuten ist seine Majestät der König mittels Extrazuges auf der Reise nach Hof, ohne anzuhalten, hier durch [Münchberg] passiert. Obwohl regnerisches und höchst stürmisches Wetter herrschte, war die Stadt und der Bahnhof doch festlich geschmückt und beflaggt, und hatte sich die Bevölkerung auf demselben zahlreich eingefunden, um mit lauten Hochrufen ihren Landesvater zu begrüßen."

Außer dieser Pressemitteilung ist über die Durchfahrt des Zuges durch Münchberg nichts bekannt und auch im Münchberger Stadtarchiv sind keine weiteren Dokumente aufbewahrt. Mündliche Überlieferungen erzählen aber eine ganz andere Geschichte, die damals von offizieller Seite vermutlich unterdrückt wurde. Sie findet deshalb auch in keinem amtlichen Papier Erwähnung und doch soll sie wahr sein. Die Hauptrolle spielt dabei der ehrgeizige Münchberger Bürgermeister Johann Georg Stoeckel, der es einfach nicht hinnehmen will, dass der Königszug am Bahnhof seines Städtchens keinen Halt einlegt. Er will unbedingt, dass Ludwig auch seine Stadt besucht. Schon im Vorfeld beschwerte er sich, allerdings erfolglos, bei dem ihm vorgesetzten Bezirksamt, dass der Sonderzug ein-

Bahnhof von Münchberg

fach durchfahren soll. Er ist bitter enttäuscht, ja aufgebracht und in seiner Ehre verletzt. Deshalb heckt er einen Plan aus, wie er einen Halt doch noch erzwingen kann.
Zunächst lässt er von den Münchbergern die Stadt und den Bahnhof festlich schmücken. Nach seiner Ansicht gelang der Festschmuck sogar überzeugender als jener, der von Bayreuth und anderen Orten zum Empfang des Königs aufgeboten wurde. Deshalb ist er sich auch sicher, dass dies den Beifall Seiner Majestät finden wird. Außerdem fordert Stoeckel alle Bürger auf, trotz des stürmischen Winterwetters an den fahnengeschmückten Bahnhof zu kommen, um den Halt des Zuges zu ertrotzen. Er selbst erscheint im schwarzen Frack und Zylinder, mit weißem Stehkragenhemd, Fliege und dem gesamten Ordensschmuck, dazu Amtskette und Medaillen, eben mit allem, was zur Darstellung der amtlichen Würde eines Bürgermeisters gehört.
Kurz bevor der königliche Zug einrollt, geschieht das Unfassbare. Der Bürgermeister betritt die Gleise am Ende des Bahnsteigs und legt sich trotz des unwirtlichen Novemberwetters zu allem entschlossen auf die Schienen, um den einfahrenden Königszug, der in Richtung Hof unterwegs ist, zum Halt zu zwingen. Als der Zug nach einer Vollbremsung zum Stehen kommt, rafft sich der sichtlich erschöpfte Bürgermeister hoch, glättet seine vom Regenwetter arg in Mitleidenschaft gezogene Amtstracht und rückt den Ordensschmuck zurecht.
Der König, von der unerwarteten Notbremsung aufgeschreckt, tritt ans Fenster seines Salonwagens und fragt seinen Flügeladjutanten, was vorgefallen sei und weshalb man schon wieder halten würde. Nachdem Ludwig von der verzweifelten Aktion des Münchberger Bürgermeisters unterrichtet ist, winkt er, nachsichtig lächelnd, das völlig aufgelöste Stadtoberhaupt, unter dem Beifall aller am Bahnhof Anwesenden, an sein Fenster und fragt ihn voller Anteilnahme, ob ihm etwas passiert sei.
Den nun einsetzenden Redeschwall Johann Georg Stoeckels unterbricht der König freundlich und verspricht, er werde auf der Rückfahrt einen Sonderaufenthalt in Münchberg von einigen Minuten anordnen, um den festlichen Empfang der Münchberger nochmals zu genießen. Alles Weitere möge man mit dem Bezirksamt vereinbaren. Danach weist der König dem tapferen Bürgermeister für die Armen und Kranken der Stadt 1000 Gulden zur „huldvollsten Verwendung" an, was die im Stadtarchiv Münchberg vorhandenen Belege beweisen. Freundlich winkt Ludwig noch einmal der wartenden Menge zu, schließt dann das Fenster und der Zug setzt sich, begleitet von den Hochrufen der Münchberger, in Richtung Grenzstadt Hof in Bewegung.

Auf der Rückfahrt von Hof löst Ludwig am *Mittwoch, den 14. November*, sein Versprechen tatsächlich ein. Er lässt den Zug auf dem Münchberger Bahnhof einige Minuten halten, winkt vom Fenster aus der im Schneetreiben und in Eiseskälte wartenden und jubelnden Menge – darunter sicher auch Bürgermeister Stoeckel – und den zähneklappernden Festjungfrauen in ihren weißblauen Sommerkleidchen zu. Doch schon nach einigen Minuten verlässt der Hofzug wieder den Bahnhof und setzt seine Fahrt nach Bamberg fort.

Ludwig II. in der Uniform der Georgiritter

Konzert mit „geborgter Hofkapelle"

Hof, vom 13. bis 14. November 1866

Bayerns nordöstlichste Stadt, die Grenzstadt Hof, ist auch zwei Monate nach Kriegsende noch nicht zur Ruhe gekommen. Der Hofer Bahnhof, der an das Königreich Sachsen anschließt, ist zweigeteilt, in einen bayerischen und einen sächsischen Teil. Hauptsächlich über diese Stadt werden deshalb auch die Rücktransporte der Artillerie und der Infanterie abgewickelt. Der königlich sächsische Etappen-Kommissar in Hof ist Major von Süßmilch-Hörnig. Seit Anfang des Monats sieht man täglich Truppentransporte der königlich sächsischen Armee aus Österreich ankommen. Die Soldaten begeben sich vom bayerischen Teil des Bahnhofs in den sächsischen Teil und werden von dort nach Hause transportiert. Das führt dazu, dass sich auf dem Bahnhof und in der Stadt ständig sächsische Soldaten aufhalten.
Seit der Nachricht aus München, dass Hof eine jener Städte ist, die Ludwig II. auf seiner Rundreise durch Franken besuchen will, herrscht helle Aufregung. Schließlich möchte man einen guten Eindruck hinterlassen. Deshalb werden alle Straßen und Viertel der Stadt, durch die Ludwig fahren wird, festlich geschmückt und am Abend sollen sie auch illuminiert werden.

Die Ankunft des Königs in Hof ist für *Dienstag, den 13. November*, gegen Mittag vorgesehen. Bereits am frühen Morgen strömen die Menschen in Festtagskleidung aus der Umgebung in die Stadt, um das Erscheinen des hohen Gastes nicht zu versäumen. Am Vormittag drängt sich trotz des Regenwetters eine große Menschenmenge aus allen Bevölkerungsschichten im Bahnhof. Nach zweistündiger Fahrt nähert sich der königliche Zug der Stadt. Außerhalb von Hof hat die örtliche Garnison ihre Geschütze aufgestellt. Kaum wird der Hofzug gesichtet, donnern 101 Böllerschüsse in die Luft zum Zeichen dafür, dass er in Kürze in den Bahnhof einfahren wird. Als er die Stadtgrenze passiert, beginnen die Glocken aller Hofer Kirchen zu läuten.
Um 12.15 Uhr rollt der Zug in den Bahnhof ein, wo am Bahnsteig die Honoratioren der Stadt Aufstellung genommen haben, um den König zu begrüßen. Die Nationalhymne ertönt, und noch ehe der Zug hält, erschallen bereits Hochrufe. Alles drängt sich an den Absperrungen. Jetzt verlässt Ludwig seinen Salonwagen und nun gibt es kein Halten mehr, ein ohrenbetäubender Jubel braust durch die Bahnhofshalle. Die Kanonen donnern, die Glocken läuten, die Musik spielt und die Freude der Menschen kennt keine Grenzen. Der König und sein Reisestab sind von dem Empfang überwältigt.
Der Bürgermeister in Amtstracht begrüßt gemeinsam mit den städtischen Kollegien den Landesherrn. Er hat einen ganzen Stapel Unterlagen bei sich, darunter einen Stadtplan, Aufstellungen über das Stadtvermögen, die Stadtschulden und die Kriegslasten sowie reichlich statistisches Tabellenwerk über Einwoh-

nerzahl, Wirtschaft, Bauwesen, Brandversicherung usw. Es scheint, als wolle er dem König gleich in den ersten Minuten mit diesem Informationsbündel die ganze Stadt zu Füßen legen. Der König signalisiert mit großer Gelassenheit, er wolle die statistischen Zusammenstellungen über das Gemeinde- und Stiftungsvermögen ebenso sorgfältig studieren wie über die gemeindlichen und privaten Kriegslasten und die dadurch besonders für die Gemeindekasse entstandenen Schulden. Außerdem werde er sich einen Überblick über den Stand der Gemeindekollegien verschaffen, über die zentralen gemeindlichen Anstalten sowie über Zahl und Art der Fabriken, Einrichtungen des Handels und der Gewerbe. Nicht zuletzt wolle er sich auch über die Bevölkerungsverhältnisse der Stadt, über das Bauwesen, die Brandversicherung, Produktion, Consumtion usw. informieren.

Die Begrüßungsrede des Bürgermeisters geht in dem ohrenbetäubenden Jubel fast unter und auch die Dankesworte des Königs sind kaum zu verstehen. Auch der Geheime Finanzrat Kraushaar, Direktor der Sächsischen Westbahnen, wurde zur Begrüßung des bayerischen Königs von Seiner Majestät dem König von Sachsen entsandt.

Nun begibt sich das ganze Gefolge auf den Bahnhofsvorplatz, wo sich eine noch größere Menschenmenge drängt. Hier warten auch die Kutschen, die den König und seine Begleitung in ihre Quartiere bringen sollen. „*Zum Goldenen Hirschen*" heißt der Gasthof, an dessen Stelle sich heute eine Filiale der Bayerischen Vereinsbank befindet, in dem der König in den nächsten 24 Stunden wohnen soll, denn in Hof steht kein Schloss oder schlossähnliches Gebäude zur Verfügung. Obwohl sich das Wetter immer noch nicht gebessert hat, lässt es sich Ludwig nicht nehmen, im offenen Wagen zu fahren. So kann er nach allen Seiten freund-

Bahnhof in Hof um 1853

lich grüßen. Im Schritttempo bahnt sich die Kutsche den Weg durch ein Spalier jubelnder Bürger, die ihn mit Blumensträußen und Hochrufen überschütten. Als man am Gasthof ankommt, stimmt der dort versammelte Liederkranz das Lied: „Heil unserm König, Heil" an, das jedoch in den lärmenden Hurrarufen der Menschenmenge untergeht. Ludwig zeigt sich der tobenden Menge mehrfach am offenen Fenster des Gasthofs.

Um 14.00 Uhr sind im „Goldenen Hirschen" zum Empfang des Königs außer dem sächsischen Geheimen Finanzrat Kraushaar die städtischen Kollegien, die Amtsvorstände, die Geistlichkeit, die adeligen Gutsbesitzer und das Landwehr-Offizierskorps geladen. In seiner Begrüßungsrede lobt Ludwig die untadelige Haltung der Stadt Hof in der schweren Zeit der preußischen Invasion und Okkupation sowie die Treue der Bürger zur bayerischen Krone.

Im Anschluss an die Audienz unternimmt er einen Spaziergang durch die Stadt, nur begleitet von einem hohen Offizier aus dem Gefolge. Im Nu ist er von Tausenden von Menschen umringt, die ihre Freude durch Hochrufe und Salutschüsse ausdrücken. Nur mühsam kann sich der Monarch seinen Weg durch die Altstadt bahnen, durch einen Teil der Bayreuther Straße, die Pfarr- und Lorenzstraße herauf, und dann zurück in den Gasthof. Sämtliche Straßen der Stadt sind mit blauweißen und schwarzrotgelben Fahnen beflaggt, eine Girlande reiht sich an die andere, längs der Häuser stehen Waldbäume, die Stadt gleicht einem Garten. Leider sind durch den endlosen Regen die Straßen stark verschmutzt und die Pracht des Häuserschmucks ist erheblich beeinträchtigt. Doch das nimmt Ludwig bei dem Gedränge gar nicht wahr. Er merkt nur, dass alle ihm nahe sein wollen, und deshalb bleibt er auch immer wieder stehen und unterhält sich mit den Menschen jeden Standes.

Menukarte für das Galadiner in Hof

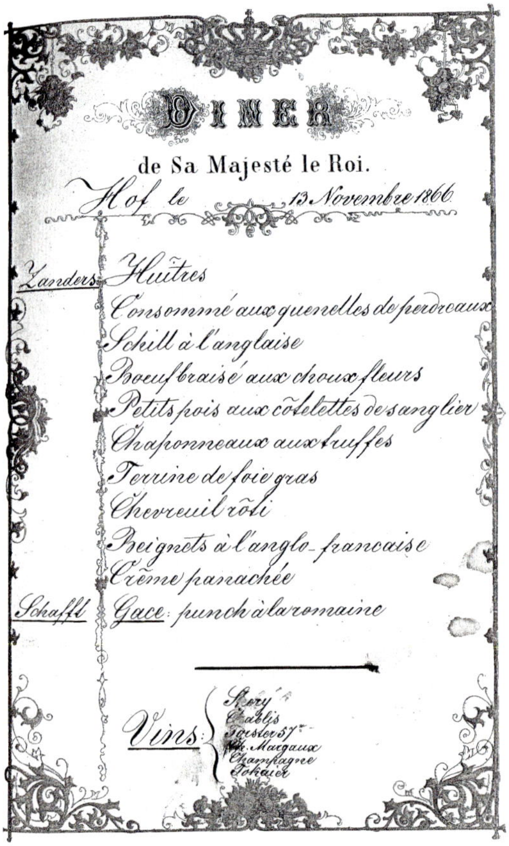

DINER

de Sa Majesté le Roi.

Hof le 13 Novembre 1866

Zanders Huîtres

Consommé aux quenelles de perdreaux

Schill à l'anglaise

Boeuf braisé aux choux fleurs

Petits pois aux côtelettes de sanglier

Chaponneaux aux truffes

Terrine de foie gras

Chevreuil rôti

Beignets à l'anglo-francaise

Crême panachée

Schaffl Gace: punch à la romaine

Vins: Shery, Chablis, Forster 57, Ch. Margaux, Champagne, Tokaier

Rechtzeitig zur königlichen Hoftafel, die gegen 17.00 Uhr im „Gasthof zum Goldenen Hirschen" stattfindet, ist er wieder zurück. Dazu hat Bürgermeister Münch die Vorstände der königlichen Behörden, die Vorstände der Gemeindekollegien, den Fabrikanten Steinhäußer und andere Honoratioren der Stadt sowie verschiedene Adelige eingeladen. Zu einem elfgängigen Menü werden sechs Weine serviert.

Da als nächstes Spektakel dem Monarchen gegen 18.00 Uhr die Illumination der Stadt vorgeführt werden soll, wird das Essen im Eiltempo abgewickelt. Die Stadt gleicht nun einem Lichtermeer. Taghell sind die Straßen erleuchtet. An vielen Häusern prangt das „Ludwig-L" mit der

Krone, und an einem der Altstadtgebäude flammt die Inschrift auf: „Glück und Heil Ludwig II., die Liebe und Hoffnung seines Volkes".
Kurz nach 19.45 Uhr fährt Ludwig mit seinem Gefolge im nur halbverdeckten Wagen zu einem von der Gartenbaugesellschaft anberaumten Konzert. Zur Gartenbaugesellschaft, die ein sehr schönes Lokal mit einem großen Festsaal besitzt, gehören die Beamten und reichen Kaufleute Hofs. Die Fahrt geht die Ludwigstraße entlang, wo trotz des heftigen Sturms und anhaltender Regenschauer eine jubelnde Menschenmenge steht. Bei der Vorbeifahrt am Rathaus schallen dem König aus dem Saal die Klänge der Nationalhymne ins Ohr. Auf den Türmen der St. Michaeliskirche und dem Rathausturm sowie auf den Plätzen vor diesen beiden Gebäuden brennen bengalische Feuer in allen Farben. Weiter geht die Fahrt durch einen Teil der Klosterstraße in die Marienstraße. Dort erblickt Ludwig am Gebäude der Gartenbaugesellschaft ebenfalls ein großes Transparent mit der Inschrift: „Heil, Heil dem König Ludwig II. von Bayern!" Das Ziel ist erreicht. Auch der Platz vor dem Konzertgebäude ist von Menschenmassen übersät, die erneut in Jubel ausbrechen, als der junge Monarch die Kutsche verlässt.
An dem im Festsaal der Gartenbaugesellschaft zu Ehren des Königs stattfindenden Konzert nimmt nur eine ausgewählte Gruppe hochstehender Persönlichkeiten teil. Als Ludwig gegen 20.00 Uhr mit seinem Gefolge im festlich illuminierten Saal erscheint, wird er von Rechtsrat Lossow herzlich willkommen geheißen. Auch die Anwesenden, die mit ihrer festlichen Garderobe und den schmucken Uniformen einen glänzenden Anblick bieten, begrüßen den König mit Hochrufen. Beim Orchester handelt es sich allerdings um eine geborgte Hofkapelle, die sich die Stadt aus dem benachbarten sächsischen Ausland entleihen musste, da in Hof selbst kein geeignetes Orchester zur Verfügung steht. Und so spielt an diesem Abend die Fürstlich-Reußische Hofkapelle aus Schleiz. Bei diesem Konzert darf sich auch der Liederkranz, dem am Mittag die donnernden Jubelrufe der Menschen ihr Willkommensständchen verdorben hatten, mit seinem gemischten Chor nochmals vor dem König produzieren. Das Konzert verläuft in der Reihenfolge des ausgegebenen Programms.

„I. Teil.
1. Zug der Frauen aus Lohengrin von Richard Wagner.
2. Lied ohne Musikbegleitung für gemischten Chor
3. Thema und Variationen B-Dur aus dem großen Septuor von Beethoven Opus 20.
4. Ouvertüre zu Ruy Blas von Mendelssohn-Bartholdy.

II. Teil
1. Finale aus Lohengrin von Richard Wagner
2. Lied für gemischten Chor
3. Violin-Concert
4. Ouvertüre zu Egmont von Beethoven."

Richard Wagners Musik begleitete den König auf der Frankenreise.

In den Pausen unterhält sich der König mit mehreren Damen und Herren, darunter auch mit dem Dirigenten der Fürstlich Schleizer Hofkapelle und mit Kantor Helm, dem Dirigenten des Hofer Liederkranzes. Der König lobt die Gesänge – es sind Lieder von Möhring –, die mit großer Präzision und viel Gefühl vorgetragen wurden. Die Darbietungen des Orchesters honoriert Ludwig mit den Worten:

„Die Leistungen der fürstlich Schleizer Hofkapelle sind uns zwar mehrfach rühmlich bekannt; wir können aber nicht umhin zu gestehen, sie habe sich in diesem Konzerte selbst überboten."

Nach Beendigung des offiziellen Teils des Konzertes bietet man dem König noch eine Zugabe an, wobei er die Wahl zwischen einer Symphonie von Haydn und einer von Beethoven hat. Ludwig wünscht sich die 9. Symphonie von Beethoven. Da dies jedoch nicht möglich ist, entscheidet er sich für die D-Dur-Symphonie von Beethoven, die mit allen vier Teilen aufgeführt wird.

Bevor sich der König von seinem Gastgeber verabschiedet, versichert er noch einmal, wie vortrefflich er sich unterhalten habe und wie ausgezeichnet das ganze Konzert gewesen sei.

Gegen 23.00 Uhr verlässt er, umringt von der jubelnden Menge und begleitet von Hochrufen, das Gebäude der Gartenbaugesellschaft und kehrt in den „Goldenen Hirschen" zurück. Dort wird ihm trotz des stürmischen Regens, der die Flaggen fast von den Dächern reißt, von der Landwehr, die mit großer Besetzung vor dem Gasthof aufgezogen ist, eine mitternächtliche Serenade dargebracht. Ludwig hört sich das Mitternachtsständchen, trotz des Dauerregens barhäuptig auf dem Balkon stehend, in voller Länge an, obwohl er mit Schnupfen und Husten schon deutliche Anzeichen einer Erkältung zeigt.

Am *Mittwoch, den 14. November*, stehen vor der Abreise des Königs noch Besichtigungen des Krankenhauses und einiger einheimischer Unternehmen auf dem Programm. Beim Frühstück kann Ludwig im „Anzeiger für Hof und Umgebung" auf der Titelseite das ihm gewidmete Willkommensgedicht lesen, verfasst von einem unbekannten Dichter, in dem die zweite Strophe lautet:

An allen Stationen stehen für den König Kutschen bereit.

Wir sahen jüngst des Feindes Heere
In uns're stille Stadt einzieh'n;
Es drückt' das Herz mit Centners Schwere,
Als jede Hoffnung wollte flieh'n,
Zerrissen schien das schöne Band
Durch deutscher Brüder kecke Hand.
Vorüber sind die bangen Stunden,
Der König hat sich eingefunden!

Bereits um 8.00 Uhr morgens trifft der königliche Leibarzt, Geheimrat Dr. von Gietl, im städtischen Krankenhaus ein und ist von der Qualität dieser Einrichtung tief beeindruckt. Gegen 10.30 Uhr wird auch der König in Begleitung seines Generaladjutanten, Generalleutnant Freiherr von LaRoche, von Bürgermeister Münch und vom Chefarzt des Krankenhauses empfangen. Er lässt sich durch die einzelnen Stationen geleiten, unterhält sich freundlich mit den die Kranken pflegenden Diakonissen und fragt in den Krankenzimmern die Patienten teilnahmsvoll nach deren Befinden. Beim Abschied lobt er die Einrichtung und spricht dem Chefarzt und seinen Mitarbeitern seine Anerkennung aus.
Nun bleibt nur noch wenig Zeit für Kurzbesuche ausgewählter Unternehmen, so der großen mechanischen Baumwollspinnerei, der mechanischen Weberei und Appreturanstalt von Georg Münch und Cie., dem Bundweberei-Fabrikgeschäft von Franck & Wunnerlich sowie der Handspinnerei am Teufelsberg in der Nähe des Bahnhofs. Der König drückt sein Bedauern darüber aus, „durch die Ungunst der Witterung und die Kürze der ihm diesmal für Hof disponiblen Zeit abgehalten worden zu sein, eine größere Anzahl hiesiger gewerblicher und städtischer Etablissements zu besichtigen und [dass er] sich dieses für eine spätere Zeit vorbehalten" habe.
Dann heißt es Abschied nehmen. Dem Fürstlich Preußischen Kapellmeister und Musikdirektor Graner, der das Festkonzert leitete, lässt der König als Geschenk eine goldene Tabatière und dem Hofkapellisten und Violinsolisten Groten eine goldene Vorstecknadel zukommen. Er drückt noch einmal seine vollste Anerkennung über ihre ausgezeichneten Leistungen und die der Schleizer Kapelle aus.

Gasthof zum Goldenen Hirsch. Quartier des Königs in Hof

Den Bürgern der Stadt, die dem Monarchen offensichtlich gut gefallen hat, verspricht er im nächsten Sommer zu einem längeren Besuch wiederzukommen. Die Bevölkerung, ob arm oder reich, hat den jungen König in nur 24 Stunden in ihr Herz geschlossen, denn seine Leutseligkeit und Liebenswürdigkeit war so nicht von jedem erwartet worden. Auch Ludwigs großes Interesse für das Schicksal der Stadt Hof im vergangenen Kriegssommer und sein Versprechen, den von Kriegsschäden betroffenen Bürgern zu helfen, beeindruckt alle sehr. Zur Verteilung an die Armen der Stadt hinterlässt der König bei seinem Abschied 1000 Gulden aus seiner privaten Kasse, „obwohl", wie die „Augsburger Postzeitung" schreibt, „[...] die Armen in Hof verhältnismäßig nicht stark vertreten sind. Überhaupt macht Hof den Eindruck einer reichen Stadt mit großstädtischem Wesen."
Wie sehr Ludwig auch während seiner Frankenreise den Verpflichtungen als König gerecht zu werden sucht, ist einer Notiz im „Bayreuther Tagblatt" vom 14. November 1866 zu entnehmen, in der es heißt:
„Einer besonderen Erwähnung verdient der Umstand, dass Seine Majestät die laufenden Geschäfte fortwährend pünktlich erledigt und zu diesem Zweck Seine Exzellenz Herrn Staatsrath von Neumayr noch in später Stunde der Nacht, wenn die ermüdenden Zerstreuungen des Tages vorüber sind, zu sich berufen lässt."

Natürlich kreisen Ludwigs Gedanken während seiner Reise auch um den Komponisten Richard Wagner, wie das vor seiner Abreise aus Hof an Cosima von Bü-

Gartengesellschaftsgebäude der „Harmonie" in Hof

Festlich geschmücktes Rathaus in Hof 1866

low nach Tribschen in der Schweiz gerichtete Telegramm belegt, in dem er sich nach dem Befinden des von ihm geschätzten Komponisten erkundigt:

„Von Hof nach Luzern 14.11.1866
Frau von Bülow-Liszt. Luzern Triebschen.
Sehr besorgt um unseres teuren Sachs Gesundheit bitte dringend mir morgen Nachricht hierüber nach Bamberg zu geben. Ludwig."

Nach 24-stündigem Aufenthalt in Hof und den anstrengenden Besichtigungen wird der König zum bereitstehenden Königszug auf den Bahnhof geleitet. Bevor er in seinen Salonwagen steigt, winkt er den anwesenden Menschen noch einmal dankend zu.
Pünktlich um 12.00 Uhr verlässt der blaue Extrazug unter dem Jubel der Bevölkerung die Stadt Hof in Richtung Bamberg. Dabei muss er dieselbe Strecke nehmen, auf der er hergefahren ist. Er fährt in Richtung Neuenmarkt – Kulmbach – Lichtenfels, um zur Bischofsstadt Bamberg zu gelangen. Obwohl der Zug durch *Kulmbach* ohne Aufenthalt durchfährt, ist es auch für dieses Städtchen ein denkwürdiger Tag, wie der „Bote vom Obermain" betont:
„Seine Majestät passierte heute auf der Tour von Hof nach Bamberg um 14.00 Uhr den hiesigen festlich geschmückten Bahnhof unter den Hochrufen der zahlreich versammelten Bevölkerung, den Klängen der Nationalhymne und Böllerschüssen. Die Mitglieder des Stadtmagistrats und der Gemeindebevollmächtigten hatten sich zu dem Empfang eingefunden. Der König fuhr jedoch ohne hier anzuhalten durch, die Versammelten grüßend."

Natürlich sind auch alle anderen Stationen zwischen Hof und Bamberg, an denen der König jubelnd begrüßt wird, festlich geschmückt. Der *Markt Selb* versichert dem König per Telegramm seine patriotische Gesinnung, was Ludwig mit einem telegrafischen Dankesgruß erwidert.
Der „Anzeiger für Hof und Umgebung“ berichtet am nächsten Tag über den Besuch des Königs in Hof und endet mit der Bemerkung:
„Wir können unsern heutigen Bericht nicht besser schließen, als indem wir konstatieren, wie Seine Majestät der König durch seine Leutseligkeit und Liebenswürdigkeit gegen jedermann, durch seine rasche Auffassung und entschiedene Beurteilung aller Verhältnisse alle Herzen erobert und wie die ganze hiesige Bevölkerung ihren jugendlichen König persönlich so lieb gewonnen hat!“

Auch acht Tage später wirkt Ludwigs Besuch noch nach, wie die am *Donnerstag, den 22. November,* erfolgte späte Ehrung belegt, die dem Hofer Bürgermeister Hermann Münch in einem Handschreiben Ludwigs II. aus Aschaffenburg mitgeteilt wird. Er benachrichtigt ihn darin, dass er mit dem *Ritterkreuz des Zivilverdienstordens der bayerischen Krone*, mit dem der persönliche Adel verbunden ist, ausgezeichnet wird, und dies sowohl wegen persönlicher Verdienste als auch wegen der patriotischen, äußerst taktvollen Haltung der Hofer Bürger während der preußischen Invasion. Das Schreiben des Königs lautet:

„Mein lieber Herr Bürgermeister Münch!
Ich finde Mich bewogen, Ihnen in wohlgefälliger Anerkennung der Verdienste, welche Sie in dem durch Gottes Vorsehung verhängten Tagen schwerer Prüfung von Thron und Vaterland sich erworben haben, das Ritterkreuz Meines Verdienstordens der bayerischen Krone zu verleihen.
Indem Ich die Ordensinsignien Ihnen hiermit übersende, ist es Mein Wunsch, dadurch auch Meine Getreue Stadt Hof in Ihrem ersten Bürger zu ehren.
Mit bekannten Gesinnungen
Ihr wohlgewogener
König Ludwig.

Aschaffenburg,
den 20. November 1866
Adresse.
An den Herrn Bürgermeister
von Münch. K. D. S. Hof.“

Hoch beglückt über diese außergewöhnliche Ehrung lässt Bürgermeister Hermann von Münch den Brief am 24. November in der Zeitung „Anzeiger für Hof und Umgebung“ abdrucken. Dazu vermerkt er:
„In dem Schlusssatze dieses Allergnädigsten Handschreibens liegt für mich die Verpflichtung, solches meinen geehrten Mitbürgern zur Kunde zu bringen, um hieraus wiederholt zu entnehmen, mit welcher Allerhöchster Befriedigung unser Allergnädigster König von der braven Haltung der Stadt während der Drangsale des letzten Krieges Kenntnis genommen haben.
Hof, den 22. November 1866 von Münch rechtskundiger Bürgermeister“

Zu Gast beim vertriebenen König von Griechenland

Bamberg, vom 14. bis 18. November 1866

Auch Bamberg, die nächste Station der Königsreise, befindet sich in den Novembertagen in einem wahren Königstaumel. Stadtkommissar Schmittbüttner leitet die Vorarbeiten zum Empfang des hohen Gastes. In einem punktereichen Reglement wird alles bis ins Kleinste festgelegt: in welcher Rangordnung sich die Honoratioren der Stadt zu beteiligen haben und wie die Kleiderordnung im Detail auszusehen hat. So sind etwa für die Beamten Frack mit blauen Beinkleidern, außerdem weiße Halsbinde und Zylinder vorgeschrieben. Ebenso wird bestimmt, wer sich wann und wo zu platzieren hat. Alle peniblen Anweisungen sowie die täglichen devoten Berichte an das Staatsministerium in München sind noch heute im Staatsarchiv in Bamberg nachzulesen. Sie vermitteln einen Eindruck von der Korrektheit der damaligen Staatsdiener. Aus diesen Schreiben geht auch hervor, dass schon vor der Abreise des Königs ein Hofoffiziant aus München mit umfangreichem Meublement in Bamberg eintraf, um die für den Aufenthalt des Königs vorgesehenen Räume in der Neuen Residenz in üppigem Barockstil auszustaffieren. Insbesondere gehört zu den Möbeln ein großes Bett, da für den 1,91 Meter großen König in der Residenz eine ihm angemessene Liegestatt nicht vorhanden ist.

Die Neue Residenz in Bamberg war eine ganz besondere Unterkunft für den Bayernkönig. Entstanden war sie mit ihrer vierflügeligen Aufteilung einst in zwei Bauabschnitten. Als Erstes wurde ab 1602 unter Fürstbischof Johann Philipp von Gebsattel der hintere zweiflügelige Teil im Renaissancestil erbaut. Zwischen 1697 und 1703 entstand unter Fürstbischof Lothar Franz von Schönborn mit Hilfe Leonhard Dientzenhofers der vordere barocke Teil. Ab 1803 war sie dann königli-

Bahnhof in Bamberg

Neue Residenz in Bamberg

che Residenz. Seit 1863 lebt hier nun das vertriebene griechische Königspaar, Otto I. – der jüngere Bruder von Ludwigs Vater Maximilian II. – und seine Frau Amalie, im Exil. Wie sehr die beiden Griechenland noch immer lieben, beweist das allabendliche Ritual. Zur Erinnerung an die Zeit in Hellas unterhalten sie sich zwischen 18 und 20 Uhr nämlich nur auf Griechisch. Auffallend ist auch der aus 50 Personen bestehende und in griechische Tracht gekleidete Hofstaat, den sich das Königspaar aus der alten Heimat mitgebracht hatte.

In dieser Residenz beabsichtigt auch Ludwig II. bei seinem Aufenthalt in Bamberg Quartier zu nehmen, aber nicht in der Wohnung seines Onkels Otto, sondern in eigenen Gemächern, wohin deshalb eine größere Anzahl von Möbeln gebracht werden musste.

Vor nicht einmal einem halben Jahr, im Juni 1866, war Ludwig schon einmal in Bamberg gewesen. Damals, kurz vor dem Beginn des Krieges gegen Preußen, stattete er dem hier stationierten Hauptquartier der bayerischen Truppen einen Kurzbesuch ab. Das „Bayreuther Tagblatt" vom 26. Juni berichtete damals:

„Seine Majestät der König ist gestern Nachmittag 3 Uhr mittels Extrazuges hier eingetroffen, von Seiner Majestät dem König Otto von Griechenland im Bahnhofe empfangen und, vom zahlreich versammelten Publikum mit freudigen Hochrufen begrüßt, nach der königlichen Residenz geleitet worden. Die Straßen vom Bahnhof bis zur Residenz waren mit bayerischen und deutschen Fahnen und Flaggen festlich geschmückt."

Es war sicherlich nicht mehr als eine Geste, dass sich der König vor Kriegsbeginn

mit der Eisenbahn ins bayerische Hauptquartier nach Bamberg begab. Er hatte zwar den Krieg nicht gewollt, war aber nicht in der Lage, ihn zu verhindern. Da bereits alle Truppen mobilisiert waren, musste er zumindest nach außen hin den Eindruck erwecken, hinter seiner bayerischen Armee zu stehen, was er damals mit seinem Besuch in Bamberg demonstrierte.
Jetzt, nach dem Krieg, besucht Ludwig Bamberg erneut. Auch wenn signalisiert wird, es handle sich um keine offizielle Dienstreise, sondern lediglich um einen inoffiziellen Besuch, bei dem er die vom Krieg betroffenen Gebiete kennenlernen und der Bevölkerung für die in dieser schweren Zeit tapfer ertragenen Opfer seine Anerkennung aussprechen wolle, will man den König in Bamberg mit allen Ehren empfangen. Man war sicherlich darüber informiert worden, wie festlich der Besuch des Königs in den beiden ersten großen Stationen Bayreuth und Hof abgelaufen war. Dem wollte man nicht nachstehen.
Seit Tagen sind die Bamberger daher eifrig beschäftigt, Seiner Majestät einen würdigen Empfang zu bereiten. Die ganze Stadt prangt im reichen Festschmuck. Alle Häuser sind mit weißblauen Flaggen und Kränzen geziert, von den Türmen wehen riesige Fahnen und auch sämtliche im Fluss ankernden Schiffe haben geflaggt. Serenaden werden geübt, ein Festball wird organisiert und eine Opernvorstellung vorbereitet.
Dann ist es so weit. Am frühen *Mittwochnachmittag, den 14. November,* wird die Ankunft des Königs erwartet. Die Stadt erstrahlt im Festgewand. Aus nah und fern strömen Jung und Alt nach Bamberg, um diesem Ereignis beizuwohnen. Schon am Morgen begrüßt das „Bamberger Tagblatt" seinen Monarchen mit einem fünfstrophigen Gedicht, das unter der Überschrift „Willkomm!" die ganze erste Seite füllt und in dem es unter anderem heißt:

„Da soll noch einmal Frühlings Freuden beglücken hoch das Frankenland!
Dein König kommt – Dein Ludwig – heute, dem alle Herzen zugewandt!
In Treu und Liebe fest verbunden, wir halten in der Zeiten Flucht,
in guten und in bösen Stunden zum König, der sein Volk gesucht."

Auch in Bamberg wird Ludwig jubelnd empfangen.

Gegen 15.30 Uhr trifft der königliche Hofzug im Bamberger Bahnhof ein. Die Kanonen, die beim Herannahen des königlichen Zuges ihr Feuer eröffnen, werden erst bei Einbruch der Dunkelheit den letzten der 101 Kanonenschüsse abgegeben haben.
Wie in Schmittbüttners Generalstabsplan vorgesehen, sind der Stadtmagistrat, das Offizierskorps und sämtliche königlichen Behörden nach ihrer Rangordnung am Bahnhof angetreten. Nach Anweisungen aus München werden der in Bamberg lebende griechische Exilkönig Otto und dessen Gemahlin, Königin Amalie, so in den Empfang einbezogen, dass alle protokollarischen Komplikationen vermieden werden. Als König Ludwig II., begleitet von seinem großen Gefolge, den prunkvollen Hofzug verlässt, wird er von Seiner Majestät König Otto I. empfangen. Dann begrüßt Bürgermeister Dr. Eugen Schneider mit dem Stadtmagistrat und den Stadtgemeinde-Bevollmächtigten den hohen Besuch. Anschließend erfolgt der Einzug in die festlich geschmückte Stadt, deren Hauptstraßen das Volk

in dicht gedrängten Reihen säumt. Vom Bahnhof bis zur Residenz hat sich eine eng geschlossene Menschenkette gebildet. Unter Hochrufen setzt sich der Konvoi in Bewegung. Dem jungen König zur Seite hat König Otto I. von Griechenland in der offenen Kutsche Platz genommen. Glockengeläut von allen Türmen der Stadt, der nicht enden wollende Kanonendonner, dazu der Jubel der Volksmassen begleiten den Triumphzug des Königs zur Residenz. Ludwig ist vom Festschmuck der Stadt förmlich geblendet. Am schönsten ist die Kettenbrücke geschmückt. An beiden Enden sind geschmackvolle Ehrenpforten errichtet, in deren Mitte das königliche Wappen und der Namenszug des Königs prangt. Darunter der Gruß:
„In Lieb und Treue jubeln freudig die Gedanken
Ein Hoch dem König zu, dem Herzoge von Franken."

Links und rechts davon erstrahlt das städtische Wappen. Auch auf den mit Laubgewinden verzierten Geländern wehen Fahnen in den Landesfarben und den Farben der Stadt. Die städtischen Vertreter folgen in einer langen Reihe von Wagen. Als Erstes steht um 17.00 Uhr ein privates Familiendinner auf dem Programm, an dem auch das Gefolge der beiden Majestäten teilnimmt. Dies erfordert die Ehrerbietung gegenüber dem mit zwei Königen vertretenen Haus Wittelsbach. Danach haben alle weiteren Festlichkeiten hinter dem privaten Familiendinner des Neffen beim Onkel erst einmal zurückzutreten.
Gegen 18.00 Uhr erstrahlt die Stadt im Lichterglanz, der einem Feuermeer gleicht. Der vom Empfang am Nachmittag noch völlig überwältigte bayerische König entschließt sich gegen 19.00 Uhr trotz strömenden Regens, in Begleitung der griechischen Majestäten, König Otto und Königin Amalie, sowie des gesamten Gefolges in der königlichen Kalesche nochmals von der Residenz zum Bahnhof und wieder zurück zu fahren, um dabei die prachtvolle Illumination so recht zu genießen. Den Zug führt der Bürgermeister persönlich an. Während der Fahrt werden unter dem Jubel des Volkes ständig verschiedenfarbige bengalische Feuer abgebrannt. Besonders glanzvoll fallen die Illuminationen der Dominikanerkaserne auf beiden Seiten der Gewerbeschule, des Rathauses, des Michaelsberges, des Domes und der alten Hofhaltung aus.
Unmittelbar nach der Rückkehr der Majestäten in die Residenz zieht gegen 19.30 Uhr ein vom königlichen Landwehr-Regiment organisierter, 700 Mann starker Fackelzug vom Heumarkt aus über den Maxplatz, den grünen Markt und die obere Brücke vor die Residenz. Ein derartig großartiges Schauspiel hat Bamberg noch nie erlebt. Auf dem Domplatz vor dem bengalisch beleuchteten Dom nehmen die Fackelträger Aufstellung. Ludwig steht am offenen Fenster der Residenz und lauscht gemeinsam mit der dort versammelten Menschenmenge erfreut den Darbietungen des Musik-Korps des Landwehr-Regiments, des königlichen Ulanen- und des königlichen 5. Infanterie-Regiments, die abwechselnd Stücke aus „Tannhäuser" und „Lohengrin" spielen. Am Schluss der Veranstaltung dankt er allen Teilnehmern. Der Fackelzug, die Musikanten und die Zuschauer verlassen unter lauten Hochrufen auf den König den Schlossplatz.

Danach bittet Ludwig Bürgermeister Dr. Eugen Schneider, Dr. Bauernschmitt als den Vorstand der Stadtgemeinde-Bevollmächtigten, den Landwehroberst von Welsch, den Landwehroberstleutnant Hofmann und die Landwehr-Majore Wenglein und Loe zur Audienz in seine Gemächer in der Neuen Residenz und unterhält sich mit ihnen auf das Angenehmste. Ludwig bedauert, wegen der ungünstigen Witterung nicht selbst zum Volke sprechen zu können, und beauftragt den Bürgermeister, der Einwohnerschaft seinen Dank und seine Freude für die großartigen Beweise von Liebe, Treue und Anhänglichkeit auszusprechen. Dies geschieht gleich am nächsten Tag in der Tagespresse. Auf der ersten Seite heißt es:

„Seine Majestät der König haben noch gestern Abend die höchste Freude über den herzlichen Empfang, die brillante Stadtbeleuchtung und den festlichen Fackelzug dem Unterzeichneten in allerhuldvollster Weise ausgesprochen und ihn wiederholt zu beauftragen geruht, hievon der Einwohnerschaft Bambergs Kenntnis zu geben.
Der ergebenst Unterzeichnete fühlt sich glücklich, diesen allergnädigsten Auftrag veröffentlichen zu dürfen.

Bamberg 14. November 1866
Dr. Schneider, Bürgermeister“

Der *Donnerstag, der 15. November*, ist von Audienzen und einer Hoftafel geprägt. Nach dem Frühstück, gegen 11.00 Uhr, empfängt der König den Magistrat, die Gemeindekollegien und sämtliche königliche Zivilbeamte der Stadt. Um 13.00 Uhr machen dann die Landwehr und das Militär der Garnison mit seinem Offizierskorps ihre Aufwartung. Den hohen Adel begrüßt Ludwig gegen 14.00 Uhr und die hohe Geistlichkeit trifft um 14.30 Uhr in der Neuen Residenz ein, um den König zu begrüßen. 200 Personen muss Ludwig bei diesen Empfängen die Hände schütteln, ohne dass ihm die Möglichkeit zu einer Pause gegeben ist. Bei diesen Audienzen verkündet er, dass der Landtag noch in diesem Jahr am 27. Dezember zusammentreten soll, um alle das Frankenland betreffenden Probleme zu diskutieren.
Nach den Empfängen ist dem König nur eine kurze Ruhepause gegönnt, denn bereits um 17.00 Uhr beginnt die offizielle Hoftafel, die er zu Ehren der Stadt Bamberg gibt. An der Spitze der 54 geladenen Gäste steht natürlich das griechische Königspaar. Die Honoratioren der Stadt und die Spitzen der Behörden sind ebenfalls eingeladen. Die einzelnen Gänge des Abendessens sind auf einer Speisekarte überliefert. Vor dem Essen überreicht Ludwig dem Bürgermeister Dr. Schneider 1000 Gulden zur Verteilung an die Stadtarmen. Einige Tage später, am 20. November, beschließt der Stadtmagistrat, wie die 1000 Gulden des Königs zu verteilen sind:
1.) 200 Gulden erhält der St.-Johannis-Zweigverein für Kranke und verschämte Hausarme.
2.) 200 Gulden bekommt der Frauenverein für arme Wöchnerinnen und hilfsbedürftige alte Personen.

3.) 100 Gulden gehen an den Verein zur Unterstützung armer und verunglückter Bürger.
4.) 100 Gulden werden an die Menschen verteilt, die sich während des Königsbesuches schriftlich an das königliche Kabinett oder an den Stadtmagistrat gewendet haben, um eine Unterstützung zu bekommen.
5.) 400 Gulden erhält der Armenpflegschaftsrat für die konskribierten [eingetragenen] Armen zu momentaner Geldunterstützung und Holzabgabe.

Den absoluten Höhepunkt des Tages aber bildet der *Ball der Bürgergesellschaft Concordia* verbunden mit einem Souper. Erneut gestaltet sich die Anfahrt der königlichen Gäste zu einem Triumphzug. Gegen 20.00 Uhr erscheint Ludwig II. in Begleitung der griechischen Majestäten und seines Gefolges. Der Ball findet in einem an der Regnitz gelegenen prunkvollen Barockpalais statt, das sich der Geheime Rat Johann Ignaz Tobias Böttinger um 1722 von Johann Dientzenhofer, einem jüngeren Bruder des Residenzbaumeisters, hatte errichten lassen. Dieses noble Wasserschloss gehört unter dem Namen „Concordia" zu den Sehenswürdigkeiten der Stadt. Am Eingang des Hauses werden die hohen Gäste von den Vorständen der Gesellschaft ehrfurchtsvoll empfangen. Im Festsaal, der in einen Blumengarten verwandelt ist, erwartet den König ein Flor hübscher Bürgerstöchter und die stürmischen Hochrufe der Anwesenden.
Außer den Mitgliedern der Gesellschaft erscheinen zu dem Fest: die Spitzen aller Bamberger Behörden, die Stabsoffiziere des Infanterie- und des Ulanen-Regiments, sämtliche Offiziere des Landwehrregiments sowie die Mitglieder des Magistrats und die Gemeindebevollmächtigten. Außerdem sind etliche königliche Kämmerer und Kammerjunker von dem hiesigen und benachbarten Adel zugegen. Mit einer Polonaise eröffneten Ludwig und die griechische Königin Amalie den Ball. Der König nimmt lebhaften Anteil am Fest, obwohl er infolge des seit Tagen stürmischen und nasskalten Wetters an Katarrh und Husten leidet. An diesem Abend tanzt er nur Françaisen, die erste mit der Frau Bürgermeisterin. Sie machte die Honneurs, das heißt, von ihr wurden Gäste in Empfang genommen und einander vorgestellt. Die weiteren Françaisen tanzt Ludwig mit griechischen Hofdamen und mit einem Fräulein aus einer Bamberger Bürgerfamilie. Eine bis heute erhaltene Tanzkarte – sie trägt die handschriftliche Nummer 91 – führt außerdem die Reihenfolge der Tänze dieses Abends auf, für die sich die Herren vorab in die Karten der Damen eintragen mussten. In den Pausen unterhält sich Ludwig freundlich mit den anwesenden Gästen, wobei er immer wieder seine Freude darüber äußert, inmitten seiner treuen und anhänglichen Bürger einen heiteren Abend verbringen zu dürfen. Sein lockeres Verhalten öffnet ihm die Herzen aller Anwesenden. Zwei beherzte junge Bambergerinnen, die ihren „Märchenprinzen" unbedingt aus der Nähe sehen wollen, verschaffen sich als Bedienung verkleidet Einlass zur Festgesellschaft. Als sie ertappt werden, lächelt Ludwig nachsichtig und streichelt den beiden über den Kopf.
Mehrmals bedankt sich der König bei den Vereinsvorständen für die wunderbare Veranstaltung. Die angenehme Unterhaltung und der freundliche Ton, der in der

Barockpalais der Bürgergesellschaft Concordia

Bürgergesellschaft herrscht, haben sichtlich sein Gefallen gefunden. Beim Abschied bringt der Erste Vorstand der Gesellschaft, Magistratsrat Burger, auf Seine Majestät ein Hoch aus, das von allen Anwesenden mit stürmischem Jubel unterstrichen wird. Eingehüllt in nicht enden wollende Hochrufe verabschiedet sich der König kurz nach Mitternacht und kehrt zur Residenz zurück. Für das geschmackvolle und feine Arrangement des Balls erntet der 1. Vorstand, Herr Kaufmann und Magistratsrat Burger, allseitige Anerkennung.

Der *Freitag, der 16. November,* ist mit Besichtigungen und Besuchen gefüllt, obwohl das stürmische und nasskalte Wetter noch immer nicht nachgelassen hat. Am Vormittag macht der König einen Stadtrundgang und nimmt dabei erneut ein Bad in der jubelnden Menge. Dann besucht er die große Aktienspinnerei, geführt von Direktor Krakhardt. Diese Fabrik verdient besonders ausgezeichnet zu werden, da sie während des Krieges unter großen Opfern allen Angestellten Arbeit und Brot gegeben hat. Ein weiterer Besuchstermin gilt der Rose'schen Zuckerfabrik. Der geplante Besuch der berühmten Schmitt'schen Porzellanmalerei auf dem Jakobsberg muss jedoch aus Zeitgründen abgesagt werden. Ludwig lässt sich aber etliche der Gemälde zur Ansicht in die königliche Residenz bringen. Einige besonders schöne Stücke kauft er.
Vor allem steht auch das Städtische Krankenhaus auf dem königlichen Besuchsprogramm. Besonderes Interesse des Königs weckt Leutnant Mayer vom 5. Infanterieregiment, der mit schweren Schusswunden eingeliefert wurde. Ihm widmet Ludwig einen längeren Besuch. Er ordnet an, dass alle Kur- und Verpflegungskosten für diesen Mann von der Kabinettskasse übernommen werden. Auch alle Soldaten, ob nun Freund oder Feind, die sich im Krankenhaus befin-

Ludwig II.
in Ulanenuniform

den, werden vom König besucht und erhalten ein Geschenk. Eine Audienz gewährt Ludwig dem Büchsenmacher Heinlein, der dem König die Funktion des von ihm erfundenen und mittlerweile erprobten Hinterladergewehrs demonstrieren soll, das im Krieg bei den Preußen bereits zum Einsatz gekommen war. Noch viele andere Wohltätigkeitsbeweise liefert Ludwig, und auch Deputationen, die mit ihren Anliegen von auswärts kommen, sichert er Hilfe und Unterstützung zu.

Um 11 Uhr besichtigt er den herrlichen, von seinem Großvater Ludwig I. in den Jahren 1829 bis 1837 renovierten Kaiserdom St. Peter und St. Georg, der zu den schönsten deutschen Dombauten gehört. Mit seinen vier Türmen ist er das beherrschende Bauwerk der Bamberger Altstadt. Im Inneren befinden sich der berühmte Bamberger Reiter, das Grab des einzigen heiliggesprochenen Kaiserpaars des Heiligen Römischen Reichs sowie das einzige Papstgrab nördlich der Alpen. Ludwig bestaunt die Schätze des Domes und verweilt einige Zeit in stiller Andacht vor dem Hauptaltar. Anschließend stattet er dem schwer kranken Erzbischof von Deinlein einen Besuch ab.

Mittags um 13.00 Uhr reitet er gemeinsam mit dem griechischen König Otto und großem Gefolge auf den Exerzierplatz, um eine Parade des in Bamberg stationierten 3. Ulanen- und des. 5. Infanterieregimentes abzunehmen. Das stürmische und nasskalte Wetter hat immer noch nicht nachgelassen. Dennoch hat sich auch zu diesem Schauspiel zahlreiches Publikum eingefunden. Es begrüßt den in Feldmarschallsuniform herausgeputzten Monarchen mit Hochrufen. Vielleicht ist es Ludwigs Erkältung, die ihn dazu bewegt, diesmal den federgeschmückten Generalshelm nicht unter den Arm zu klemmen, wie er das üblicherweise tut, sondern auf seine dunkle Lockenpracht zu stülpen. Lange Haare sind damals bei Angehörigen des Militärs verpönt, doch Ludwig schert sich darum nicht und bespöttelt die Offiziere wegen ihres Kurzhaarschnitts als „geschorene Igelköpfe".

Wie der König, ein glänzender Reiter, auf einem rassigen Vollbluthengst die Front der angetretenen Garnison entlangreitet, bietet er den Zuschauern und den feschen Bamberger Ulanen einen hinreißenden Anblick. Ludwig nimmt an der zweistündigen Parade teil, bei der die Soldaten ihre Manöver vorführen und bei der auch zwei Ehrungen vorgenommen werden. Der bereits wegen seines Verhaltens vor dem Feinde belobigte Wachtmeister Matthäus Schmitt, Mitglied des 3. Ulanen-Regiments, und der schon mit der goldenen Militärverdienstmedaille dekorierte Korporal Siebenbeutel desselben Regiments werden vom König mit je einer wertvollen goldenen Taschenuhr an einer goldenen Kette beschenkt.

Gegen 15.00 Uhr entfernt sich der König mit einer eleganten Galoppwendung, in Begleitung von König Otto und den beiden Regimentskommandeuren, vom Exerzierplatz. Er macht einen Abstecher zum Militärkrankenhaus, um die dort untergebrachten verwundeten Soldaten zu besuchen. Er unterhält sich mit ihnen, muntert sie auf und schenkt einem jeden von ihnen einen Dukaten mit seinem Konterfei. Es folgt ein Besuch in der Dominikanerkaserne, wo der König anordnet, dass alle Soldaten der hiesigen Garnison für den heutigen Tag den doppelten Sold erhalten sollen.
Am Abend fließt im 3. Ulanen- und 5. Infanterieregiment reichlich Freibier, wobei die Sprache immer wieder auf den schneidigen Auftritt des Königs bei der Parade kommt, auf sein Können als Reiter, die lässige Zügelführung, seine üppige Haarpracht und wie verwegen er seine Pelzmütze, die Schapka, zu tragen versteht. Vielleicht reizte es den einen oder anderen Ulanen, den König nachzuahmen, sich womöglich sogar dessen wallende Haarpracht zuzulegen. Doch die Feldwebel der Ulanenreitschule unterbinden derartige Absichten mit der Androhung einer sonntäglichen Stallwache.
Um 17.00 Uhr lädt der König das gesamte Offizierskorps der Garnison zu einer Audienz, an die sich eine große Hoftafel mit 80 Gedecken anschließt. Dabei spielt im Schlosshof die Musik des 5. Infanterieregiments. Doch der Höhepunkt des Tages ist die ausverkaufte *Festvorstellung* der Oper „Der Troubadour“ von Giuseppe Verdi, die am Abend im Stadttheater zur Aufführung kommt. Die Titelrolle übernimmt der Sänger Zellmann vom Stadttheater Nürnberg. Um 19.00 Uhr begeben sich Ludwig und das griechische Königspaar mit großem Gefolge zum Stadttheater. Die Häuser an den Straßen, durch die der Konvoi fährt, sind wiederum brillant beleuchtet. Obwohl es stark regnet, versuchen Tausende am Straßenrand ausharrende Menschen einen Blick auf den jungen König zu erhaschen. Als die Majestäten um 20.00 Uhr am prächtig beleuchteten, überfüllten Theaterplatz ankommen, werden sie von der dort wartenden Menge mit Jubelrufen begrüßt. Das mit festlich gekleidetem Publikum gefüllte Stadttheater ist glänzend erleuchtet und die Gänge reich mit Blumen geschmückt. Vor einem Tableau, auf dem die Vertreter der acht Kreise Bayerns in Landestracht dargestellt sind, wird ein Willkomm-Prolog rezitiert,

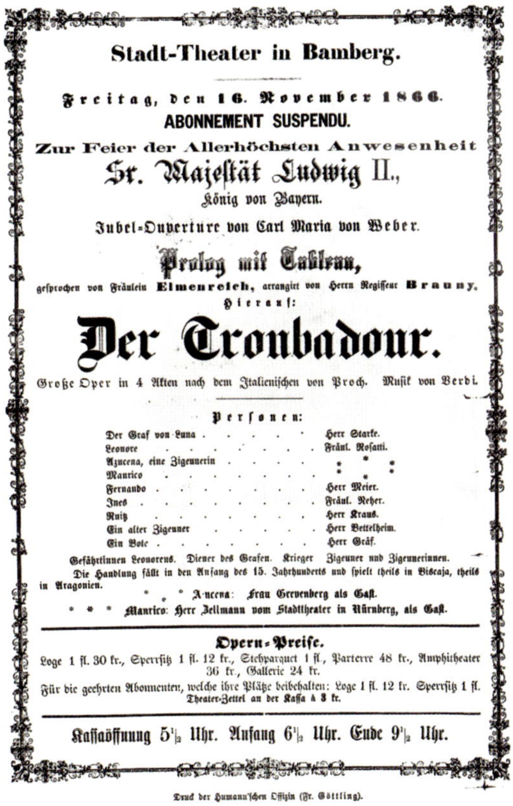
Stadt-Theater in Bamberg.

Freitag, den 16. November 1866.

ABONNEMENT SUSPENDU.

Zur Feier der Allerhöchsten Anwesenheit

Sr. Majestät Ludwig II.,

König von Bayern.

Jubel-Ouverture von Carl Maria von Weber.

Prolog mit Tableau,

gesprochen von Fräulein **Elmenreich**, arrangirt von Herrn Regisseur **Brauny.**

Hierauf:

Der Troubadour.

Große Oper in 4 Akten nach dem Italienischen von Proch. Musik von Verdi.

Personen:

Der Graf von Luna	Herr Starke.
Leonore	Fräul. Rosatti.
Azucena, eine Zigeunerin	*
Manrico	**
Fernando	Herr Meier.
Ines	Fräul. Reher.
Ruiz	Herr Kraus.
Ein alter Zigeuner	Herr Bettelheim.
Ein Bote	Herr Gräf.

Gefährtinnen Leonorens. Diener des Grafen. Krieger Zigeuner und Zigeunerinnen.
Die Handlung fällt in den Anfang des 15. Jahrhunderts und spielt theils in Biscaja, theils in Aragonien.

* Azucena: Frau Grevenberg als Gast.

** Manrico: Herr Zellmann vom Stadttheater in Nürnberg, als Gast.

Opern-Preise.

Loge 1 fl. 30 kr., Sperrsitz 1 fl. 12 kr., Stehparquet 1 fl., Parterre 48 kr., Amphitheater 36 kr., Gallerie 24 kr.

Für die geehrten Abonnenten, welche ihre Plätze beibehalten: Loge 1 fl. 12 kr. Sperrsitz 1 fl.
Theater-Zettel an der Kassa à 3 kr.

Kassaöffnung 5½ Uhr. Anfang 6½ Uhr. Ende 9½ Uhr.

Druck der Humann'schen Offizin (Fr. Göttling).

Theaterzettel für die Oper „Der Troubadour“

Ritterkreuz I. Klasse des Verdienstordens vom Hl. Michael

der mit den Worten schließt: „Der heißgeliebte König lebe hoch!" Dabei erheben sich alle Anwesenden von ihren Plätzen und unterstreichen mit Hurrarufen diese Worte. Auch der König erhebt sich und dankt freundlich nach allen Seiten. Und schon setzt Carl Maria von Webers Jubelouvertüre ein. Nach der Aufführung von Verdis Oper, die mit großem Beifall aufgenommen wird, lässt der König Bambergs Bürgermeister Schneider zu sich in die Loge rufen. Er beauftragt ihn, der Direktion, allen mitwirkenden Künstlern und Bühnenarbeitern seine größte Befriedigung und Anerkennung über die hervorragenden Leistungen, die ihm großes Vergnügen bereitet haben, bekannt zu geben. Gegen 22.00 Uhr verlässt er unter tosendem Beifall das Theater und kehrt zur Neuen Residenz zurück.
Dort erwartet ihn im Hof schon der Bamberger Liederkranz, der noch eine Serenade zu Gehör bringen möchte, wobei die mit Lampions ausgestatteten anwesenden Bürger diese Darbietung in ein festliches Licht tauchen. Zwar tritt Ludwig ans offene Fenster seiner Räumlichkeiten, doch als stürmische Regengüsse einsetzen, ordnet er nach dem Vortrag eines Liedes an, dass sich Sänger und Fackelträger nicht länger dem Sturm aussetzen sollen, worauf sich diese völlig durchnässt aus dem Hof der Neuen Residenz zurückziehen. Der mit rotem bengalischem Feuer beleuchtete Dom bietet, umpeitscht vom Regen, ein unwirkliches Bild.

Eigentlich ist für den nun anbrechenden *Samstag, den 17. November*, Ludwigs Abreise nach Schweinfurt geplant. Doch zur Freude der Bamberger entscheidet sich der König, einen Tag länger zu bleiben. Inzwischen sind nämlich derart viele Akten aus München angekommen, die eine rasche Bearbeitung erfordern, dass sich Ludwig mit seinem Kabinettssekretär von Neumayr den ganzen Vormittag zurückzieht, um diese zu sichten und abzuarbeiten. Trotz aller Anstrengungen, die die Frankenreise mit sich bringt, seine politischen Verpflichtungen vernachlässigt Ludwig an keinem Tag. Dazwischen empfängt er immer wieder Besucher, so den Bamberger Konditormeister Schipp, der dem König ein von ihm gefertigtes Modell von Hohenschwangau vorführen darf. Ludwig ist von der gelungenen Nachbildung derart begeistert, dass er sie sofort für die Residenz in München ankaufen lässt. In den Quellen ist nicht überliefert, aus welchem Material das Modell bestand, ob es essbar war und wie lange es existiert hat. Außerdem ernennt Ludwig den in Bamberg stationierten Generalmajor und Brigadier Graf von Pappenheim zu seinem neuen Generaladjutanten. Obwohl er seine bisherige Stellung als Kommandant der 4. Kavallerie-Brigade in Bamberg vorläufig noch behält, muss er sofort nach Würzburg abreisen, um den Dienst beim König anzutreten.

Großkreuz des Verdienstordens der Bayerischen Krone

Am frühen Nachmittag stattet der König der mechanischen Baumwoll-Spinnerei und Weberei einen Besuch ab. Danach nimmt er an einer Familientafel am griechischen Hof teil, an der sein Onkel Otto, der griechische König, wegen Unwohlsein allerdings nicht teilnehmen kann. Dabei wird König Ottos Hofmarschall Notaras von Ludwig mit dem *Großkreuz des Kronordens* ausgezeichnet.

Der Tag klingt mit einem festlichen *Hofball in der Neuen Residenz* aus, der von König Otto zu Ehren des bayerischen Königs veranstaltet wird. Geladen sind 180 Personen, unter anderem die Herren Vorstände der beiden Gemeinde-Kollegien und sämtliche Stabsoffiziere des königlichen Landwehr-Regiments. Vor dem Ball gewährt Ludwig Bürgermeister Dr. Schneider eine längere Audienz, bei der er ihm das *Ritterkreuz des Verdienstordens vom hl. Michael I. Klasse* überreicht. Bei dem hervorragend organisierten Hofball, der erst am Morgen um 2.00 Uhr endet, amüsiert sich Ludwig ebenso köstlich wie alle anderen Gäste.

König Otto I. und Königin Amalie in Bamberg

Am *Sonntag, den 18. November*, ist der Tag des Abschieds gekommen. Auf der Titelseite der Sonntagsausgabe der „Bamberger Neuesten Nachrichten" prangt ein enthusiastisches Abschiedsgedicht, das mit den Worten endet:
Du Ludwig bist's, für den wir Gut
und Blut zu opfern sind bereit!
So rufen wir bei Deinem Scheiden:
Das treue Franken alle Zeit!

Um 9.00 Uhr nimmt der König an einer feierlichen Messe im Kaiserdom Heinrichs II. teil. Währenddessen wird alles zur Abreise vorbereitet. Ottos Gemahlin, Königin Amalie von Griechenland, begleitet Ludwig zum Bahnhof. König Otto selbst hat sich von einem leichten Unwohlsein noch nicht erholt und kann an der Abschiedszeremonie deshalb nicht teilnehmen. Bereits ein halbes Jahr später stirbt König Otto, am 25. Juli 1867. Seine letzten Worte waren: „Griechenland, mein Griechenland, mein liebes Griechenland!"
Der Bahnhofsvorplatz ist von einer dichten, jubelnden Menschenmenge gefüllt. Im Königssalon des Bahnhofs warten bereits sämtliche Mitglieder der beiden städtischen Kollegien und das gesamte Offizierskorps der königlichen Landwehr, um von ihrem König Abschied zu nehmen. Der König dankt dem Bürgermeister für die wundervollen Tage, die er im Kreis seiner Bamberger verbringen durfte. Er bittet ihn, allen Bürgern, die zum Gelingen der verschiedenen Veranstaltungen beigetragen haben, seinen besonderen Dank auszusprechen. Besonders gefallen habe ihm der Ball der Bürgergesellschaft „Concordia", deren Vorsitzenden Burger er nochmals seinen besonderen Dank ausrichten lässt.
Schlag 10.00 Uhr verkündet das Geläut des Domes die Abreise des Königs. Von den Segenswünschen der gesamten hiesigen Bevölkerung begleitet, verlässt er nach viertägigem Aufenthalt die Stadt in Richtung Schweinfurt. Das „Bamberger Tagblatt" schreibt am nächsten Tag:

„[...] Möge die Anwesenheit in unserer Stadt Seiner Majestät in so angenehmer Erinnerung bleiben, als die Liebenswürdigkeit und Herzlichkeit des jugendlichen Monarchen noch lange der Gegenstand angenehmer Unterhaltung in allen gesellschaftlichen wie Familienkreisen bilden wird."
Auch der folgende Ausschnitt eines Artikels der „Bamberger Neuesten Nachrichten", der nach Ludwigs Abreise erscheint, zeigt, wie volksnah der junge König sich in Bamberg gab:
„[...] Wäre es möglich gewesen, die in allen Stürmen der Zeit bewährte und unerschüttert gebliebene Treue und Anhänglichkeit der Bamberger an Bayerns angestammtes Königshaus zu erhöhen oder zu kräftigen, so wäre diese durch den Aufenthalt unseres erhabenen Monarchen dahier geschehen. – Seine huldvolle Herablassung, die gewinnende Herzensgüte, die Leutseligkeit, womit sich Allerhöchstderselbe in seinen häufigen Unterhaltungen mit den Bürgern, in deren Kreisen er sichtlich gerne verweilte, um deren Familienverhältnisse usw. erkundigte, gewannen ihm alle Herzen. – In allen geselligen Zirkeln, bei jedem Gespräche, bei allen Zusammenkünften bildeten und bilden noch diese liebenswürdige Eigenschaften das Thema der Unterhaltungen, Äußerungen der Liebe und Anhänglichkeit hervorrufend, welche um so wahrer und herzlicher sind, da jede Ostentation hiebei ferne liegt. – Die vielfachen Besorgnisse, welche frühere Zeitungsberichte wegen der Gesundheit Seiner Majestät erregt hatten, wurden durch sein gesundes und kräftiges Aussehen, durch seine unermüdete Tätigkeit sowie durch die Sorglosigkeit, womit Allerhöchstderselbe allen Unbilden der höchst ungünstigen Witterung sich aussetzte, gründlich widerlegt.
In Bamberg gehen mit diesem Staatsbesuch die wohl glänzendsten Tage zu Ende, die die Stadt in der jüngeren Geschichte erlebt hat."

Die Freude König Ludwigs II. über seinen Besuch in Bamberg geht aus dem Schreiben des Bürgermeisters Schneider hervor, das er am *Montag, den 19. November*, an Herrn Burger, den Vorsitzenden der Bürgergesellschaft „Concordia", senden lässt. Der Brief lautet:
„Der Bürgermeister der Stadt Bamberg beehrt sich dem Herrn Magistratsrathe Burger, dirigierender Vorstand der Gesellschaft Concordia dahier, die erfreuliche Mitteilung zu machen, dass Seine Majestät der König sowohl auf dem Hofballe vom 17. ds. Mts. als auch im Wartsaale bei der Abreise am 18. ds. Mts. Sich wiederholt nach dem Befinden des Herrn Adressaten zu erkundigen und den ergebenst Unterzeichneten zu beauftragen geruhten, das allerhöchste Bedauern über das Unwohlsein des Herrn Vorstandes demselben bekannt zu geben. Seine Majestät hätte gerne noch einmal persönlich gedankt für den herrlichen Festball in den liebgewonnenen Räumen der Gesellschaft Concordia.
Im Allerhöchsten Auftrage bringe ich deshalb den allerhuldvollsten Dank Seiner Majestät des Königs dem Herrn Vorstande Burger, den übrigen Herrn Vorständen und der Gesellschaft Concordia selbst zur Kenntniß. Indem ich mich glücklich

schätze, der Träger solcher allergnädigster Aufträge zu sein, gratuliere ich der ehrenwerten Gesellschaft zu diesem schönen Erfolge und benütze den Anlass die Versicherungen jener vorzüglichen Hochachtung anzufügen, womit ich die Ehre habe stets zu sein Eines hochverehrten Herrn dirigirenden Vorstandes und Einer hochverehrlichen Gesellschaft ergebenster
Dr. Schneider, Bürgermeister.
Bamberg, 19. November 1866."

Auch für die Bürger der Stadt hinterlässt der König bei Dr. Schneider einen Dankesgruß, in dem er „seine Freude und seinen Dank für die vielen Beweise treuer Liebe und aufrichtiger Anhänglichkeit" zum Ausdruck bringt und „seine Freude darüber äußert, das schöne Bamberg im Sommer wieder zu sehen."
Am selben Tag beglückwünschen die städtischen Gremien in einer Versammlung Bürgermeister Dr. Eugen Schneider zu der ihm von Seiner Majestät verliehenen Auszeichnung aufs Herzlichste, ebenso zum Namensfest. Außerdem danken sie ihm für seine aufopfernden Leistungen während des Krieges.

Am *Dienstag, den 20. November*, wendet sich die Stadt Bamberg an die Bürgergesellschaft „Concordia". Der Brief lautet:
„Bamberg, den 20. November 1866.
Der Magistrat der Königlich Bayerischen Stadt Bamberg an die verehrliche Gesellschaft ‚Concordia' dahier
Der Festball, welchen die Gesellschaft Concordia zu Ehren Seiner Majestät des Königs am 15. d. M. zu veranstalten so freundlich war und welcher die allerhöchste Befriedigung in außerordentlichem Grade nach sich zog, wird in den Annalen der Gesellschaft ebenso unvergesslich sein, als Seine Majestät nach wiederholter allerhuldvollster Versicherung denselben in dankbarer Erinnerung bewahren wird.
Dieser, durch sinnige Dekoration, herzlichen Empfang, edle Haltung und würdigen Anstand ausgezeichnete Festball hat wesentlich dazu beigetragen, den Aufenthalt Seiner Majestät dahier zu verschönern, wofür der Stadtmagistrat seine vollste Anerkennung und aufrichtigen Dank auszusprechen, sich der geschätzten Gesellschaft Concordia und ihrem dirigirenden Vorstand Herrn Magistratsrathe Burger, erlaubt."

Auch an den Regierungspräsidenten von Zwehl gehen wegen des ihm vom König verliehenen Ordens Glückwünsche der Bamberger, die ihm am Donnerstag, den 22. November, durch eine Delegation des Magistrats und der Gemeindebevollmächtigten mit dem Bürgermeister an der Spitze nach Bayreuth überbracht werden.

Jubel, Tränen, Absolution

Schweinfurt, den 18. November 1866

Als die Bürger von Schweinfurt erfahren, König Ludwig II. wolle auf seiner Reise durch Franken auch ihre Stadt besuchen, ist man hocherfreut, zumal man dies auch sehnlich erhoffte. Schließlich hatte auch Schweinfurt im Krieg gegen Preußen besonders zu leiden. Von Mai bis Juli 1866 war die Stadt ein Zentrum des bayerischen Aufmarsches gewesen. Nicht nur das Lager am Spitalholz, sondern auch die gesamte Stadt war ständig mit Truppen belegt. Die Bürger hatten enorme Lasten zu tragen, da sie die einquartierten Soldaten verköstigen und später die Verwundeten versorgen mussten.

König Ludwig II. hatte sich ja bereits am 27. und 28. Juni für einige Stunden in der Stadt aufgehalten, wo sich damals das Hauptquartier der bayerischen Truppen befand. Das allerdings geschah unter dem Ausschluss der Öffentlichkeit. Am 11. Juli hatte sich die Lage in Schweinfurt bedrohlich zugespitzt. Die preußischen Verbände näherten sich nach ihrem Sieg bei Bad Kissingen der Stadt. Man rechnete mit einer Feldschlacht. Enderlein, ein Zeitgenosse, berichtet über die Verteidigungsmaßnahmen:

„Eine starke, mit Infanterie und Artillerie besetzte Stellung zog sich vom Marienbach bis nach Geldersheim hin. Viele Gebäude, besonders im Norden der Stadt und am Obertor, wurden zur Verteidigung hergerichtet und mit Soldaten besetzt. Fährschiffe, Eisenbahn- und Telegrafenanlagen, Brücken und Stege waren unbrauchbar gemacht worden, erhebliche Schäden waren so entstanden. Die angeblich von Bismarck selbst veranlasste Westschwenkung der preußischen Divisionen, die von Poppenhausen in Richtung Aschaffenburg und Frankfurt abmarschierten, hatte der Stadt das Schlimmste erspart."

Die Schlachtstellung am 11. und 12. Juli zog erhebliche Flurschäden nach sich. Die Bevölkerung war in Angst und Schrecken versetzt, nahm sie doch an, dass direkt vor den Mauern ihrer Stadt ein Scharmützel stattfinden würde. Nicht den Bayern verdankte es Schweinfurt, dass es nicht zusammengeschossen wurde, sondern den Preußen. Noch heute erinnert das Denkmal an der Maibacher Straße an die Abwendung der Kriegsgefahr in der Zeit vom 10. bis 12. Juli 1866. An all das erinnern sich die Bürger Schweinfurts vor dem Besuch des Königs, den sie deshalb nur als recht und billig empfinden.

Ludwigs Ankunft ist für den 17. November geplant. Zwar weiß niemand, wie lange der Monarch bleibt, doch jeder hofft, dass es mindestens ein ganzer Tag sein werde. Von Schweinfurt aus würde Ludwig dann, wie es hieß, mit der Kutsche nach Bad Kissingen weiterreisen, denn die Bahnstrecke Ebenhausen–Bad Kissingen wurde erst 1871 fertiggestellt.

Je näher die Ankunft des jugendlichen Herrschers kommt, umso mehr wächst die Spannung in der Stadt. Schon am *Dienstag, den 13. November*, treffen 36 Pferde und 15 Equipagen in Schweinfurt ein. Seit Tagen ist das städtische Bauamt eifrig be-

schäftigt, zum würdigen Empfang Seiner Majestät die städtischen Gebäude, so das Rathaus, die Tore und Türme, mit Girlanden, Kränzen, Fahnen, Wappen usw. zu schmücken. Am Eingang zur Oberen Gasse flattern zwei venezianische Flaggen im Wind. Auch der Steinweg, wo sich das Königliche Rentamt befindet, wird prächtig geschmückt, ebenso die Spitalgasse. Es heißt nämlich, der König wolle auch dem Spital einen Besuch abstatten, da dort etliche verwundete Soldaten untergebracht sind. Ebenso tragen zahlreiche Privathäuser reichen Schmuck, die Besitzer scheuen keine Mühen und Kosten. So ziert das Haus des Buchhändlers Wetzstein in der Mühlgasse ein großes Porträt des Königs und in großen Lettern prangen an dem Haus die Worte: „Sei uns willkommen!" In den Schaufenstern aller Geschäfte findet man große und kleine Porträts des Monarchen und der anderen Mitglieder des königlichen Hauses. Einen besonders schönen Anblick bietet das Haus von Carl Finckh, das mit Fahnen in bayerisch-deutschen, fränkischen und städtischen Farben geschmückt ist, ebenso mit Festons, jenen damals beliebten bogenförmigen Ziergebinden aus Blüten, Blättern und Früchten. Dazu hat Finckh auch noch militärische Requisiten en miniature zum Spielen für Kinder ausgestellt, die so fein gearbeitet sind, dass jeder Passant neugierig davor stehen bleibt.
Als in der Nacht ein Sturm Verwüstungen an den bereits angebrachten Ausschmückungen anrichtet, sind rasche Reparaturarbeiten erforderlich. Wegen der ungünstigen Witterung bleiben die Fahnen noch eingerollt. Man will sie erst kurz vor Ankunft des Königs entfalten.
Die königliche Kutsche, so der Plan, soll nach dem offiziellen Empfang am Stadtbahnhof zum Markt und zum Rathaus fahren, dann durch die Obere Straße und schließlich durch das Obertor die Stadt wieder verlassen. In der Mühlgasse bilden Fichtenbäumchen ein langes Spalier. Vor dem Mühltor ist eine Ehrenpforte mit einem Haupt- und zwei Seitenbögen errichtet. Über den Zinnen prangt eine stattliche Krone. Geschmückt ist die Pforte mit Flaggen sowie mit bayrischen, fränkischen und städtischen Wappenschildern. Dazu Inschriften mit Segens- und Friedenswünschen, so am Hauptportal: „Gott segne den König". In den Seitenbögen steht: „Im Frieden Heil und Wonne!" und „Durch Kampf zum Sieg!" Dann noch folgende Inschriften:

„Sei uns gegrüßt in Jugendherrlichkeit.
Das Bild des Vaters lebt uns fort im Sohne.
Dir ist des Volkes liebend Herz geweiht,
Es schmückt Dich des Lebens schönste Krone!"

Am Obertor, dem Ort des Abschiedes, schließlich folgende Zeilen:

„So ziehe hin! In hoher Huld bereit
Zu heilen Deines Volkes tiefe Wunden;
Erkenn' Dein Volk! Es blieb in schwerer Zeit
Durch feste Treu' und Liebe Dir, o Herr! verbunden!

Das von Dr. August Schilling gemalte Bild der *Roseninsel im Starnberger See*, des Lieblingsaufenthalts des Königs, hätte man an dem Tor wohl besser

nicht angebracht, da sich Ludwig während der in Franken tobenden Kämpfe in diese Abgeschiedenheit zurückgezogen hatte und dieses Bild womöglich als Beleidigung empfindet.
Am Freitag, den 16. November, trifft spät abends die telegrafische Nachricht ein, der König werde nicht am 17., sondern erst am 18. November eintreffen. In einem zweiten Telegramm am 17. November um 10 Uhr 25 wird dies auch bestätigt, dass Ludwig erst am nächsten Morgen, nach einem Gottesdienstbesuch im Dom zu Bamberg, nach Schweinfurt abreisen werde.

Am *Sonntag, den 18. November 1866*, ist es endlich so weit. Der prachtvolle blaue königliche Hofzug nähert sich der Stadt. Kurz vor 11.00 Uhr feuert die auf dem Stadtwall positionierte Landwehrartillerie 101 Salutschüsse in den trüben Novemberhimmel. Von allen Türmen erklingt feierliches Glockengeläut. Am Stadtbahnhof – der Hauptbahnhof existierte damals noch nicht – stehen die Geistlichkeit beider Konfessionen, der Magistrat und die Gemeindebevollmächtigten, die königlichen Beamten in Zivil und das Landwehr-Officiercorps zum Empfang bereit. An der Ehrenpforte beim Mühl- und Obertor sowie auf der Hauptwache haben sich verwundete und beurlaubte Soldaten postiert. Sogar Schüler des Gymnasiums mit blau-weißen Schärpen und Schüler der Lateinschule, an der Brust das Abzeichen ihrer Schule, die bayerische Kokarde mit Schleife, warten auf die Ankunft des Königs. Die oberen Klassen der Knaben- und Mädchenschulen haben sich längs des Marktes und der Mühlgasse versammelt, um den hohen Besuch mit Liedern, Gedichten, Kränzen und Blumengebinden willkommen zu heißen.
Auch für den Fall, dass der König seinen Aufenthalt bis zum Einbruch der Dunkelheit verlängert, ist man gerüstet. Das Rathaus ziert ein riesiges „L.II." nebst einigen feurigen Pyramiden, die durch Gasflammen entzündet werden können.
Und schon rollt der königliche Hofzug unter den Klängen der Nationalhymne, intoniert vom Bataillons-Musikcorps der Landwehr, und unter dem Jubel der wartenden Bevölkerung in den Bahnhof ein. Als der König aus dem Zug steigt, wird er von der wartenden Menge mit frenetischen Hochrufen empfangen. Freundlich nach rechts und links winkend, dankt er den Anwesenden. Dann lässt er den Bürgermeister Carl Schultes in den Königssalon des Bahnhofgebäudes bitten. Dieser will gerade mit seiner Begrüßungsrede beginnen, da unterbricht ihn der König mit den Worten: „Ich bedaure lebhaft, mich diesmal nicht länger in Ihrer Stadt aufhalten zu können, aber im nächsten Jahr ist ein längerer Besuch meinerseits in Ihrer Stadt vorgesehen."
Obwohl dieser königliche Bescheid schon am Vortag den Schweinfurter Bürgern durch Maueranschläge bekannt gemacht wurde, ist die Enttäuschung allenthalben spürbar. Der König begibt sich nach diesen Worten sofort zu seiner bereitstehenden Kutsche und fährt in großem Tempo durch die von der Stadt errichtete geschmackvolle Ehrenpforte, durch das Mühltor, die Mühlgasse, durch die Obere Gasse und durch das Obertor ohne Halt zur Stadt hinaus in Richtung Bad Kissingen.
Bürgermeister Carl Schultes begleitet den König in seiner eigenen Kutsche bis vor das Obertor. Das hohe Tempo, mit dem der König durch die Stadt braust, über-

Bahnhof in Schweinfurt

rascht die wartenden Menschen. Manche meinen sogar, je lauter der Jubel aufbrandete, desto schneller sei die königliche Kutsche dahingejagt. Vielen bleiben die Hochrufe in der Kehle stecken. Die Schulkinder, die dem König Blumensträuße überreichen sollten, hatte man der Kälte wegen bis kurz vor Ankunft Seiner Majestät in beheizten Schulräumen versammelt. Infolge der rasenden Durchfahrt der königlichen Kutsche gelingt es den Kindern nicht, ihre Blumensträuße zu überreichen. Enttäuscht brechen sie in Tränen aus. Erst als die Kutsche die Stadt verlassen hat, so jedenfalls beobachtet man, drosselt der Kutscher die Geschwindigkeit und fährt im Schritttempo weiter. Die Empörung darüber ist maßlos. Alle Mühe war umsonst, die mit Liebe gedichteten Verse bleiben ungehört, die sorgfältig vorbereiteten Ansprachen entfallen und die herrlichen Dekorationen verwelken unbeachtet. Zurück bleibt eine verblüffte, bitter enttäuschte Schweinfurter Bürgerschaft.

Warum, so fragt man sich aufgebracht, hat sich der König derart taktlos verhalten? Friedrich Leonhard Enderlein, ein Zeitgenosse und skeptischer Kritiker der bayerischen Verhältnisse, spricht von einem „offenbar absichtlich verletzenden Benehmen gegen die Stadt Schweinfurt". Auch das im „Schweinfurter Tagblatt" vom *19. November 1866* erschienene Dankestelegramm kann den negativen Eindruck nicht mindern. Nach Kissingen befohlene Bürger berichten, dass der König in ihrer Stadt demokratische oder auch preußische Gesinnung vermutet habe, hatte sich doch bereits im Revolutionsjahr 1848 ein großer Teil der Schweinfurter Bürgerschaft für die Verfassung der Paulskirche, für eine revolutionäre Neuordnung der deutschen Verhältnisse, ausgesprochen. Nach der Niederwerfung der Revolution waren beispielsweise die „Turngemeinde Schweinfurt" und der „Liederkranz" für längere Zeit von der bayerischen Regierung als „demokratisch" und „national-liberal" gesinnte Vereinigungen verboten worden. Vermutungen werden laut, dass die Berater des Königs ein negatives Bild der Stadt Schweinfurt gezeichnet hätten, das den jungen Monarchen zu seinem brüskierenden Verhalten bewogen habe.

Als wahrscheinlichster Grund für den kurzen Aufenthalt in Schweinfurt wird der verlängerte Aufenthalt des Königs in Bamberg angegeben. Man habe einfach nur den Zeitverlust wett machen wollen, um die Einhaltung des vorgesehenen Reiseplans nicht zu gefährden. Ob es die königlichen Berater waren oder Ludwig selbst, die von der maßlosen Enttäuschung der Schweinfurter Kenntnis erhielten, lässt sich nicht mehr genau sagen. Tatsache ist, dass noch am gleichen Abend gegen 21.00 Uhr ein Dankestelegramm des Königs aus Kissingen bei Bürgermeister Carl Schultes eintrifft, das folgende entschuldigende Worte enthält:

„Der k. b. Telegrafenstation
Schweinfurt und Kissingen
Aufgegeben den 18. November Nachmittags 3 Uhr.
Wegen Unterbrechung der Linie der Post.
Hocherfreut über den freundlichen und loyalen Empfang, welchen die Stadt Schweinfurt mir auf meiner Durchreise bereitet hat, ersuche ich Sie, den biederen Bewohnern den freundlichsten Dank in meinem Namen auszusprechen und zugleich mein Bedauern auszudrücken, dass die karg zugemessene Zeit mir nicht gestattete, einen längeren Aufenthalt daselbst zu nehmen.
Ihr wohlgewogener König
(gez.) Ludwig."

Dieses Telegramm des Königs lässt Bürgermeister Carl Schultes in der Montagsausgabe des „Schweinfurter Tagblatts" vom *19. November 1866* gleich auf der ersten Seite abdrucken. In derselben Nacht trifft ein weiteres Telegramm des Herrn Staatsrats von Neumayr aus Kissingen ein, in dem Bürgermeister Carl Schultes, Bezirksamtsassessor Heider und der praktische Arzt Dr. Wolfgang Merk benachrichtigt werden, dass sie am Nachmittag des nächsten Tages um 16.00 Uhr in Kissingen zur Audienz beim König, zur Hoftafel und zur Ordensverleihung erwartet werden.
Auf der Titelseite des „Schweinfurter Tagblatts" vom 19. November findet sich ein Huldigungsgedicht an den König mit dem Titel „An Ihn", das wohl am Vortage dem König persönlich vorgetragen werden sollte. Das Besondere an dem etwas gequält formulierten 14-zeiligen Gedicht ist, dass die Anfangsbuchstaben einer jeden Zeile den Namen des Königs ergeben: LUDWIG DER ZWEITE. Der Autor dieses Werkes nennt sich Sineerus bavarieus.

An Ihn!
Leiht Dir Triumphe jetzt des Volkes Herz
Und trägt Vertrauen, Liebe Dir entgegen,
Die sich so gerne ja im Innern regen,
Wo Du erscheinst – wie hier so allerwärts.

Ist so verstummt der herbe, bittre Schmerz
Geboren aus manch schweren, dunklen Wegen; –
Das trauern todt um die, die Deinetwegen
Erstorben jäh, in Ihres Lebens März.

Reich diesem treuen Volk die Herrscherhand
Zu festem, unabhängigem Vereine; –
Wenn Alles fällt – das Volk wird nie vergeh'n. –

Ein glückliches in Freiheit ein'ges Land
Trägt reiche Früchte dann, – wie wohl noch keine
Erschlossen schon – zu dauerndem Bestehn.

Schweinfurt, 18. November 1866
Sineerus bavarieus.

Dieses Gedicht erweckt den Eindruck, als habe man dem König sein gestriges Verhalten bereits verziehen, doch die Reaktionen der Presse schlagen andere Töne an. Der Kommentator im „Schweinfurter Tagblatt" vom *19. November* äußert die Vermutung, dass die verletzende Eile des Königs einen politischen Hintergrund habe:
„[...] Leider aber müssen wir konstatieren, dass all die Liebe, all der Enthusiasmus, der dem so geliebten Monarchen entgegengebracht wurde, bittere Täuschung fand. Nicht eine der vorgehabten Ovationen konnte zur Ausführung gelangen, und wie sehr hatte sich Alt und Jung, Hoch und Nieder darauf gefreut! [...]"
Mit deutlichem Bedauern kommentiert der Bericht: „Ist es nun ein Wunder, wenn angesichts all dieser Vorkommnisse die Bewohner der Stadt es tief beklagen, hintangesetzt zu sein gegen andere Städte, wenn sie es still bedauern, aber auch laut bejammern, alle ihre Anstrengungen umsonst, zwecklos, ungewürdigt aufgewendet zu haben?
Wahrlich, wir können diese Stimmung, die sich der hiesigen Bevölkerung bemächtigt hat, nicht verdammen, im Gegenteil, wir teilen sie, wir finden sie gerechtfertigt. Ist doch Schweinfurt in dem glücklicherweise hinter uns liegenden Bruderkriege nicht leer ausgegangen! Hat es auch keine Feinde in seinen Mauern gesehen, so war es doch in anderer Weise mehr wie fast alle anderen Städte in Mitleidenschaft gezogen. Wurde nicht eine geraume Zeit durch unsere Stadt ein großer Teil der Armee erhalten in Lebensmitteln und sonstigen Bedürfnissen? War nicht Schweinfurt der Stapelplatz, von dem aus Hammelburg, Kissingen, Brückenau, ja selbst Würzburg mit Victualien versorgt wurde, als dort Mangel war? Hatten wir nicht durch endlose Einquartierungen große Lasten auf uns zu nehmen? Nahmen wir nicht die in den uns nahen Kämpfen bei Roßdorf, Kissingen, Hammelburg usw. Verwundeten mit Selbstverleugnung und Opferwilligkeit auf? War es nicht Schweinfurt, das in den Tagen vom 10. bis 15. Juli durch die Schlachtaufstellung und die von maßgebender Seite in Aussicht gestellten Straßenkämpfe und Beschießung mehr Angst und Schrecken zu empfinden hatte als manche wirklich beschossene Stadt?
Da alle diese Fragen unbedingt mit Ja zu beantworten sind, so war es natürlich, dass Schweinfurt hoffte, Seine Majestät der König werde mindestens eine Aufwartung der Gemeindebehörden annehmen, vielleicht auch die noch im Spitale befindlichen Verwundeten besuchen oder die vorhin erwähnte Schlachtstellung

König Ludwig II. in bayerischer Generalsuniform

der bayerischen Armee besichtigen. Jedenfalls erwartete man, dass es der Gemeindevertretung vergönnt sein werde, dem Gefühle der Ehrerbietung und Treue, Liebe und Anhänglichkeit persönlich Ausdruck zu geben, Seiner Majestät ihre Huldigungen darbringen, aussprechen zu können, dass die Bewohner der echt fränkischen vormaligen freien Reichsstadt glücklich und stolz sind, unter dem Zepter der Wittelsbacher zu Bayern zu gehören und für immer dahin gehören zu wollen.

Dieses alles wurde vereitelt, wohl wie wir uns denken können, auf Anraten der Ratgeber des Königs, die vielleicht unsere Stadt in anderem Lichte dem König vorgeführt haben. Diesen möchten wir zu bedenken geben, wie leicht die Popularität eines Fürsten durch eine sorglose Bequemlichkeit auf das Spiel gesetzt werden und wie sehr ungerechte Vernachlässigung selbst die treuesten Anhänger eines Prinzips verstimmen kann."

Zum Schluss dann die unmissverständliche fordernde Bitte: „Wir bitten, eine königliche Regierung und das königliche Staatsministerium, denen unser Blatt ja doch wohl auch in die Hände kommt, diesen Artikel, der die wahre, die ungeschminkte, tiefinnigste Meinung der hiesigen Bevölkerung illustriert, Seiner Majestät zur höchsteigenen Anschauung zu unterbreiten; dann erst ist der Zweck dieser Zeilen erfüllt!"

Ludwig befindet sich mittlerweile in Kissingen und muss bereits den ganzen Tag das Bett hüten. Seine während der sehr anstrengenden und verregneten Tage in Bamberg sich ständig verschlimmernde Erkältung kommt jetzt deutlich zum Ausbruch.

Pünktlich um 16.00 Uhr trifft die kleine Delegation aus Schweinfurt in Kissingen ein. Der König, dem die in Schweinfurt herrschende Missstimmung bekannt ist, möchte die Ehrung der geladenen drei Herren deshalb selbst vornehmen. Er verlässt also sein Krankenlager und empfängt die Delegation. Jeder der drei Herren wird in einer langen Einzelaudienz empfangen und erhält aus der Hand Ludwigs seine Auszeichnung. Bürgermeister Carl Schultes wird mit dem *Ritterkreuz des Zivilverdienstordens der bayerischen Krone* ausgezeichnet; damit war die Erhebung in den persönlichen, d. h. nicht vererbbaren Adelsstand verbunden. Bezirksamtsassessor Heider und praktischer Arzt Dr. Wolfgang Merck erhalten den *Michaelsorden 2. Klasse*.

Ludwig lobt mehrfach die ebenso reiche wie geschmackvolle Dekoration und den warmen Empfang der Stadt, und versichert derselben seine vollste Huld. Alle aufgetauchten Gerüchte und Befürchtungen seien unbegründet. Nur die voll ausgebrochene schwere Erkältung und das damit verbundene Unwohlsein des Königs hätten dessen Begleiter dazu bewogen, Schweinfurt so rasch zu durchfahren. Damit will Ludwig die verstörten Schweinfurter Gemüter besänftigen und versöhnen. Besonders die hohe Auszeichnung für den Bürgermeister ist auffal-

lend, denn für einen Bürgermeister zweiter Klasse war dies eine völlig unübliche Ehrung, die bisher nur den Ersten Bürgermeistern von München und Nürnberg zugestanden wurde. Danach lädt Ludwig die Herren aus Schweinfurt noch zur Marschallstafel, zu der nur Angehörige des Militärs empfangen werden. Aus gesundheitlichen Gründen kann er selbst daran allerdings nicht teilnehmen. Er begibt sich früh zu Bett, da noch anstrengende Tage bevorstehen. Vor der Rückreise der Schweinfurter Delegation überreicht der König dem Bürgermeister noch 500 Gulden zur Verteilung an die Armen der Stadt.
Nach der Rückkehr der drei Geehrten erfolgt nun die Absolution für den König. Angesichts seiner wiederholten Bemühung, den angerichteten Imageschaden, der durch seine übereilte Durchfahrt in Schweinfurt entstanden ist, wiedergutzumachen, können die Bürger der Stadt nicht hart bleiben. Das „Schweinfurter Tagblatt" vom *Mittwoch, den 21. November*, stimmt nun versöhnliche Töne an und hebt hervor, dass die Schweinfurter Repräsentanten in Bad Kissingen vom König „einzeln und in ziemlich langen Audienzen und zwar höchst gnädig empfangen" wurden: „Se. Majestät rühmte wiederholt die ebenso reiche wie geschmackvolle Dekoration und den warmen Empfang der Stadt und versicherte derselben seine vollste Huld, sodass alle desfalls dahier aufgetauchten Befürchtungen sich als grundlos darstellen."
Der Befehl zur Beschleunigung der Fahrt durch das festlich geschmückte Schweinfurt sei auf eine „allzu große Fürsorge für die Gesundheit Sr. Majestät" zurückzuführen – der König hatte sich eine schwere Erkältung zugezogen, „hervorgerufen durch die Anstrengungen in Bamberg."
So war der Friede zwischen Thron, Presse und Bürgerschaft wieder hergestellt, zumal auch Bürgermeister Carl von Schultes am *25. November* auf dem Gratulationsempfang der Stadt betonte, dass er „nunmehr die vollste Überzeugung gewonnen habe, dass die dahier so schmerzlich empfundene Aufnahme des Sr. Majestät bereiteten warmen Empfangs" nicht auf eine „grundlose Verdächtigung der hiesigen Stadt", sondern auf die Erkältung des Königs zurückzuführen gewesen sei.
Vollends rehabilitiert ist Ludwig, als bekannt wird, dass er die Schweinfurter Bürger auch nicht auf den hohen Kriegsschäden sitzen lässt, wie dies ein Artikel in der „Aschaffenburger Zeitung" vom 22. November 1866 belegt:
„Durch Kriegsministerialreskript vom 8. November 1866 wurde die Kostenliquidation über die Entschädigungen für den durch das Lager bei Schweinfurt an den Wiesen und Grundstücken jenseits des Mains verursachten Schaden genehmigt und die Stadt- und Festungskommandantschaft Würzburg angewiesen, den auf 25 295 Gulden eingeschätzten Schaden auszubezahlen. Die Ausbezahlung an die einzelnen Besitzer dürfte demnach bereits in den nächsten Tagen erfolgen."

Nach Ludwigs Entschuldigungs- und Lobtelegrammen, nach der Ehrung von drei Honoratioren der Stadt und vor allem auch mit der finanziellen Wiedergutmachungsaktion waren die Bürger Schweinfurts mit König Ludwig II. nun vollends ausgesöhnt.

Im Schneesturm zum Schauplatz des letzten Kampfes

Kissingen, vom 18. bis 20. November 1866

Was hatte der Krieg 1866 nur aus dem einst so mondänen Kissingen gemacht? Was war aus dem Ort geworden, in dessen Quellen man seit dem 9.Jahrhundert – damals hieß er noch Chizzige – Heilung von mancherlei Leiden suchte? Erst zwei Jahre vorher, im Sommer 1864, im sogenannten Kissinger Kaiserjahr, hatte diese Stadt Weltruhm erlangt, als der gekrönte Adel angereist war. Aus Petersburg war Zar Alexander II. von Russland mit Zarin Maria Alexandrowna sowie seinem Sohn Nikolaus und zwei seiner Töchter gekommen. Der Hofstaat, der die beiden begleitet hatte, bestand aus 88 Personen. Sie hatten in eisenbereiften Kutschen auf unbefestigten Wegen immerhin rund 2500 Kilometer zurückgelegt, nur um im schönen Kissingen zu kuren. Damals rollte der Rubel. Aus Wien hatte Kaiser Franz Joseph I. von Österreich mit Kaiserin Sisi, die damals als schönste Frau Europas galt, in Begleitung von 58 Bediensteten immerhin einen Weg von 900 Kilometern auf sich genommen. Und aus Stuttgart war König Karl I. von Württemberg mit seiner Frau Olga mit 49 Bediensteten erschienen. Auch Königin Marie, die jüngere Schwester der Kaiserin Elisabeth, scheute nicht den Weg von Neapel, um wie alle gekrönten Häupter im Hotel „Viktoria und Kaiserhof" Aufenthalt zu nehmen. Gekommen waren auch noch Prinz Karl von Bayern und Herzog Max in Bayern, der Großherzog von Hessen und Königin Maria von Hannover. Kissingen hatte sich als Fürstenbad längst etabliert und schickte sich an, ein angesehenes Diplomaten- und Weltbad zu werden. Für Ludwig II., den in Bayern regierenden König, war es eine selbstverständliche Verpflichtung und Ehre, die zahlreichen Majestäten in seinem Königreich willkommen zu heißen. Vor allem freute es ihn, Elisabeth, die Kaiserin von Österreich, wiederzusehen, mit der ihn eine innige Freundschaft, ja Seelenverwandtschaft verband. Der für drei Tage angesetzte Aufenthalt des bayerischen Königs dauerte dann auch fast einen Monat, vom 18. Juni bis zum 15. Juli 1864.

Damals ahnte niemand, dass nur zwei Jahre später das für den Besuch des europäischen Hochadels vornehm ausgestattete Kurbad Kissingen im Bruderkrieg von Tod und Not heimgesucht würde, dass aus der idyllischen Lebewelt ein Kriegsschauplatz mit Kugelregen und Granatenhagel werden würde. Als der Krieg Ende Juni 1866 zu toben begann, wusste auch Kissingen, dass es nicht verschont werden würde. Es nutzte nichts, dass die bayerischen Divisionen und die erstmals unter bayerischer Flagge kämpfenden Franken an der Flusslinie der Fränkischen Saale eine Abwehrfront mitten durch die Stadt aufgebaut hatten. Zwar konnte ein Frontalangriff der Preußen über die große Steinbrücke Kissingens zunächst erfolgreich abgewehrt werden. Zwar waren alle anderen Brücken vorsorglich abgebrochen worden. Doch die Tragbalken eines schmalen Stegs waren versehentlich stehen geblieben. Und über diesen Zugang glückte die preußische Umgehung. Ein blutiges Gemetzel begann. Mit Bajonetten und Gewehrkolben wurde in den verwinkelten Straßen und um die Arkadenbauten des neuen Kurhauses erbittert gekämpft. Die Bevölkerung und die Kurgäste hatten sich verängstigt in die Keller verkrochen, während draußen die Arkaden splitterten. „Die Bayern kämpfen wie die Löwen", soll der gegnerische General Manteuffel anerkennend ausgerufen haben. Ein bayrischer Soldat, so erinnerte sich später Theodor Fontane, habe sich geweigert, „preußischen Pardon" zu nehmen. Sein Grab wurde jahrelang als das eines volkstümlichen Helden geschmückt. Doch die Preußen waren nicht mehr aufzuhalten. Das Umgehungsmanöver, die Überlegenheit des preußischen Zündnadelgewehrs und vor allem die Verzettelung der Bundesarmee in lauter Einzeldispositionen führten trotz bravouröser Gegenaktionen und Einzelgefechte von einer Niederlage zur anderen. In wenigen Tagen war der Krieg an dieser Front entschieden. Am 10. Juli siegten die Preußen bei Kissingen und ließen ein Feld von verwundeten und toten Soldaten zurück. Die Erinnerung an jene Schlacht zwischen Preußen und Bayern hatte noch fast 120 Jahre später Auswirkungen, wie eine Anekdote berichtet. 1980 habe ein pfiffiger Franke in München eine Studentenwohnung gesucht. Als er in seiner Anzeige darauf hinwies, dass sein Urgroßvater 1866 bei Kissingen gegen die Preußen gekämpft habe, erhielt er eine wahre Flut von Angeboten.

Das ehemals mondäne Kurbad Kissingen verwandelte sich bei Kriegsende in ein einziges großes Lazarett. Viele der noch anwesenden Gäste beteiligten sich an der Pflege der Verwundeten. In den Hotels, im Kursaal, in den Arkadengängen des Luitpoldbades wurden die Opfer der Kämpfe untergebracht. Da der Sanitäts-

Die erste Kaiserkur 1864 in Kissingen

Königliches Kurhaus in Kissingen, Quartier des Königs *1866*

dienst der bayerischen Armee noch in den Kinderschuhen steckte, war sogar Ludwigs Mutter, Königin Marie, mit ihrem Gefolge angereist, um eigenhändig Pflegedienste zu leisten. Auch in Bamberg, Schweinfurt, Zirndorf und Würzburg besuchte sie Verwundete und brachte ihnen Liebesgaben und Geldspenden mit. Zum Glück reagierte die königliche Regierung schnell und stellte dem Magistrat ein unverzinsliches Darlehen von 39 000 Gulden zur Verfügung. Außerdem teilte ein *Hilfskomitee für die Bedrängten Unterfrankens* den Einwohnern Kissingens 20 000 Gulden zu. Ein Schock war es allerdings, als die Kissinger erfuhren, dass Preußen bei den Friedensverhandlungen die Abtretung der Bezirke Kissingen und Hammelburg an sie gefordert hatte. Erst als am 22. August die Nachricht eintraf, Kissingen und Hammelburg seien von der Annexion nun doch nicht betroffen, legte sich die Aufregung und die Bestürzung wich freudiger Erleichterung. Man schmückte die Häuser und ließ weißblaue Flaggen rings auf den Höhen wehen.
Als am 25. August erneut Kanonendonner über der Stadt dröhnte, galt dieses Signal einem vierfachen Freudenfest: dem Geburts- und Namenstag König Ludwigs II. sowie der Friedensfeier und dem Verbleib Kissingens unter bayerischer Herrschaft. Abends drängte sich auf dem Marktplatz eine riesige Menschenmenge und am Rathaus prangte unter Blumengewinden der Namenszug des Königs. Ein Musikkorps stimmte die Nationalhymne an, in die Jung und Alt begeistert einstimmten.

Am *Sonntag, den 18. November 1866*, fiebert Kissingen der Ankunft des bayerischen Königs entgegen. Noch immer weist das für Besuche des europäischen Hochadels üblicherweise vornehm ausgestattete Kurbad einen desolaten Zustand auf. Die Kriegsschäden sind nur provisorisch beseitigt, vieles ist noch so, wie es nach dem Gefecht zurückgelassen wurde. An zahlreichen Häusern sind die Spu-

ren von Gewehr- und Granatfeuer zu sehen und auch die Brückenzerstörungen sind nicht behoben. Etliche Fragen nach finanzieller Hilfe und nach der Haftung für die zugefügten Schäden sind noch nicht geklärt. Zu diesem unerfreulichen Bild passt die Nachricht, dass sich der König in den nasskalten Novembertagen eine fiebrige Erkältung zugezogen habe. Und dennoch sehen die Kissinger erwartungsvoll dem Besuch ihres Landesherrn entgegen, vom dem sie sich vor allem finanzielle Hilfe erhoffen.
Auf der ersten Seite der Sonntagsausgabe der „Saal-Zeitung", der Heimatzeitung für Kissingen, prangt ein Willkommensgedicht zu Ehren Ludwigs II., den man gegen Mittag in Kissingen erwartet. Es endet mit den Worten:

„[...] D'rum wollen wir mit festem Muthe bauen
Der alten Hoffnung neue frische Saat,
Dir und der fern'ren Zukunft froh vertrauen!
Gott schütze Dich fortan für Volk und Staat!"

Schon seit dem frühen Morgen treffen zahlreiche Menschen aus nah und fern in der Stadt ein, um dem König einen gebührenden Empfang zu bereiten. Auch die vielen Soldaten, die sich in diesen Tagen zur Kur oder auf Urlaub in Kissingen aufhalten, wollen es sich nicht nehmen lassen, ihren obersten Landesherrn zu begrüßen. Im Hof des königlichen Kurhauses (heute Hotel Steigenberger), das als Quartier für den König und seine Begleitung vorgesehen ist, aber auch auf den Straßen und Plätzen davor wimmelt es von Militär und von Bürgern. Eine Beflaggung der Stadt unterbleibt jedoch.
Gegen 12.45 Uhr ist es dann so weit, der Konvoi des Königs trifft in Kissingen ein. Insgesamt 90 Personen gehören zum königlichen Tross. Der Zug bahnt sich durch die mit Menschen verstopften Straßen im Schritttempo seinen Weg zum königlichen Kurhaus und wird überall mit großem Jubel begrüßt. Im Hof des Kurhauses kann Ludwig kaum seine Kutsche verlassen. Die Spitzen der Stadt und der königlichen Behörden stehen zum Empfang bereit. Nachdem etwas Ruhe eingetreten ist, hebt Bürgermeister Valentin A. Fuchs zu seiner Begrüßungsrede an:
„Königliche Majestät!
Mit Sehnsucht und Ungeduld sahen wir dem Tag und der Stunde entgegen, wo uns die allerhöchste Gnade zu Teil werden sollte, nach so langen und bangen Tagen Eure königliche Majestät in unserer Mitte zu sehen. Furchtbar war der Sturm, der uns inzwischen umtobte – aber fest, unerschütterlich fest, wie der Felsen im Meer, war unser Glaube, unsere Hoffnung, unsere Liebe zum Angestammten Fürstenhause. Und nun wir ihn ausgekämpft, diesen Kampf der Beharrlichkeit, und gewürdigt sind, unseren Gefühlen der Treue und Ergebenheit für unseren heißgeliebten Landesvater per-

Ludwig II. bezaubert auch die Kissinger Bürger.

sönlich Ausdruck zu geben, so glauben wir, dies in keiner würdigeren Weise tun zu können, als dass wir Eurer königlichen Majestät das entgegentragen, was kein Feind anzutasten vermochte, was wir auch im tiefsten Elend bewahrten, die hellstrahlende, ungetrübte Flamme echt bayerischer Loyalität und Königstreue. Der Himmel hat unser Flehen erhört und uns belohnt für unser Dulden, denn wir sind geblieben ein bayerisch Volk mit seinem edelsten hochherzigen Regenten. Darum rufen wir Ihnen heute aus der Seele tiefster Tiefe jubelnd entgegen:
Hoch lebe Wittelsbach! Hoch König Ludwig II.!"
Alle Anwesenden brechen erneut in Jubel aus. Ludwig dankt dem Bürgermeister und der Menge, besonders aber den Soldaten für ihr Erscheinen. Auf sein Geheiß erhält jeder von ihnen ein kleines Geschenk. Über die Art dieses Präsents ist Näheres nicht überliefert.
Besonders berührt ist der König vom desolaten Zustand der Häuser, in denen die Einschläge von Kanonen und Gewehrkugeln vielfach noch deutlich sichtbar sind, ebenso aber auch von den Gesichtern der Menschen, die von den Sorgen und Nöten der vergangenen Kriegstage gezeichnet wurden. Wehmütig erinnert er sich an die unbeschwerten Sommertage vor zwei Jahren, wo er als 18-Jähriger, eben erst gekrönter junger König, gleichsam als Gastgeber seine hohen Gäste aus den Kaiser- und Zarenhöfen Londons, Wiens und Petersburgs im Weltbad Kissingen empfangen hat. Und nun dieses vom Krieg gebeutelte Kissingen.
Aufgrund seiner angeschlagenen Gesundheit zieht sich der König rasch in seine Gemächer zurück. Wegen eines leichten Fiebers verordnet ihm Leibarzt Dr. von Gietl eine mehrstündige Bettruhe. Doch bereits *um* 16.00 Uhr ist der König wieder auf den Beinen und gibt im königlichen Kurhaus einen Empfang, zu dem neben Bürgermeister Fuchs der Magistrat, die Gemeindebevollmächtigten und Beamten geladen sind, besonders aber auch die Ärzte und barmherzigen Schwestern, die aufopferungsbereit die verwundeten Soldaten gepflegt haben und sich auch gegenwärtig noch immer rührend um sie kümmern.
Um 16.30 Uhr beginnt die königliche Hoftafel. Zu den 24 ausgewählten Kissinger Bürgern gehören die Vorstände der königlichen Behörden, der Geistliche Rat Dechant Gutbrod, der katholische Pfarrer Schott sowie Bürgermeister A. B. Fuchs, mehrere Magistratsräte und einige Ärzte. Nach dem Abendessen verleiht Seine Majestät mehrere Orden. Den *Michaelsorden I. Klasse* erhalten der königliche Bezirksamtmann und Badekommisär von Parseval sowie der Stadtpfarrer Geistliche Rat Gutbrod. Mit dem *Michaelsorden II. Klasse* werden der Brandversicherungsinspektor Martin, der Magistratsrat und Hotelbesitzer Kaiser und der praktische Arzt Dr. Sotier ausgezeichnet. Wie bisher in jeder besuchten Stadt übergibt Ludwig auch hier zum Schluss der Veranstaltung Bürgermeister Fuchs einen Betrag zur Verteilung an die Armen der Stadt, 2000 Gulden.
Höhepunkt des Tages sollte der um 19.30 Uhr beginnende Fackelzug der Bürger Kissingens und die Abendserenade der Gesellschaft Liedertafel sein. Doch das äußerst unfreundliche Wetter lässt diese Festlichkeiten und die geplante Illumination der Stadt im auftretenden Schneegestöber förmlich untergehen. Trotz der widrigen Umstände freut sich der König über die ihm dargebrachte Serenade und

Rathaus in Kissingen um 1866

beauftragt den königlichen Bezirksamtmann von Parsefal: „Sagen Sie den Mitgliedern der Liedertafel meinen Dank für Ihren Gesang und meine Zufriedenheit mit Ihren schönen Leistungen." Dann zieht sich der noch immer erkältete König in seine Gemächer im Kurhaus zurück, um sich zur Ruhe zu begeben.

Am darauffolgenden *Montagmorgen, den 19. November*, hat sich die Erkältung verschlimmert. Leibarzt Dr. von Gietl rät dem König, den Tag über das Bett zu hüten. Ludwig befolgt die Anweisung nur zum Teil. Immer wieder nimmt er vorgesehene Termine wahr. So lässt er sich trotz des heftigen Schneegestöbers nicht abhalten, in Begleitung und Führung des Generalstabshauptmanns von Freyberg eine Fahrt über die Schlachtfelder jenes 10. Juli zu unternehmen, an dem die Bayern so todesmutig und doch so erfolglos gekämpft hatten. Der König legt an jedem Grab Blumen nieder. Er besucht die obere Saline, wo Hauptmann Eduard von Schlagintweit im Kampfe fiel. Er besichtigt den Kirchhof, der erst nach erbittertem Ringen von seinen Verteidigern aufgegeben wurde. Des Weiteren begibt er sich nach Winkels, wo General Oskar von Zoller gefallen war, sowie nach Nüdlingen, wo man dessen Leichnam im Pfarrhaus aufgebahrt hatte. Auch das Denkmal des Generals sucht er auf, das erst am 17. November an jener Stelle aufgestellt wurde, wo dieser den Tod fand. Der Gedenkstein, gestiftet von der Königinmutter Marie, besteht aus einem Steinblock mit Eichenlaub, aus dem ein Kreuz emporragt. Der König ist an diesem Tag sehr schweigsam. Vielleicht gehen ihm Grillparzers klagende Worte gegen Bismarck, den Sieger von 1866, durch den Kopf:

Ihr glaubt, Ihr habt ein Reich geboren,
Und habt doch nur ein Volk zerstört.

Sicher geben ihm auch die im königlichen Kriegsministerium vorliegenden Verlustzahlen der bayerischen Armee zu denken. Danach fielen im Kampf 329 Männer, 47 Offiziere und 282 Unteroffiziere und Soldaten. Verwundet wurden 1969 Männer, darunter 111 Offiziere und 1858 Unteroffiziere und Soldaten. 567 Männer blieben vermisst. Insgesamt wurden in der bayerischen Armee also 2865 Offiziere, Unteroffiziere und Soldaten durch den Bruderkrieg in Mitleidenschaft gezogen.

Demgegenüber standen auf Seiten der königlich preußischen Main-Armee 2694 betroffene Offiziere, Unteroffiziere und Soldaten. Dies bedeutet für die bayerische Armee 171 Mann mehr. Dass die bayerische Armee unterlegen war, wurde von ihr als ein Versagen des Oberkommandos angesehen, weshalb schon bald in Bayern das Wort „Du Hauptquartier!" als Schimpfwort kursierte. Zwar wird in Kissingen als ziviles Todesopfer nur der Provisor der Boxberg'schen Apotheke erwähnt, dem eine Granate „den Kopf weggenommen" habe, den er „ neugierig lugend, aus der Tür herausgestreckt habe". Aber nicht nur Ludwig empfand, dass auch nur ein einziges Todesopfer eines zu viel war. Als in Kissingen, wie in vielen anderen bayerischen Städten, ein Verein zur Unterstützung bayerischer Invaliden ins Leben gerufen wird, verspricht der König, auch diesen Verein finanziell zu unterstützen.

Außerdem gilt es, wirtschaftliche Fragen zu erörtern. Dazu ist ein Treffen mit einer Deputation des hiesigen Handelsstandes anberaumt. Da der König an diesem Tag den Gesprächstermin nicht selbst wahrnehmen kann, empfängt Staatsrat von Neumayr die Delegation, um sich deren Sorgen anzuhören. Zur Sprache kommen die hiesigen Verhältnisse und die Bitte, man möge der Stadt die längst erforderliche Eisenbahnanbindung sowie einige andere Einrichtungen gewähren, um Bad Kissingen wieder jene Bedeutung zu geben, die es vor dem Krieg hatte. Staatsrat von Neumayr trägt dem König die Angelegenheit vor, worauf sich dieser bemüht, das Problem der finanziellen Entschädigung einer Lösung zuzuführen. Er lässt sich vom Bürgermeister eine Aufstellung aller Kriegsschäden aushändigen. Die Unterlagen im Kissinger Stadtarchiv belegen, dass die Regierung in München Kissingen bis in die Jahre 1872/73 finanzielle Hilfe leistet, wodurch die Kriegsschäden zumindest materiell abgedeckt werden, wenngleich die Bevölkerung die seelischen Nöte alleine zu bewältigen hat. Der Kurbetrieb in Bad Kissingen nimmt seine Aktivitäten nach und nach wieder auf. So schrecklich der Krieg von 1866 auch war, mittelfristig zeitigt er positive Auswirkungen auf die Infrastruktur der Stadt, werden doch logistische Probleme offenkundig. So waren die Schwierigkeiten der bayerischen Armee unter anderem auf das Fehlen einer Eisenbahnstrecke in der Region zurückzuführen, die nun schnell realisiert werden soll. Bereits am 9. Oktober 1871 fährt der erste Zug auf der neu eingerichteten Strecke Schweinfurt–Kissingen. Und 1874

Grab des tapferen Bayern in Kissingen

Friedhof in Kissingen

wird an der Bahnlinie ein Bahnhof eröffnet. Und auch der lang ersehnte Anschluss Kissingens an die Hauptstrecke Würzburg–Aschaffenburg wird verwirklicht.

Trotz seiner starken Erkältung hält Ludwig am Nachmittag eine Audienz ab, um verdienstvolle Persönlichkeiten mit einem Orden auszuzeichnen. Als Ersten ehrt er Bürgermeister Fuchs mit dem *Verdienstorden vom Hl. Michael II. Klasse* und spricht ihm für seine Verdienste und seine loyale Haltung während des letzten Krieges seine Anerkennung aus. Dies ist für den Bürgermeister umso bedeutender, als er sich ursprünglich nicht unter den vorgeschlagenen Ordenskandidaten befand. Es war Ludwig selbst, der den Bürgermeister für den Orden nominierte, was auch alle Kissinger Bürger mit großer Freude aufnahmen. Zwei bereits mit dem *Militärverdienstorden* ausgezeichnete Persönlichkeiten, der Gendarmerie-Brigadier G. Engelhard und Gendarm Johannes Winter, erhalten von Ludwig je eine goldene Uhr mit goldener Kette, dazu eine halbe Goldkrone mit dem Brustbild des Königs. Abschließend beschenkt Ludwig auch noch das komplette Dienst- und Küchenpersonal des Kurhauses.

Erwartet wird zu dieser Audienz auch die bereits erwähnte dreiköpfige Delegation aus Schweinfurt. Ludwig weiß, dass er mit dieser Gruppe besonders sensibel umgehen muss, denn die große Verstimmung wegen der schnellen Durchfahrt des königlichen Konvois durch ihre Stadt am gestrigen Tag ist noch deutlich spürbar. Einzelaudienzen, Ordensverleihungen und die Teilnahme an der Hoftafel besänftigen die drei Herren. Ludwig begibt sich aufgrund seiner Erkältung früh zu Bett, da noch anstrengende Tage bevorstehen.

Am *Dienstagvormittag, den 20. November*, verlässt der König um 10.40 Uhr mit seinem Gefolge in Kutschen Kissingen, um über Hammelburg nach Gemünden zu reisen,

Hoftafel des alljährlich stattfindenden Rakoczy-Festes

wo sein Hofzug auf ihn wartet, der ihn dann über Lohr nach Aschaffenburg bringen wird, der nächsten Station seiner Frankenreise. Als Nachklang des königlichen Besuches erreicht eine Woche später, am *27. November*, Bürgermeister Fuchs eine Geldgabe von acht Dukaten mit dem Auftrag, den Betrag je zur Hälfte an zwei verwundete bayerische Soldaten weiterzugeben, die im Spital gepflegt werden und von denen der König erst nach seiner Abreise Kenntnis erhalten hatte.

Zwei Jahre später, im *Sommer 1868*, reist Ludwig II. noch einmal zur Kur nach Kissingen. Auch in diesem Jahr sind der russische Zar mit Familie, das österreichische Kaiserpaar und das württembergische Königspaar zu Gast in der Bäderstadt. Der Monarch hat seine wenigen Besuche in Kissingen offensichtlich in guter Erinnerung behalten, denn als ihm am *23. April 1883* das Gesuch vorgelegt wird, Kissingen zum Bad zu erheben, entspricht er der Bitte schon tags darauf, am *24. April 1883*, mit Unterzeichnung des Dokuments. Die Kissinger honorieren diese Geste allerdings nicht. Das bereits 1869 enthüllte Denkmal für Ludwigs Vater, König Max II., das mit dem Rücken zur Spielbank steht, schien ihnen wohl auszureichen. Während 1877 Kanzler Bismarck ein Standbild errichtet wurde und 1891 auch König Ludwig I. ein Denkmal im Kurpark erhielt, sucht man Ludwig II. in Erz oder in Stein in ihrer Stadt bis heute vergeblich.

Geldgeschenk für einen Helden

Hammelburg, den 20. November 1866

Auf äußerst holprigen Straßen zieht der königliche Konvoi nach Hammelburg weiter, einer Stadt, die ebenfalls unter dem Krieg stark zu leiden hatte. Da man mit der Ankunft des Königs bereits einen Tag früher rechnet, sind alle Vorbereitungen schon am 19. November abgeschlossen. Am oberen Tor, wo der König in Empfang genommen werden soll, ist eine prachtvolle Ehrenpforte mit einem Triumphbogen errichtet. Darüber ist groß das bayerische Wappen angebracht, darunter die Worte: „Gruß ihrem königlichen Herrn die getreue und dankbare Stadt!" Über den Seitenbogen befinden sich das fränkische Wappen und das der Stadt. Einen ebenso imposanten Eindruck machen zahlreiche festlich geschmückte und beflaggte Häuser, womit die Bürger dem König ihre Anhänglichkeit demonstrieren wollen.

Die ursprünglich auf *Dienstag, den 20. November*, um 8.00 Uhr morgens bestimmte Ankunft Seiner Majestät verzögert sich bis mittags 12.30 Uhr.

Der Bürgermeister, die beiden städtischen Kollegien, eine Abteilung der Schuljugend, dazu eine große Volksmenge harren schon seit dem frühen Morgen vor dem Stadttor. Ein Raunen geht durch die Menge, als Glockengeläute und Böllerschüsse das Herannahen des königlichen Trosses verkünden. Dann erscheint Ludwig in seiner jugendlich strahlenden Schönheit. Nach Begrüßung durch Bürgermeisters Rinecker überreichen weiß und blau gekleidete Mädchen dem König Kränze und Blumen. Vier der jungen Damen tragen Begrüßungsgedichte vor, die sich Seine Majestät mit sichtlicher Freude anhört.

Obwohl der ursprüngliche Reiseplan einen halbtägigen Aufenthalt in Hammelburg vorsieht, sieht sich der König infolge der bisherigen Verzögerungen zu einer Änderung gezwungen. Um noch Zeit für einen Besuch beim Großherzog von Hessen zu haben, soll ein längerer Aufenthalt in Hammelburg gestrichen werden. Doch der festliche Empfang, die sichtliche Freude der Bevölkerung und die nicht enden wollenden Hochrufe – sicher aber auch die Erinnerung an die Entrüstung der Schweinfurter – beeindrucken Ludwig derart, dass er trotz vorher beabsichtigter direkter Durchreise sich nun doch entschließt, wenigstens für kurze Zeit im Hotel „Zur Post" abzusteigen, um dort Bezirksamtmann Schalk und Bürgermeister Rinecker eine Audienz zu gewähren.

Teilnahmsvoll erkundigt sich der König, wie es der Stadt und den Bürgern während des Kriegs ergangen ist. Voll Sorge fragt er nach den Verwundeten und ob auch alles für sie getan werde. Der Bürgermeister berichtet ausführlich über die Zerstörungen, die der Stadt zugefügt wurden. Ludwig versichert, er habe für die Sorgen und Nöte der Bewohner stets ein offenes Ohr, und er verspricht jede erdenkliche Hilfe. Nachdem er dem Bürgermeister durch seinen Reisemarschall Graf von Holnstein 1000 Gulden aus der königlichen Privatkasse für die Stadtarmen überreicht hat, verabschiedet er sich unter größtem Bedauern, sich nicht

länger in dem freundlichen Städtchen aufhalten zu können. Den enttäuschten königlichen Beamten, die dem König alle noch vorgestellt werden wollten, und den Bürgern der Stadt kündigt er für das kommende Frühjahr einen längeren Besuch an.
Ludwig ist schon im Begriff, seine Reise fortzusetzen, da entdeckt er in der jubelnden Menge einen beurlaubten Soldaten. Er erfährt, dass dieser Mann im Gefecht bei Hammelburg unter dem Kommando des gefallenen Oberleutnants Tauschek ein Geschütz vor dem herandrängenden Feind rettete. Dafür war er bereits ausgezeichnet worden. Ludwig lässt den Soldaten zu sich kommen und ehrt ihn noch mit einem großen Geldgeschenk.
Vor seiner Abreise verkündet der König außerdem, es sei sein Wunsch zwei Vertreter der Stadt demnächst in Würzburg zur Audienz zu empfangen, ein Versprechen, das er am *30. November* dann auch einlöst, indem er den Bezirksarzt Dr. Kamm aus Hammelburg mit dem *Ritterkreuz I. Klasse des Verdienstordens vom heiligen Michael* und den Bezirksamtsassessor Müller mit dem gleichen Orden II. Klasse auszeichnet.
Mit erhobenen Händen winkt Ludwig den ihn umjubelnden Menschen zu und dankt ihnen für die herzliche Aufnahme. Nach ungefähr halbstündigem Aufenthalt geht dann die Reise nach Gemünden weiter. Trotz des schlechten Wetters nimmt der König dafür nicht die Kutsche, sondern legt die Strecke bis nach Gemünden auf seinem Pferd zurück, wo ihn dann der königliche Hofzug erwartet.

Alte Postkarte von Gemünden mit dem Bahnhof, von dem aus der König weiter Richtung Aschaffenburg fuhr

Kein Orden für den Bürgermeister

Gemünden, den 20. November 1866

Die Straßen zwischen Hammelburg und dem Bahnhof in Gemünden scheinen nicht besonders gut gewesen zu sein, denn in einem Sitzungsprotokoll des Stadtmagistrats von Gemünden vom 6. November kann man lesen:
„Baurath Christin sei zu beauftragen, für Instandsetzung des Pflasters auf der von Seiner Majestät dem König berührt werdenden Straßenstrecke Sorge zu tragen, im Übrigen sei entsprechende Bekanntmachung zu erlassen."

Die genaue Uhrzeit, zu der am *Dienstag, den 20. November*, der königliche Konvoi in Gemünden am Bahnhof eintrifft, ist nicht genau zu ermitteln. Es wird gegen 13.30 Uhr gewesen sein. Viel Zeit möchten der König und seine Begleitung hier nicht verbringen. Man will nur von den Pferden und aus den Kutschen in den Hofzug umsteigen und dann sofort weiterfahren.
Wie überall, wo der königliche Konvoi vorbeikommt, befinden sich auch in Gemünden Menschen am Wegesrand, um dem Landesherrn zuzujubeln. Am Bahnhof begrüßen Bürgermeister Karl Höfling und die Bevölkerung Ludwig mit großer Begeisterung. Während für die Weiterfahrt mit dem Zug alles Erforderliche aus den Kutschen in die Waggons umgeladen wird, unterhält sich der König mit dem Stadtoberhaupt, unter anderem über die Folgen des Krieges und verspricht finanzielle Hilfe für die Beseitigung der Kriegsschäden. Dann geht es mit dem bereits unter Dampf stehenden Hofzug weiter nach Lohr.
Einige Tage später, am *Donnerstag, den 22. November*, lässt der König von Aschaffenburg aus der Stadt Gemünden 500 Gulden zur Verteilung an die Armen der Stadt überweisen. Dass der Bürgermeister von Gemünden nicht mit einem Orden ausgezeichnet wird, wie das in den anderen Städten geschieht, empfinden die Gemündener als höchst ungerecht, denn Bürgermeister Karl Höfling büßte während der Schreckenstage der preußischen Invasion nicht nur großenteils sein Vermögen, sondern auch seine Gesundheit ein. In Erfüllung seiner Amtspflicht brachte er die größten Opfer und trotzte Tag und Nacht den feindlichen Bedrohungen, wobei er seine Freiheit, ja sogar sein Leben riskierte. Dass er dafür nicht mit einem Orden ausgezeichnet wird, lasten die Gemündener nicht so sehr dem König, sondern vor allem der Ministerialbürokratie an, die Ludwig auf das Versäumnis hätte aufmerksam machen müssen.

Die Strapazen der Reise belasten den jungen König sehr.

Die Perle des Spessarts empfängt den König

Lohr, den 20. November 1866

Am *Dienstagmittag, den 20. November*, kurz vor 14.00 Uhr hört man vom Valentinusberg herab zahlreiche Böllerschüsse. Sie künden der Lohrer Bevölkerung das Kommen König Ludwigs II. und seiner Begleitung an.

Um 14.00 Uhr trifft der Hofzug im festlich geschmückten Bahnhof ein, wo sich die Gemeindebehörden und eine große Menschenmenge versammelt haben, um ihren Landesherrn auch hier mit stürmischen Hochrufen zu empfangen. Ein Aufenthalt ist wegen der bereits eingetretenen Verspätung nicht vorgesehen, weshalb der König Bürgermeister Schiele in seinem Salonwagen nur zu einem kurzen Gespräch empfängt. Ludwig entschuldigt sich, dass es ihm gesundheitlich nicht gut gehe und er deshalb sofort weiterreisen müsse. Im nächsten Jahr aber werde er bestimmt für einen längeren Aufenthalt nach Lohr kommen. Dann beauftragt er Bürgermeister Josef Schiele, den Einwohnern der Stadt seine allerhöchste Anerkennung und sein Wohlwollen für die während der feindlichen Invasion bewährte patriotische Haltung auszusprechen. Zum Schluss übergibt er dem Bürgermeister noch 1000 Gulden zur Verteilung an die Armen der Stadt und verabschiedet sich mit freundlichen Worten. Dann fährt der königliche Hofzug ohne weiteren Aufenthalt zum Ziel des heutigen Tages, nach Aschaffenburg, dem „bayerischen Nizza", wie Großvater Ludwig I. diese Perle am Main einmal nannte.

Mehrfach verspricht Ludwig, auch im kommenden Jahr nochmals nach Franken zu kommen.

Für den nächsten Tag, es ist der *21. November*, werden der Lohrer Bürgermeister Schiele und der Vorstand des hiesigen Bezirksamtes, Regierungsrat Nickels, nach Aschaffenburg zum Empfang bei König Ludwig II. geladen, da ihnen der *Verdienstorden des heiligen Michael* verliehen werden soll. Der Regierungsrat bekommt den Orden I. Klasse, der Bürgermeister den II. Klasse.

In der Zwischenzeit schlagen die Wellen der Begeisterung für den jungen Monarchen in ganz Franken derart hoch, dass sich überall die Kunde verbreitet, er habe die Herzen der Franken endgültig erobert. Selbst in jenen Städten, die nicht auf seiner Reiseroute liegen, wird er enthusiastisch gefeiert.

Umjubelt im „Bayerischen Nizza“ und kleiner Abstecher zur „Afrikanerin“

Aschaffenburg–Darmstadt, vom 20. bis 24. November 1866

Aschaffenburg, das Tor zum Spessart, ist die nächste große Station der Reise Ludwigs II. durch Franken.
Nachdem Bayern schon einige Jahre Königreich und ihm bereits ein Großteil Frankens zugefallen war, erhielt es 1814 auch noch das Fürstentum Aschaffenburg und damit auch das mächtige Schloss Johannisburg, das in einer Reisebeschreibung des 18. Jahrhunderts als „eines der schönsten Schlösser in Teutschland“ bezeichnet wurde. Als 1531 der Schwedenkönig Gustav Adolf diesen Prachtbau besetzte, gefiel es ihm so gut darin, dass er geäußert haben soll, es sei schade, dass dieses herrliche Gebäude keine Räder habe, sonst würde er es nach Schweden rollen und in Stockholm aufstellen lassen. König Ludwig I. hat als Kronprinz zeitweise in diesem kurz vor dem Dreißigjährigen Krieg errichteten Gebäude gewohnt. Dieser Aufenthalt prägte ihn derart, dass er später bei Wutausbrüchen, so wird jedenfalls überliefert, im Aschaffenburger Dialekt zu schimpfen begann. In den 1840er-Jahren, ließ er sich in Sichtweite der Johannisburg durch Friedrich Gärtner ein sehr viel kleineres Haus bauen, die königliche Villa Pompejanum, in dem er, so munkelte man, weit weg von seiner Gemahlin in München in aller Ruhe auch gelegentliche Schäferstündchen absolvieren konnte. Das große königliche Schloss aber – bis zur Säkularisation die zweite Residenz der Mainzer Erzbischöfe – stand häufig leer.
Im Gegensatz zu seinem Großvater König Ludwig I., der von 1816 bis 1866 in 21 Jahren jeweils mehrere Wochen in seinem „bayerischen Nizza“, wie er die Stadt am Untermain nannte, verbrachte, kam der 1864 zum König erhobene Ludwig II. nur zu zwei Kurzbesuchen nach Aschaffenburg, so 1864 und 1866. Beide Aufenthalte fanden unter recht unterschiedlichen Rahmenbedingungen statt: 1864 fuhr der junge König kurz nach den Feierlichkeiten anlässlich des 50. Jahrestages der Zugehörigkeit der Stadt zu Bayern hierher. Jetzt, Ende1866, hingegen geht es darum, auch in Aschaffenburg die innenpolitischen Folgen der militärischen Niederlage Bayerns zu überwinden.

In der ersten Novemberwoche 1866 erhält der Verwalter des Schlosses Johannisburg aus München den Befehl, das Königsappartement an der Mainseite sofort „in Stand zu setzen“. Der König wolle die Stadt besuchen, die unter dem Bruderkrieg ebenfalls außerordentlich zu leiden hatte. Als Ludwig am 13. November von München abreist, findet sich in der Presse erstmals eine Angabe über den Zeitpunkt, an dem Ludwig in Aschaffenburg eintreffen werde, was dann allerdings nicht zutrifft.
„Sicherem Vernehmen nach wird Seine Majestät der König Ludwig II. am Freitag, den 23. d. Monats, unsere Stadt mit seinem hohen Besuche beehren. Der Stadt-

Schloss Johannisburg in Aschaffenburg

magistrat trifft bereits umfassende Vorbereitungen zu den Festlichkeiten, und sicherlich wird unsere Stadt anderen Städten nicht nachstehen."

Vier Tage später wird gemeldet, dass am Abend des 15. November von der Hofstallhaltung „bereits circa 20 Pferde mit der nötigen Bedienungsmannschaft" in Aschaffenburg eingetroffen seien. Außerdem wird aus Würzburg das Programm für den dortigen Aufenthalt des Königs mitgeteilt; danach soll der König. am 19. November mit der Bahn von Lohr in Würzburg eintreffen und dort bis zum 22. November bleiben, aber – so hieß es in der Meldung: „Abänderungen sind jedoch nicht ausgeschlossen." Dass dies der Fall ist, erfahren die Aschaffenburger am 19. November aus ihrer Zeitung:

„Am Samstagabend (17.11.), traf bei der königlichen Schlossverwaltung dahier ein Telegramm von Bamberg ein, wonach die Ankunft Seiner Majestät des Königs Ludwig II. schon für heute zu gewärtigen sei. Bis zur Stunde, wo unsere Zeitung zur Presse geht, 11 Uhr vormittags, ist eine bestimmte Nachricht über die Zeit der Ankunft Seiner Majestät noch nicht eingelaufen. Wahrscheinlich, und Privattelegramme wollen dies bestimmt wissen, dürfte die Ankunft am morgigen Tage gegen Abend erfolgen. Dass die nach den ursprünglichen Bestimmungen um 3–4 Tage früher erfolgende Ankunft die Vorbereitungen zu dem feierlichen Empfang wesentlich beeinträchtigen wird, ist selbstverständlich. Doch wenn auch diese äußeren Zeichen einer patriotisch gesinnten Bevölkerung vielleicht weniger in die Augen fallen sollten, als wenn sie von den Vertretern derselben beabsichtigt gewesen, so wird jene umso mehr auf eigene Weise ihre Gefühle beim Besuche unseres jugendlichen Regenten, auf dem alle unsere Hoffnungen für die Zukunft beruhen, kundgeben."

Dann erfährt der Leser in einer Nachschrift:

„Soeben erhalten wir die weitere Nachricht, dass heute Nachmittags halb 4 Uhr der königliche Reisemarschall Seiner Majestät eintrifft, und bis dahin zuverlässige Mitteilungen über die allerhöchste Ankunft sicher in Aussicht stehen."

Das Programm zu den Empfangsfeierlichkeiten Seiner Majestät des Königs in Aschaffenburg ist bereits minutiös festgelegt und wird ebenfalls in der gleichen Zeitung bekanntgegeben:
„Sobald der königliche Zug das Weichbild der Stadt berührt, wird derselbe von der Landwehrartillerie, welche sich auf der Höhe beim Auhofe aufstellt, durch Kanonenschüsse signalisiert. Innerhalb des Bahnhofes findet der feierliche Empfang Seiner Majestät durch die städtischen Kollegien statt, währenddessen 101 Kanonenschüsse abgefeuert werden. Alsdann wird Seine Majestät durch Jungfrauen hiesiger Stadt ein Blumenbukett überreicht und dabei eine passende Ansprache gehalten. Sobald seine Majestät den Bahnhof verlässt, werden die drei Gesangvereine die Nationalhymne unter Musikbegleitung vortragen. Nachdem sich der königliche Zug unter dem Geläute aller Glocken der Stadt nach dem königlichen Schlosse in Bewegung setzt, wird eine berittene Ehrengarde denselben bis dahin geleiten. Dem königlichen Zug werden sich folgende Vereine und Korporationen anschließen.
1) Eine Abteilung der Feuerwehr mit der Regimentsmusik voraus
2) der Schützenverein
3) die HH. Forstkandidaten
4) die drei Gesangvereine
5) die Turner mit der Landwehrmusik
6) eine weitere Abteilung der Feuerwehr.
Die Schuljugend, die Waisenhauskinder, die Lehranstalten stellen sich am Triumphbogen in der Nähe des Bahnhofes, die Zünfte dagegen in den Straßen der Stadt, durch welcher sich der königliche Zug bewegt, auf.
Am Abend findet jenseits des Mains, also vis-à-vis dem königlichen Schlosse, ein Brillantfeuerwerk sowie ein großartiger Fackelzug mit Serenade statt."

Im weiteren Verlauf des Tages wird dann bekannt, dass der König „bestimmt am morgigen Tage, und zwar höchstwahrscheinlich in den Stunden zwischen 11 und 2 Uhr mittags" in Aschaffenburg eintreffen werde. Aber auch das entspricht wieder nicht den Tatsachen.

Bernhard Emil Vogler, Bürgermeister von Aschaffenburg

Bereits am frühen *Dienstagmorgen, den 20. November*, fiebern die Aschaffenburger dem Besuch des Königs entgegen. Die Stadt hat in Erwartung des hohen Besuches ein festliches Gewand angelegt. Die meisten Häuser sind mit Fahnen in den bayerischen, städtischen, vielfach auch in den deutschen Farben herausgeputzt, dazu mit Wappen, Teppichen und Girlanden, in denen häufig das königliche Bildnis oder die königliche Namenschiffre prangt. Besonders prachtvoll geschmückt sind das städtische Rathaus, das königliche Bezirksgericht, das Bahnhofsgebäude und die Kaserne der hiesigen Garnison. Hier ist an einem der Seitenflügel außer vielen anderen Dekorationen auf moosigem Untergrund ein vergoldetes „L"

angebracht, umstrahlt von einer aus blinkenden Waffen gebildeten Sonne. Über der königlichen Namenschiffre sind andere militärische Embleme befestigt. Vor dem weiten Bahnhofsplatz erhebt sich ein einfacher, aber höchst geschmackvoller Triumphbogen mit dreifachem Durchgang. Auch an ihm ist ein riesiges vergoldetes „L" inmitten prachtvoller Blumengirlanden befestigt. Vom Bahnhof bis zur Stadt sind mit grünen Zweigen umwundene Flaggenstangen errichtet, dazwischen Tannenbäume, welche auch die Hauptstraßen der Stadt schmücken.
Ganz Aschaffenburg ist auf den Beinen. Auch aus der Umgebung sind viele Leute in die Stadt geströmt, um den jungen Monarchen zu sehen und zu begrüßen. Die Offiziellen der Stadt und das Vorauskommando des Königs haben noch alle Hände voll zu tun, um die letzten Vorbereitungen zu treffen. Aus den vielen Anschlägen in der Stadt ist zu erfahren, dass Ludwig am Nachmittag gegen 16.00 Uhr im Bahnhof eintreffen wird. Doch der König erscheint bereits früher.
Mit 101 Salutschüssen begrüßt die auf der Höhe am Auhof postierte Landwehrartillerie den König, als er gegen 15.30 Uhr mit seinem Hofzug in den Bahnhof einfährt. Der Jubel einer unübersehbaren Menschenmenge steigert sich, als Ludwig in der Uniform eines Obersten des 1. Regiments den Salonwagen verlässt und sich auf das Bahnhofsgebäude zubewegt. Im Königssalon des Bahnhofs werden dem Monarchen die Vertreter der städtischen Behörden vorgestellt, darunter der Stadtkommandant, der Stadtmagistrat und die Gemeindebevollmächtigten in Amtstracht, außerdem die PP Kapuziner und die Stadtgeistlichkeit. Noch am Bahnsteig wendet sich Ludwig mit einigen freundlichen Worten an den Bürgermeister. Dann überreichen ihm Jungfrauen, die in den Landesfarben gekleidet sind, ihre bereitgehaltenen Blumenbouquets. Eine der jungen Damen trägt mit wohlklingender und fester Stimme ein Willkommensgedicht vor, in dem es heißt:

> „Wie leuchtet heute, gleich dem Frühlingsmorgen,
> Von Luft und Wonne unser Sehnsuchtsblick!
> Es weichen düst're Nebel, bange Sorgen,
> An ihre Stell' tritt neues Lebensglück. [...]"

Der König dankt den Mädchen für die Blumen und das Gedicht. Ehe der Monarch nun in die bereitstehende offene vierspännige Hofequipage steigt, stimmen die drei vor dem Bahnhof versammelten Aschaffenburger Gesangvereine die Nationalhymne an, die von den meisten Anwesenden begeistert mitgesungen wird. Unter dem festlichen Geläute aller Glocken Aschaffenburgs beginnt die Fahrt durch die mit Tannenbäumen und Triumphbögen geschmückte Stadt in das nahe gelegene Schloss Johannisburg. Mitglieder der verschiedenen Zünfte und Gewerbe mit ihren Emblemen bilden ein Spalier. Die blau-weißen, schwarz-rot-goldenen Fahnen sowie die weiß-roten (fränkischen) und grün-weiß-roten (städtischen) Flaggen bieten einen malerischen Anblick. Eskortiert von einer 16-köpfigen berittenen Ehrengarde grüßt Ludwig aus seiner offenen Kutsche heraus aufs Freundlichste die am Straßenrand ihm zujubelnden Untertanen.
Nach seiner Ankunft im königlichen Schloss Johannisburg zeigt sich der König auf dem Balkon den mit wehenden Fahnen vorüberdefilierenden und ihm zuju-

Bahnhof in Aschaffenburg

belnden Vereinen und Korporationen. Wiederholt dankt er für den herzlichen Empfang.
Für den Abend haben sich die Aschaffenburger etwas Besonderes ausgedacht. Die ganze Stadt ist für eine außergewöhnliche Illumination vorbereitet. Trotz aller Anstrengungen der letzten Tage will sich der König das vorbereitete Spektakel ansehen. Um 18.30 Uhr beginnt die Illumination. Um 19.00 Uhr fährt Seine Majestät im offenen Wagen, dem der Wagen des Bürgermeisters Dr. Vogler vorausrollt, durch die Straßen der Stadt, sichtlich erfreut über die endlosen Ovationen der Menschen. Ebenso beeindrucken ihn Tausende von Lichtern, die farbigen Ballons, Transparente und bengalischen Feuer. Am Rathaus und am Casino erstrahlt die Namenschiffre Seiner Majestät in Brillantfeuer. Aber auch die Bürger überbieten sich in prachtvollen Arrangements. Einzigartig ist die Beleuchtung der Schwesinger'schen Brauerei. Eine Beleuchtung der altehrwürdigen Stiftskirche musste wegen des herrschenden Windes unterbleiben.
Ein schockierender Anblick bietet sich dem jungen König, als er an einem Privathaus vorbeifährt. Dort stehen zwei Pyramiden mit Blumen, kunstvoll aufgebaut und prächtig beleuchtet, an jeder dieser Lichtsäulen lehnt aber ein beinamputierter österreichischer Soldat mit einer Krücke. Bei diesem Anblick erbleicht der König und sichtlich ergriffen zieht er sich kurzzeitig ins Wageninnere zurück. Schon als Kind konnte Ludwig den Anblick behinderter oder entstellter Menschen nur schwer ertragen. Die Spazierfahrt durch die beleuchtete Stadt dauert eine knappe Stunde. Im Schloss zurück, erwartet den König der Höhepunkt des heutigen Abends.
Der Donner der Kanonen verkündet um 20.00 Uhr trotz des schlechten Wetters den Beginn eines *Brillantfeuerwerks auf dem jenseitigen Mainufer*. Der weithin bekannte Pyrologe Zeller, einer der Besten seiner Zunft, will ein Feuerwerk abbrennen, dessen Lichterschein sich im Main und am Schlossgebäude zauberhaft reflektiert. Unter fortwährendem Kanonendonner wird das Feuerwerk abgebrannt, das die Zuschauer trotz der unfreundlichen Witterung über eine Stunde gefesselt hält.

Obwohl Ludwig gesundheitlich noch immer angeschlagen ist, ist er von diesem Spektakel, das er von einem Balkon des Schlosses Johannisburg betrachtet, derart überwältigt, dass er begeistert Beifall klatscht. Nach Abschluss des Feuerwerks endet das Programm des ersten Besuchstages. Für Ludwig ist der Tag allerdings noch nicht zu Ende. Trotz der anstrengenden Reise lässt er Staatsrat von Neumayr zu sich rufen, um sich mit ihm bezüglich der Tagesgeschäfte noch einige Stunden zu besprechen und etliches zu erledigen. Bevor sich der König zur Ruhe begibt, schreibt er an seine Freundin Frau Cosima von Bülow noch einen Brief, in dem es unter anderem heißt:

„Endlich finde ich inmitten der lärmenden Festlichkeiten einige Augenblicke der wohltuendsten Ruhe, ich benütze sie dazu, einige Zeilen an die treu geliebte Freundin zu richten. [...]
Ich bin auf dieser Reise sehr in Anspruch genommen, komme aus den Fackelzügen, Bällen, Beleuchtungen etc. gar nicht mehr heraus, oft gebe ich Tafeln von 50–80 Gedecken, für die Dauer ist dies allerdings etwas ermüdend, neulich empfing ich etwa 200 Audienzen in einem Tage, stehenden Fußes. –
Doch von Mühe ist ja dabei nicht zu reden, für Ihn, für Unser Ideal wirken zu können, dies ist Seligkeit, o diese Liebe zu Ihm zaubert den Winter in blühenden Frühling um, sie versetzt Berge, ist allmächtig.
Ich gedenke etwa am 23. d. M. in Würzburg einzutreffen und werde am 27. sicher in Nürnberg sein, wo ich 4–5 Tage verweilen will, im nächsten Jahre werde ich länger dort mich aufhalten, bis dahin wird Viel, so Gott will, sehr Viel geschehen sein. [...]"

Die anfallenden Regierungsverpflichtungen erledigt der König oft bis spät in die Nacht.

Mit der im Brief erwähnten Liebe zu dem „Ideal" ist Richard Wagner gemeint.
Früh am Morgen sinkt Ludwig erschöpft in sein Bett. Seine letzten Gedanken gelten den nächsten anstrengenden Tagen.

Mittwoch, der 21. November, beginnt erneut mit nasskaltem Wetter und Regen. Den ganzen Vormittag verbringt der König mit Halsschmerzen im Bett. Das „Aschaffenburger Intelligenzblatt" veröffentlicht auf der Titelseite den Dank des Königs für den gestrigen Empfang in der Stadt:
„Seine Majestät der König haben für den gestrigen Empfang und die vielfachen Beweise der Liebe und Anhänglichkeit seitens der Bürgerschaft hiesiger Stadt dem Unterzeichneten den allerhöchsten Dank und die Anerkennung auszusprechen geruht.
Ich fühle mich glücklich, dieses meinen lieben Mitbürgern mitzuteilen.
Aschaffenburg den 21. November 1866
Der rechtskundige Bürgermeister Dr. Vogler"

Um 14.00 Uhr hat sich der König so weit erholt, dass er sich in der Lage sieht, die Spitzen der Behörden zu einer Audienz zu empfangen, die bis 16.00 Uhr dauert. Auf das Freundlichste unterhält er sich mit jedem der eingeladenen Herren. Dem

Bezirksamtmann Regierungsrat Fikenscher und dem Bürgermeister Dr. Vogler überreicht er eigenhändig den *Verdienstorden vom heiligen Michael*. Im gleichen Saal, in dem diese Ehrung stattfindet, wurden ein Vierteljahr vorher eben diese beiden Herren vom Kommandanten der preußischen Mainarmee, Falkenstein, mit Erschießen bedroht und in übelster Weise beschimpft.
„Warum ist das Schloss nicht dekoriert?", so fuhr damals der preußische General den Bürgermeister an. „Wenn Euer König kommt, könnt Ihr wohl schmücken, warum nicht, wenn Euer Besieger kommt?" In wenigen Stunden mussten die Siegeskränze von den Bewohnern der Stadt eigenhändig gewunden sein, was den stolzen Sieger aber noch lange nicht besänftigte. Doch am heutigen Tag ist diese üble Behandlung vergessen.
Aus Lohr sind für eine weitere Ehrung Regierungsrat und Bezirksamtmann Nickels und Bürgermeister Schiele angereist. Nickels erhält den *Verdienstorden vom Hl. Michael erster Klasse* und Schiele denselben Orden zweiter Klasse. Auch Bürgermeister Virneisel aus Miltenberg wurde mittels eines Telegramms zur Audienz geladen. Zur Verteilung an die Armen der Stadt Aschaffenburg spendet Ludwig aus der königlichen Kabinettskasse 2000 Gulden. Für die Armen der Gemeinde Damm bei Aschaffenburg stellt er 200 Gulden extra zur Verfügung. Aus der benachbarten Gemeinde Alzenau bittet eine Deputation der Gemeindeverwaltung um Audienz, bei der sie den König bittet, Alzenau einen Rentamtssitz zu verleihen.
Um 17.00 Uhr findet eine königliche Hoftafel statt, zu der 40 Personen geladen sind. Als bei den Tischgesprächen die Geschichte mit dem preußischen General zur Sprache kommt, der Regierungsrat Fikenscher und Bürgermeister Dr. Vogler mit Erschießen bedrohte, ist Ludwig über dessen Verhalten höchst erbost. Einer der Herren an der Tafel beschwichtigt ihn mit den Worten: „Durch all diese Unbilden wurde die Liebe zu unserem König und Vaterland nur befestigt", was dem König ein dankbares Lächeln entlockt.
Als Höhepunkt des Tages zieht um 19.00 Uhr ein Fackelzug durch die Innenstadt, an dem trotz des schlechten Wetters an die 700 Personen teilnehmen. Der Zug, der an der Alexandrastraße Aufstellung genommen hat, wird durch eine Abteilung der freiwilligen Feuerwehr, voraus ein Musikchor, eröffnet. Es folgen drei Gesangvereine, drei Korps der Forstkandidaten, der Schützenverein, der Bürger- und der Gesellenverein, die Turner und zum Schluss erneut eine Abteilung der Feuerwehr. In der Mitte des Zuges fahren auf einem Wagen der Gemeindebevollmächtigte und die Mitglieder des Magistrats. Im Schlosshof bringen die drei Gesangvereine, begleitet von der Musikkapelle, dem König ein Ständchen. Das Programm dieser Serenade gliedert sich in sechs Teile:

1.) Hymne: „Sieh uns, oh Herr, versammelt hier", Chor mit Musikbegleitung.
2.) Toast auf Seine Majestät den König.
3.) „Tannhäuser-Marsch" von Richard Wagner.
4.) „Weiß und Blau", Chor mit Musikbegleitung.
5.) „Cortège der Königin von Saba".
6.) „Die Ehre Gottes" von Beethoven, Chor mit Musikbegleitung.

Infolge des Lampenfiebers des Dirigenten, der den Einsatz zu dem Lied „Sieh uns, oh Herr, versammelt hier" verfrüht gibt, beginnt das Konzert mit einem Missklang, da die Mitglieder der Gesangvereine noch keine geordnete Aufstellung genommen haben. Doch nach diesem überstürzten Beginn nimmt die Serenade einen geordneten Verlauf. Der Dirigent bittet den König wegen des verpatzten Auftaktes untertänigst um Verzeihung, die dieser nachsichtig lächelnd gerne gewährt. Zu einer abschließenden effektvollen bengalischen Beleuchtung durch den königlichen Schlosstürmer bringt Bürgermeister Dr. Vogler unter begeisterter Zustimmung aller einen Toast auf seine Majestät aus, dem beim Abmarsch der Sänger und Musiker noch ein Toast des Musikdirektors Deuerling folgt. Der König dankt den Anwesenden und bittet den Bürgermeister, der Stadt seinen Dank für den gelungenen Abend auszusprechen.

Auch am *Donnerstag, den 22. November*, hat sich das Wetter noch immer nicht gebessert. Der nach wie vor fiebernde König will sich heute von den Strapazen der vergangenen Tage erholen, weshalb alle Audienzen und Hoftafeln abgesagt werden. Auf dem Programm der Frankenreise steht noch der Besuch von zwei wichtigen Städten, die alle Kräfte des Königs fordern. Ein königlicher Bote überbringt am Morgen Bürgermeister Dr. Vogler ein Dankschreiben, das Staatsrat von Neumayr im Auftrag des Königs aufgesetzt hat. Es lautet:

„Verehrter Herr Bürgermeister!
Im Allerhöchsten Auftrage beehre ich mich, Ihnen mitzuteilen, dass Seine Majestät der König über die gestern veranstaltete Serenade Allerhöchst Ihre Freude auszusprechen geruhten und nur bedauert haben, wegen Unwohlseins sich mit den einzelnen Mitgliedern der entsendeten Deputation nicht noch einlässlicher unterhalten zu können. Ich ersuche Sie, geehrter Herr Bürgermeister, hiervon die Mitglieder der Deputation gefälligst in Kenntnis setzen zu wollen.

von Neumayr Staatsrat"

Der Bürgermeister leitet den Brief an die „Aschaffenburger Zeitung" weiter, die ihn in der heutigen Ausgabe veröffentlicht. Als der Regen aufhört und sich der gesundheitliche Zustand des Königs erfreulicherweise gebessert hat, lässt dieser sein Pferd satteln, um einen Ausflug in die Umgebung zu machen.

Kleiner Abstecher zur „Afrikanerin"

Entgegen der ursprünglichen Absicht, den Tag zur Erholung zu nutzen, entschließt sich Ludwig gegen 14.00 Uhr, mit seinem Hofzug und mit hohem Gefolge zum Besuch des großherzoglichen Hofes nach Darmstadt zu fahren, um Seiner Königlichen Hoheit, dem Großherzog von Hessen-Darmstadt, einen Besuch abzustatten. Als er gegen 15.30 Uhr ankommt, wird er am Bahnhof vom Großherzog und den Prinzen Karl, Ludwig und Wilhelm empfangen. Nach der üblichen protokollarischen Begrüßung fährt man gemeinsam in das Residenzschloss, wo am Nachmittag eine großherzogliche Tafel stattfindet, bei der es zu einem Gedankenaustausch der beiden Verbündeten des Krieges von 1866 kommt.

Nach dem Essen begibt sich der bayerische König in Begleitung der großherzoglichen Familie ins Darmstädter Hoftheater. Beim Eintritt in die Hofloge wird der hohe Gast vom Publikum mit herzlichen Hochrufen empfangen. Gespielt wird die Oper „Die Afrikanerin" von Giacomo Meyerbeer. Die hohen Herrschaften bleiben bis zum Ende der Vorstellung. Kurz, aber treffend urteilt der König über dieses einst so überschwänglich gefeierte Werk Meyerbeers in seinem Briefe an Frau Bülow vom 27. Nov. 1866: „In Darmstadt hörte ich die ‚Afrikanerin', ein Gemisch von ‚Prophet', ‚Nordstern' und ‚Hugenotten', der Text zum Davonlaufen dumm."
Nach der Opernaufführung kehren die bayerischen Gäste wieder nach Aschaffenburg zurück, wo sie *kurz nach 23.00 Uhr* ankommen. Nach diesem anstrengenden Tag zieht sich Ludwig unverzüglich in seine Gemächer zurück.

Am *Freitag, den 23. November*, gegen 12.00 Uhr Mittag trifft Seine königliche Hoheit der Großherzog von Hessen zum Gegenbesuch in Aschaffenburg ein. Das Wetter ist auch an diesem Tag kalt und regnerisch, dennoch stehen für Ludwig schon weitere Aktivitäten auf dem Programm. So stattet er gegen 14.00 Uhr verwundeten Soldaten einen Besuch ab. In dem mit Blumen, Gebinden und dem königlichen Namenszuge geschmückten Portal des Zivilkrankenhauses in der Wermbachstraße 40 wird er von Bürgermeister Dr. Vogler, den Magistratsräten Reuß und Betier, der Frau Oberin, dem Spitalgeistlichen, Kaplan Hörschel, und dem Arzt der Anstalt, Dr. Oegg, empfangen und durch die Krankensäle begleitet, in denen 19 verwundete Soldaten – darunter 17 Österreicher, ein Hesse und ein Preuße – von den barmherzigen Schwestern gepflegt werden. Ludwig unterhält sich längere Zeit mit jedem einzelnen Verwundeten, erkundigt sich nach deren Befinden und lässt jedem einen Dukaten mit dem königlichen Bildnis überreichen.

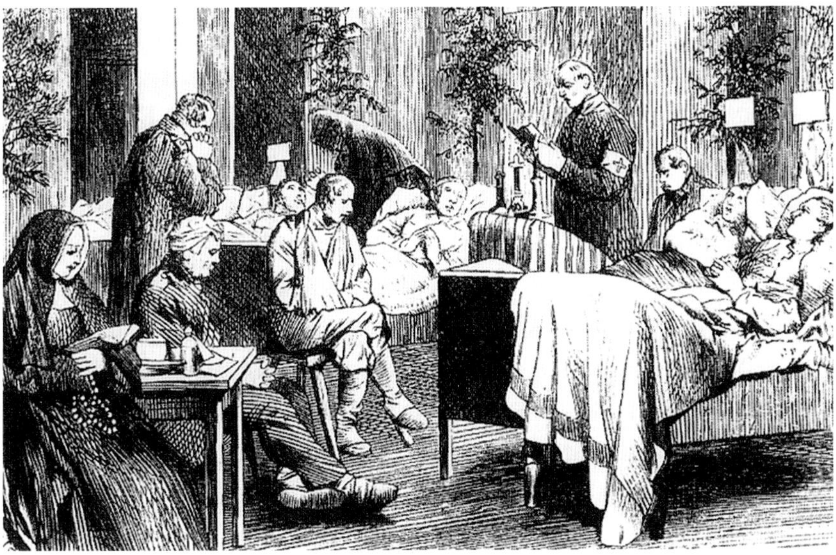

Aschaffenburger Krankenhaus 1866

Villa Pompejanum
in Aschaffenburg

Danach geht es in das sich im Kasernenbereich befindende Militärkrankenhaus, wo er vom Stadtkommandanten, Oberstleutnant von Wessenig, und vom Oberstleutnant des hiesigen Regiments, Bösmüller, empfangen wird. Der König erkundigt sich auch hier bei allen Verwundeten – 18 bayerische Soldaten und ein preußischer Soldat – nach deren Zustand und beschenkt jeden gleichfalls mit einem Dukaten. Danach reitet er nach Schweinheim und weiter nach Obernau, wo er sich über den Main nach Niedernberg übersetzen lässt, um auf dem dortigen Mainufer nach Aschaffenburg zurückzureiten.
Die vom König gewährte Spende von 2000 Gulden wird nach Magistratsratsbeschluss folgendermaßen verteilt: 400 Gulden gehen an jene Personen, die sich mit ihrer Bittschrift direkt an den König gewandt haben. Die übrigen 1600 Gulden werden an die Stadtarmen, insbesondere an die sogenannten „verschämten Stadtarmen" verteilt. Diese heißen so, weil sie sich wegen ihres Standes oder ihrer sonstigen Verhältnisse schämen, um öffentliche Unterstützung zu bitten, obwohl sie unverschuldet in Not geraten sind. Der Armenpflegschaftsrat und die Distriktvorsteher erhalten den Auftrag, einen Verteilungsplan anzufertigen und dem Magistrat vorzulegen, der nach Prüfung für die gerechte Zuteilung der Gelder sorgt. (Bezüglich des damaligen Geldwertes folgende Information: Der Brotpreis beträgt zu dieser Zeit in Aschaffenburg 22 Kreuzer 1 Pfennig für ein Roggenbrot von 5 Pfund. Das bayerische Pfund hat 560 Gramm. Ein Gulden hat in Bayern damals den Wert von 60 Kreuzern; ein Kreuzer sind 4 Pfennige.)
Die von den Aschaffenburgern vorgeschlagene Abendveranstaltung zu Ehren des Königs – zur Auswahl stehen ein Ball im Casino oder eine Theatervorstellung – lehnt Ludwig dankend ab. Stattdessen begleitet er den Großherzog von Hessen gegen 18.00 Uhr nach Darmstadt zurück. Dort folgt er der Einladung zu einem

Theaterbesuch im Großherzoglichen Hoftheater, wo das Stück „Kabale und Liebe" von Friedrich Schiller zur Aufführung kommt. Gegen Mitternacht kehrt Ludwig nach Aschaffenburg zurück.

Am *Samstag, den 24. November*, heißt es für Ludwig, Abschied von Aschaffenburg zu nehmen. Seit dem frühen Morgen werden im Schloss Johannisburg die Koffer für die Weiterreise gepackt. Den während seines Aschaffenburg-Aufenthalts ursprünglich beabsichtigten Besuch im idyllisch gelegenen Miltenberg kann Ludwig nicht mehr wahrnehmen. Dies liegt wohl in erster Linie an der schlechten Witterung und seiner noch immer nicht auskurierten Erkältung, weshalb er von seinem Arzt mehrfach ermahnt wird, sich zu schonen. Auch das in dieser fränkischen Landschaft errichtete, höchst exotisch anmutende Haus seines Großvaters, das sogenannte Pompejanum, scheint Ludwig nicht besucht zu haben. Die von ihm geäußerte Absicht, zu einer freundlicheren Jahreszeit das schöne Städtchen noch einmal besuchen zu wollen, erzeugt bei der Miltenberger Bevölkerung große Freude.
Gegen 13.00 Uhr besucht der König unangekündigt das Institut der Englischen Fräulein in der Strickergasse 1. Die Schulleitung wird von der Ankunft des hohen Gastes überrascht. In aller Eile versammeln sich die Zöglinge und begrüßen den jungen Monarchen mit einem Ständchen. Auf den Vortrag eines Willkommensgedichts durch eine der jungen Damen folgt nochmals ein Lied. Der König lauscht aufmerksam den Darbietungen der Mädchen und dankt mit freundlichem Beifall. Dann besichtigt er die Anstalt und erkundigt sich interessiert nach den Verhältnissen und Wünschen. Zum Schluss stattet er der erkrankten Oberin einen Besuch ab und dankt ihr für ihre aufopferungsvolle Arbeit. Mit dem Versprechen, im nächsten Jahre zu einem längeren Besuch wiederzukommen, verlässt er das Institut und kehrt ins königliche Schloss zurück.
Vor der Weiterreise nach Würzburg lässt der König Aschaffenburgs Bürgermeister Dr. Vogler zur Audienz kommen, um ihm für den liebevollen Empfang, den ihm die Bevölkerung bereitet hat, seinen Dank auszudrücken. Er versichert, dass es ihm in Aschaffenburg sehr gefallen habe, und er verspricht auch ihm, im nächsten Jahr zu einem längeren Besuch wiederzukommen. Dann empfängt der König noch kurz den Stadtkommandanten, Oberstleutnant von Wessenig, und Oberst von Thiereck vom hiesigen 4. Infanterie-Regiment.
Nun ist es Zeit, Schloss Johannisburg in Richtung Bahnhof zu verlassen. Vor den noch immer festlich geschmückten Häusern säumen wieder viele Menschen die Straßen, um ihrem König zum Abschied zuzujubeln. Erneut ist der Bahnhofsvorplatz überfüllt. Die beiden städtischen Kollegien, die Beamten sowie das Offizierskorps der hiesigen Garnison stehen bereit. Als der König in seinen Reisewagen steigt, lässt er den Vorstand der Gemeindebevollmächtigten, Notar von Wächter, zu sich bitten, um auch ihm für den herzlichen Empfang der Aschaffenburger seinen Dank auszudrücken.
Um 14.00 Uhr setzt sich unter Hochrufen der Anwesenden der königliche Hofzug in Bewegung und verlässt Aschaffenburg in Richtung Würzburg. Der Kom-

mentar der „Aschaffenburger Zeitung“ zum Besuch des Königs, der auf der Titelseite erscheint, fasst zusammen, wie positiv selbst am äußersten nördlichen Zipfel des Königreiches der Königsbesuch von der Bevölkerung aufgenommen wurde:

„Nach viertägiger Anwesenheit in unserer Stadt wird Seine Majestät der König heute Nachmittag um halb 2 Uhr die Weiterreise nach Würzburg antreten, begleitet von den besten Wünschen der hiesigen Einwohner, von Wünschen, wie sie nur aus dankerfülltem Herzen zu dringen vermögen. In der Tat, wenn schon das Vorhaben Seiner Majestät – die Beschwerden einer längeren Winterreise nicht scheuend –, die vom Kriege schwer bedroht gewesenen Landesteile zu besuchen und sich mit den betreffenden Behörden in direkten persönlichen Verkehr zu setzen, geeignet ist, unsern tief gefühltesten Dank und unser vollstes Vertrauen zu Seiner Majestät zu erwecken, so müssen diese Dankesgefühle durch die hochherzigen Akte der Wohltätigkeit, die seine Majestät auf dieser Reise allerwärts verbindet, um die durch den Krieg verursachten Leiden zu lindern, noch umso mehr empfunden werden. Der wahrhaft herzliche Empfang, welchen die hiesige Bevölkerung Seiner Majestät bereitete, war der ungeschminkteste Ausdruck der Gefühle, von welchen sie erfüllt ist und die auch in den Stunden der Gefahr und der Drangsal keinen Augenblick wankend geworden waren.“

Am nächsten Morgen, es ist *Sonntag, der 25. November*, können Aschaffenburgs Bürger im „Intelligenzblatt“, einer Beilage der „Aschaffenburger Zeitung“, lesen, wie sehr sich König Ludwig II. in ihrer Stadt wohlgefühlt hat.

„Seine Majestät der König haben unmittelbar vor Allerhöchstihrer Abreise den Unterzeichneten zur Audienz berufen, die Befriedigung über den Aufenthalt dahier ausgesprochen, und den Auftrag erteilt, der Bürgerschaft wiederholt den Dank und die Anerkennung für den herzlichen Empfang und die vielfachen Beweise der Liebe und Anhänglichkeit auszusprechen.
Ich beehre mich, dieses zur Kenntnis der Einwohner zu bringen.
Aschaffenburg den 24. November 1866.
Der rechtskundige Bürgermeister Dr. Vogler“

Die ursprünglich etwas verhaltene Stimmung der Franken für den König ist mittlerweile völlig umgeschlagen. Längst hat eine Welle der Begeisterung für den jungen Monarchen das ganze Frankenland erfasst. Las man noch vor wenigen Tagen in der „Aschaffenburger Zeitung“ unter der Überschrift „Eine Stimme aus Franken“: „Die fränkischen Provinzen waren … verstimmt, dass der König ruhig am Starnberger See weilte und sie ihrem herben Schicksal zu überlassen schien“, so ist jede Kritik am Verhalten des Landesherrn während des Krieges längst verstummt. Ludwig II. hat die Aschaffenburger, wie auch die Bürger aller anderen fränkischen Städte, in einen wahren Begeisterungstaumel versetzt und dieser Ruf eilt ihm auch nach Würzburg voraus, der nächsten großen Station seiner Frankenreise.

Nach dem Besuch des Soldaten-friedhofs keine Theatervorstellung

Würzburg, vom 24. bis 30. November 1866

Die Bürger der Bischofsstadt Würzburg sind hinsichtlich ihrer Einstellung zum Besuch König Ludwigs II. gespalten. Bei den meisten überwiegen allerdings die königstreue Gesinnung und damit die Vorfreude auf den Besuch. Bereits ab Mitte November beginnt man die Stadt zu schmücken, denn die Ankunft des Landesvaters ist für Montag, den 19. November, angekündigt. Die Vorbereitungen durch den Magistrat und die Bürgerschaft laufen auf Hochtouren. Nachdem die Buden der letzten Messe von den Straßen geräumt sind, konzentriert man sich auf die Dekoration der Häuser und bereitet die Illumination der Stadt vor. Bald erstrahlen der Bahnhof, die Stadttore und wichtige Gebäude im Glanz von Kränzen, Girlanden und Fahnen. Am Teufelstor fällt ein prachtvoller Triumphbogen ins Auge, geziert mit dem königlichen Namenszug und den Wappen Bayerns und der Kreishauptstädte.

Auch in der königlichen Residenz sowie im Saal der Gesellschaft Harmonie, in dem ein Festball vorgesehen ist, wurde inzwischen alles auf Hochglanz gebracht. Die Studentenschaft ist auf einen prachtvollen Fackelzug und einen großen Kommers vorbereitet. Auch für die abendliche Unterhaltung des Königs ist gesorgt. Geplant sind am Samstag eine Theatervorstellung, am Sonntag ein Festball der Gesellschaft Harmonie und am Montag eine Vorstellung aller Sängerverbindungen im Theater. Die Landwehr beabsichtigt außerdem an einem noch festzusetzenden Tag einen Fackelzug abzuhalten. Doch dann wird die Ankunft des königlichen Reisekommissars Tag um Tag verschoben. Nach der letzten Meldung soll er am Samstag eintreffen.

Bei einigen Bürgern und bei der Presse hält sich die Vorfreude auf das Kommen des Königs allerdings in Grenzen. Die „Neue Würzburger Zeitung" fand es schon keiner Notiz wert, als Ludwig am 10. November in München seine Frankenreise

Residenz Würzburg (historisch)

Residenz in Würzburg

startete. Manche fragen sich auch, ob es überhaupt nötig sei, dass der bayerische König nach Franken kommt, wo sich doch die Regierung in München so wenig um diesen Landesteil kümmert, der während des Krieges die schwersten Opfer zu bringen hatte. Die Reise hätte nur dann einen Sinn, wenn endlich alles anders würde. In diesem Sinn heißt es in der „Neuen Würzburger Zeitung“:

„Für den unglücklichen Ausgang des Krieges den Monarchen verantwortlich zu machen – wem möchte dies einfallen? – Aber ein Ruf ertönt überall, wo der König seinen Fuß hinsetzt: Es muss anders werden!“

So denken auch die Deputationen, die in der Umgebung der Kreishauptstadt zusammengestellt werden. Sie wollen sich bei Ludwig über die Nachlässigkeiten der Regierung in München beklagen, die der zunehmenden materiellen Not in Franken bislang tatenlos zusieht. Mancher Familienvater weiß nicht, wovon er einen Laib Brot oder einen Sack Kartoffeln kaufen soll, da ihm das Ministerium noch immer nicht die beträchtlichen Unkosten für die Einquartierung der Soldaten während des Krieges erstattet hat. Während es sich damit Zeit lässt, fordert es unerbittlich die Zahlung der Steuern, und zwar auf den Tag genau. Dieser Zustand wird sich auch nicht ändern, solange es kein Kriegskosten-Entschädigungsgesetz gibt.

Die „Neue Würzburger Zeitung“, die im Untertitel das Motto trägt: „Treu gegen König und Vaterland / für Wahrheit und Recht“, nimmt von der Frankenreise des Königs kaum Notiz und verschweigt auch seine Ankunft in Würzburg. Umso verwunderlicher, dass dann doch ein vierstrophiges Willkommens-Gedicht im „Würzburger Stadt- und Landboten“ erscheint, gereimt von einem Herrn von Scharff-Scharffenstein, dem Herausgeber der „Bayerischen Soldatenlieder“ und Verfasser der Abhandlungen über die Düsseldorfer Galerie. Das Poem endet mit den martialischen Worten:

> […] O Wittelsbachs erlauchter Spross, gedenke,
> Dass wir Dir stolz und treu zur Seite stehen,
> Und wie Du jetzt, so stets Dein Herz uns schenke!
> Befiehl, dass wir aufs Neu' zum Kampfe gehen;
> Wir werden nie in unsrer Treue wanken!
> Hoch König Ludwig, Herzog Deiner Franken!

Fast klingt es wie Hohn, dass die vor wenigen Wochen vom 66er-Krieg betroffenen Würzburger – damals wurde das Zeughaus der Festung beschossen – sofort wieder in den Kampf ziehen wollen, der König braucht es nur zu befehlen. Ludwig wird von den Zeilen dieses Gedichtes, falls er es gelesen hat, irritiert gewesen sein. Schließlich ist er nicht gekommen, um einen neuen Kampfbefehl zu geben, sondern um dem vom Krieg geschundenen Land Hilfe zu bringen.
In der Nacht vom 23. auf den 24. November fegt ein Sturm über die Stadt hinweg und wirbelt die Dekorationen durcheinander. Dieser Sturm darf durchaus als Ausdruck für die Empfindungen der Würzburger Bürger angesehen werden, die innerlich – aus welchem Grund auch immer – sicher aufgewühlt waren. Der Empfang für den König fällt infolge der Sturmschäden nicht ganz so feierlich aus, wie dies ursprünglich geplant war.

Mit fast einwöchiger Verspätung trifft Ludwig II. am *Samstag, den 24. November*, zwischen 16.00 Uhr und 16.30 Uhr im Würzburger Bahnhof ein. Ob Kanonendonner und Glockengeläute aller Kirchen der Stadt die Ankunft des Königs verkünden, ist in den Quellen nicht erwähnt. Im Bahnhof und auf dem Bahnhofsvorplatz drängt sich jedenfalls eine unglaublich große Menschenmenge, die trotz Regen und Kälte in freudiger Erwartung ausharrt und immer wieder laut den Namen des Königs ruft. Zur Aufrechterhaltung der Ordnung ist die Freiwillige Feuerwehr angetreten. Am Bahnsteig warten die Vertreter der Stadt, der Bürgermeister, die Magistratsräte, die Gemeindebevollmächtigten, die Vertreter von Militär und Landwehr sowie viele weitere Würzburger Prominente, um den König zu empfangen. Die anwesende Landwehr-Regimentsmusik spielt, wie dies auch in den anderen Städten geschah, die bayerische Hymne.
Dann endlich hält der Zug und Ludwig steigt aus. Die Menschenmenge tobt vor Begeisterung, sodass man kaum mehr die Musik vernehmen kann. Erst nach einigen Minuten tritt Beruhigung ein und Bürgermeister Dr. Zürn beginnt mit seiner Begrüßungsansprache. Gleich zu Beginn weist er auf die Erwartung der Würzburger Bevölkerung hin, die in Ludwig den lang ersehnten Helfer sieht.
„Die Vertreter der Stadt Würzburg bringen Eurer Königlichen Majestät den allerehrerbietigsten Gruß der Stadt dar und heißen Eure Majestät in Würzburgs Mauern herzlichst willkommen. Es erfüllt uns zwar jederzeit mit höchster Freude, unsern geliebten König und Herrn in unserer Mitte zu sehen, doppelte Freude aber erregt das Erscheinen Eurer Majestät in dem gegenwärtigen Augenblick, da wir darin wohl ein Zeichen Allerhöchster Zufriedenheit und Teilnahme für unsere Stadt erblicken dürfen. Der Krieg hat unserer Stadt und dem Lande schwere Opfer auferlegt; unter der weisen, tatkräftigen und wohlwollenden Regierung Euerer Majestät werden jedoch, wie wir zuversichtlich hoffen, Früchte reifen, welche die erlittenen Verluste in reichlichem Maße zu ersetzen vermögen. In dem Gefühle unserer unbegrenzten Dankbarkeit und Freude, unserer tiefsinnigen Verehrung und treuesten Anhänglichkeit rufen wir aus vollem Herzen:
‚Seine Majestät unser allergnädigster König Ludwig lebe hoch!'“
In das von Dr. Zürn ausgebrachte Hoch, das eher wie ein Hilferuf klingt, stimmen

Bahnhof in Würzburg

alle Anwesenden begeistert ein. Der König dankt mit herzlichen Worten für den freundlichen Empfang und versichert, wie sehr es ihn freue, seine treuen Würzburger besuchen zu können. Ludwig erkennt, dass das Juwel des Maingaus, die rebenumkränzte Hauptstadt Frankens, ihm die Ehrerbietung nicht verweigert. Statt der fremden Flaggen, die man lange genug gesehen hat, flattern nun die weiß-blauen Fahnen im Wind, und durch die mit vielen Emblemen geschmückte großartige Ehrenpforte am Bahnhof darf der bayerische Monarch nun seinen festlichen Einzug in die Stadt halten. Eine Ehrengarde von sechs berittenen Bürgern begleitet die Kutsche auf der Fahrt zur Residenz. Der Konvoi durchquert dabei die mit Fahnen und Kränzen geschmückten Straßen, die dicht mit Menschen gefüllt sind. Der König dankt für die Hochrufe von allen Seiten. Bei seiner Ankunft an der Residenz ist auch der große Platz davor mit jubelnden Menschen übersät.

Begleitet von begeisterten Zurufen der sich auch in der Vorhalle drängenden Menschen, begibt sich Ludwig über die prachtvolle Freitreppe in den rechten Flügel, wo sich seine Wohngemächer befinden.

Das riesige Treppenhaus, das Balthasar Neumann gegen alle Warnungen stützenlos zu überwölben wagte, ist weltberühmt. Kein Geringerer als der Venezianer Tiepolo schmückte die Decke mit einem 18 mal 30 Meter messenden Fresko, dem größten jemals gemalten Deckengemälde dieser Art. Ebenso eindrucksvoll freskengeschmückt ist der Kaisersaal.

Auf der Treppe stehen in Landesfarben gekleidete Mädchen aus den verschiedenen Stadtschulen und Instituten mit Blumen und Kränzen Spalier, die sie dem König vor die Füße streuen. Eine der jungen Damen überrascht den hohen Gast mit dem Vortrag eines Gedichtes. Im Vorsaal begrüßen die Mitglieder der Würzburger Gesangsvereine Ludwig mit der Nationalhymne. Nachdem sich der König in den für ihn bereitgestellten Privaträumen einige Minuten Ruhepause gegönnt hat, zeigt er sich auf dem Hauptbalkon der Residenz, wo ihm erneut nicht enden

wollende Hochrufe entgegenschallen, wofür er mit erhobenen Händen dankt. Danach bittet er den Bürgermeister und die Leiter der Gesangsvereine zu sich in seine Gemächer. Die Dirigenten beauftragt er, den Sängern seinen Dank für die Darbietung zu übermitteln. Dem Bürgermeister gibt er bekannt, dass die Kabinettskasse dem Stadtmagistrat 2000 Gulden zur Verteilung unter die hiesigen Stadtarmen überweisen werde. Er bittet auch, den Einwohnern seinen innigsten und aufrichtigsten Dank für den Empfang auszusprechen, was auch am nächsten Tag durch eine entsprechende Veröffentlichung in den Zeitungen geschieht.
Während seines fünftägigen Aufenthaltes in Würzburg residiert Ludwig in der nahezu 150 Jahre alten ehemaligen Residenz der Fürstbischöfe, die Napoleon I. salopp einmal als „das schönste Pfarrhaus in Deutschland" bezeichnete. Welche Räume Ludwig bewohnt, lässt sich nicht mehr genau feststellen, vermutlich aber hat er sich in die Toskanazimmer einquartiert, wie dies auch sein Großvater und Vater bei gelegentlichen Besuchen zu tun pflegten.
Mit dem Bau der Residenz hatte Balthasar Neumann im Auftrag von Johann Philipp Franz von Schönborn bereits 1719 begonnen. Schon 25 Jahre später wurde sie unter Friedrich Karl von Schönborn vollendet. Fünf Nachfolger dieses Kirchenfürsten residierten in dem eindrucksvollen Barockschloss, bevor die Säkularisation eine Zäsur setzte. Würzburg wurde für vier Jahre bayerisch, fiel anschließend an Ferdinand von Toskana, ging 1814 nach dessen Abdankung aber endgültig an Bayern zurück.
Von da an war das Schloss Residenz der Wittelsbacher. Kronprinz Ludwig – später Ludwig I. – und seine Frau Therese hielten sich hier immer wieder auf, wie sich auch dem Taufregister entnehmen lässt, denn in Würzburg wurden vier Kinder König Ludwigs I. geboren, so Theodoline, die im Alter von sechs Monaten starb, die spätere Erzherzogin Adelgunde von Modena, die Prinzessin Alexandra und Prinz Luitpold, der als Prinzregent nach dem Tod König Ludwigs II. dessen Nachfolge antreten sollte. Er wurde am 12. März 1821 in den Toskana-Zimmern der Residenz geboren.
Nahezu 60 Jahre nach dem Tod König Ludwigs II. wurde am 16. März 1945 mit der Stadt Würzburg auch die Residenz durch Bomben zerstört. Beim Wiederaufbau erfolgte eine Änderung der Raumaufteilung. Ludwigs Wohnräume, die einer Nachricht aus jener Zeit zufolge während seines Aufenthalts teilweise mit Möbeln aus München eingerichtet worden waren, befanden sich wahrscheinlich östlich des einzig noch erhaltenen Toskanasaals, im Südflügel des Schlosses. Zu diesen Räumen gehörten vermutlich auch das heutige Thronzimmer und die Galerie.
Jetzt, während seines Würzburger Aufenthaltes, fühlt sich Ludwig in diesem Prachtbau sehr wohl.
Abends um 19.00 *Uhr* wird zu Ehren des Königs die *Oper „Martha" von Friedrich von Flotow* aufgeführt. Der König fährt durch die festlich geschmückten und illuminier-

Residenz in Würzburg, Toskanazimmer

ten Straßen Würzburgs unter dem Jubel der Menschen ins Theater, das in festlicher Beleuchtung erstrahlt. Bereits zwei Tage vorher waren alle Eintrittskarten zur Vorstellung vergriffen. Der Hofplatz und die nächsten Straßen sind illuminiert, über dem Eingang zum Theater strahlt eine aus Gasflammen gebildete riesige Krone.
Beim Erscheinen des Königs trägt Frau Direktor Hahn ein Gedicht vor, verfasst von einem gewissen Herrn Asmuß, das mit den Zeilen beginnt:

Es ist vorbei, der wilde Wettersturm,
Der unsre Fluren schonungslos durchfurchte;
Des Krieges Donner, seine wilden Leuchte,
Sie sind verhallt;
[...]
Aus aller Herz in hellem Lichte strahlt –
Um Dich in wahrer Freude reinem Prangen
Mit lautem Jubel grüßend zu empfangen:
Heil unserm Ludwig, unserm heißgeliebten König hoch!

Dieser Prolog wird von Ludwig beifällig aufgenommen. Er bedankt sich sehr freundlich und lässt sich den Text aushändigen. Dann geleitet ihn Direktor Hahn, der einen fünfarmigen silbernen Leuchter in Händen trägt, die Treppe hinauf in die königliche Loge. Ludwig erkundigt sich bei ihm nach dem Programm. „Bekomme ich auch Musik zu hören?", will er wissen. Direktor Hahn antwortet: „Ich werde mich gleich mit unserem Kapellmeister Weißheimer darüber beraten!"
Als der König den Namen des Kapellmeisters hört, reagiert er hocherfreut: „Herr Weißheimer ist mir ja schon als Schriftsteller vorteilhaft bekannt; nun möchte ich ihn auch als Kapellmeister kennenlernen – ich möchte eine Wagner'sche Oper unter seiner Leitung hören."
Hahn gibt zu bedenken: „Im Moment befindet sich zwar die Oper ‚Rienzi' in Vorbereitung, aber eine Vorstellung ist frühestens in 14 Tagen möglich."
Etwas enttäuscht erwidert der König: „Dann möchte ich am Dienstagabend bei der Aufführung von ‚Die Braut von Messina' in den Pausen wenigstens Ouvertüren von Richard Wagner hören. Und vor dem letzten Akt soll es ‚Tristan und Isolde' sein."
Damit ist die kurze Unterredung beendet. Direktor Hahn verlässt die Loge und eilt während des ersten Aktes der Oper mit den Musikwünschen des Königs zur Wohnung von Wendelin Weißheimer. Die beiden Herren beschließen in Eile folgende Stücke zu spielen: die Ouvertüren zu „Rienzi", „Tannhäuser", „Lohengrin", den Trauungszug aus „Lohengrin" und zum Schluss die Tristaneinleitung. Mit diesem Verzeichnis eilt der Direktor sofort wieder ins Theater zurück.
In der Pause lässt der König Hahn in seine Loge rufen, wo ihm dieser die mit Weißheimer eiligst zusammengestellte Liste aushändigt, die den Beifall des Königs findet. Beiläufig erkundigt sich Ludwig bei ihm, welche Rollen er selbst denn so spiele. Hahn erwähnt unter anderem den Mortimer aus „Maria Stuart", worauf ihn der König auffordert, doch einige Stellen daraus zu rezitieren. Hahn folgt der

Bitte, stockt in seiner Aufregung und unvorbereitet, wie er ist, aber einige Male. Spontan spielt Ludwig als ausgewiesener Schiller-Kenner den Stichwortgeber. Als auch diese Hilfestellung versagt, ergänzt Ludwig, ohne zu stocken, ganze Passagen des Vortrags.

Mit der Aufführung der Oper Martha ist Ludwig hoch zufrieden und spendet den Sängern wiederholt Beifall. Er versichert dem Bürgermeister seine volle Zufriedenheit mit deren Leistungen. Bei der Rückfahrt in die Residenz flammen bengalische Feuer auf. Inzwischen verbreitet sich die Nachricht, der König wolle der Aufführung der Oper ein weiteres Mal beiwohnen, was sich allerdings rasch als Gerücht erweist.

Einige Würzburger Zeitungen verhalten sich etwas widersprüchlich, so der „Stadt- und Landbote", der den König zwar mit einem Willkommensgedicht begrüßt hat, aber von dessen Ankunft erst auf Seite zwei berichtet. Auf der ersten Seite werden, als sei dies wichtiger, die bayerischen Sieger einer zu Dijon abgehaltenen Hopfen- und Bierausstellung vorgestellt. Auch die Vorstellung der Oper „Martha" wird erwähnt, die der König besuchte, und dass die Illumination durch den Sturm beschädigt wurde. Von der Opernvorstellung heißt es:

„Mit einer Milde, wie sie nur in dem edelsten Gemüte sich vorfindet, nahmen auch hier Seine Majestät den wogenden Erguss der wärmsten Gefühle hin."

Einen weiteren Willkommensgruß, verfasst von einem Herrn von Kalt zu Kaltenstein, können die Leser des „Würzburger Anzeigers" erst drei Tage nach Ankunft des Königs, am 27. November, auf Seite 2 lesen. Eine Strophe daraus lautet:

> Willkommen in uns'rer Mitte
> Als Sprössling vom Hohen G'schlecht!
> Ludwig der Bayer gab als Kaiser
> Dem Bürger Freiheit schon und Recht. [...]

Das offizielle Willkommgedicht, das der bekannte Professor Felix Dahn, im Auftrag der Stadt Würzburg, verfasst, erscheint eigenartigerweise nicht in einer Würzburger Zeitung, sondern in der Beilage der „Augsburger Allgemeinen Zeitung". Es beginnt mit den Worten:

> *Fränkischer Markenritt*
> Zu Wirzburg hart am Dome, da schläft ein Sänger gut,
> In dessen Harfe rauscht viel edler Mannesmut;
> Dieweil von Lenz und Liebe sein ganz Jahrhundert sang,
> Von Rosen, Luft und Minne ganz Deutschland widerklang,

Insbesondere die Zurückhaltung der Würzburger Presse bezüglich des königlichen Besuchs deutet auf gewisse Animositäten gegen den König hin.

Am *Sonntag, den 25. November*, besucht Ludwig in der Hofkirche der Residenz einen Gottesdienst, der vom Bischof zelebriert wird. Trotz der ungünstigen Witterung – es regnet den ganzen Tag – wogt den Vormittag über eine große Volksmenge vor der königlichen Residenz auf und ab. Während der Wachtparade, die am späten

Festung Marienberg, Würzburg

Vormittag beginnt, zeigt sich der König auf einem Balkon der Residenz der jubelnden Volksmenge.
In der Sonntags-Ausgabe des Würzburger Anzeigers lässt Bürgermeister Dr. Zürn den Dank König Ludwigs II. an die Bürger Würzburgs für den gestrigen Empfang veröffentlichen:
„Seine Majestät der König haben den Unterzeichnenden Allerhöchst beauftragt, den Bewohnern Würzburgs für den ihm gestern bereiteten herzlichen und festlichen Empfang seinen innigsten und aufrichtigsten Dank auszusprechen. Diesen die ganze Stadt hocherfreuenden königlichen Auftrag beeile ich mich durch die gegenwärtige Bekanntmachung zu vollziehen."
Am Nachmittag findet ein großer Empfang mit anschließender Hoftafel statt. Geladen sind der Bürgermeister, beide städtischen Kollegien, die Behörden mit ihren Beamten, die Zivil- und Militärbehörde, die Pfarrer beider Konfessionen, die Lehrer der Unterrichtsanstalten, so der königlichen Universität, des humanistischen und des Realgymnasiums, der Latein- und Gewerbeschule, das Offizierskorps der Linie und der Landwehr und viele verdiente Bürger.
Natürlich verleiht der König auch wieder Orden. So werden Bürgermeister Dr. Georg Zürn und Professor Gerstner, Vorstand des polytechnischen Vereins, mit dem *Michaelsorden I. Klasse* ausgezeichnet. Regierungsdirektor von Hörmann freut sich über das *Ritterkreuz des Zivilverdienstordens der bayerischen Krone* und die Professoren Dr. Rinecker, Dr. Linhart sowie Hofrat Dr. Held dürfen den *Kronorden* entgegennehmen. Zur Freude der Würzburger Bevölkerung erhält der Vorstand der hiesigen Feuerwehr, Posamentier Scheuering, den *Michaelsorden II. Klasse*. Als Feuerwehrkommandant leistete dieser Mann nicht nur beim Festungsbrand, sondern auch bei der Versorgung der Verwundeten Außerordentliches.

Die Strapazen dieser Reise haben Ludwig II. mittlerweile bis an die Grenzen seiner Belastbarkeit in Anspruch genommen. Es verwundert daher nicht, dass er einmal auch von seinem vielfach gerühmten guten Gedächtnis im Stich gelassen wird. Dies geschieht beim Empfang in der Universität, bei dem Ludwig alle 50 Professoren vorgestellt werden. Felix Dahn, der als Professor an der Universität Würzburg den Bruderkrieg Bayern-Preußen miterlebte und als Verfasser des Klassikers „Kampf um Rom" Berühmtheit erlangte, berichtet darüber in seinen „Erinnerungen" Folgendes:

„[...] wir Professoren wurden ihm in der Universität vorgestellt: einen schöneren jungen Fürsten konnte man nicht ersinnen: ein Märchenprinz, ein Lohengrin. Nie werde ich den Blick, den schwärmerischen Aufschlag dieses blauen Jünglingsauges vergessen! [...]"

Ludwig hatte sich kurz vor dem Empfang der Professoren auf einen Zettel die Namen und Verdienste aller aufschreiben lassen, um individuell auf jeden eingehen zu können. Doch bei der Vorstellung verwechselt Ludwig einen der Gelehrten, der laufend neue Schriften und Bücher veröffentlicht hatte, mit einem Professor, der seit seiner Habilitierung vor dreißig Jahren keine einzige Zeile mehr geschrieben hatte. Und gerade diesen Mann begrüßte er nun lautstark, sodass es alle Anwesenden hören konnten, mit den Worten: „Ich habe schon zahlreiche Bücher von Ihnen gelesen." Eine Äußerung, die sichtlich Verwunderung erregte.

Eine andere Quelle zu dieser Begebenheit als jene von Felix Dahn findet sich weder in der Presse noch im Archiv der Stadt oder der Universität und ebenso existiert kein Nachweis, dass Ludwig am 25. November oder an einem der anderen Tage seiner Frankenreise die Universität Würzburg besucht hat.

Die Audienzen des heutigen Tages, bei denen dem König an die 400 Menschen vorgestellt werden, denen er freundlich die Hände reicht und mit denen er redet, dauern an die vier Stunden. Darüber hinaus werden während der Reise tagtäglich im Kabinettssekretariat des Königs unglaubliche Mengen von Bittschriften abgegeben. Allein am 25. November ist eine Zahl von mehr als 500 derartiger Eingaben überliefert.

Am Abend veranstaltet die *Harmoniegesellschaft einen Festball* zu Ehren des hohen Gastes, bei dem alles aufgeboten ist, um einen unvergesslichen Eindruck zu hinterlassen. Nach einem Fackelzug begibt sich der König kurz vor 20.00 Uhr zu dem Gesellschaftsgebäude der Harmonie. Ludwig eröffnet den Ball in dem überfüllten Saal durch einen Tanz mit

St. Kiliansdom, Würzburg

der Frau des 3. Gesellschaftsvorstandes, des Stadtrichters Ungemach. Danach tanzt er noch eine Polonaise und vier Kontretänze.
Nicht nur während des Balls, sondern während seines gesamten Würzburger Aufenthalts macht der König durch sein joviales Verhalten auf alle Bevölkerungskreise den besten Eindruck, insbesondere auch auf Frauen, die vom magischen Zauber seines Wesens förmlich hingerissen sind. Obwohl Ludwig heiser ist, unterhält er sich mit den Anwesenden lebhaft und freundlich. Die Gattin des Theaterdirektors ist bass erstaunt, als ihr Ludwig den von ihr am gestrigen Theaterabend gesprochenen Prolog nahezu vollständig zitiert. Auch der positive Bericht der Mnemosyne über Schillers Stück „Braut von Messina" ist Thema der Gespräche. Außerdem schreibt Ludwig an diesem Abend einer Würzburgerin in ihr Poesiealbum, das noch heute im Mainfränkischen Museum gezeigt wird, jenen oft zitierten Spruch, der seine königliche Gesinnung verdeutlicht:

> In Anderer Glück sein eigenes finden,
> ist dieses Lebens Seligkeit.
> Und anderer Menschen Wohlfahrt gründen,
> schafft göttliche Zufriedenheit.

Den Ball, der ihm sichtlich gefällt, verlässt Ludwig, obwohl er erkältet ist, erst gegen 24.00 Uhr.

Zu Beginn der Woche, am *Montag, den 26. November*, steht als Hauptattraktion des Tages eine glanzvolle *Militär-Revue* auf dem Programm. Das Wetter ist an diesem Tag nach wie vor regnerisch und kalt. Nach einem kurzen Frühstück bewältigt der König am Vormittag etliche Audienzen. Am Nachmittag begibt er sich zur großen Heerschau der Würzburger Garnison auf den Residenzplatz. Beteiligt an der Truppenparade sind Infanterie und Kavallerie. Viele Würzburger wollen diesem Schauspiel beiwohnen, vor allen Dingen aber möchten sie ihren König sehen, der in Begleitung seiner Generäle hoch zu Ross in der Uniform eines Feldmarschalls erscheint. Ludwig ist ein glänzender Reiter und seine edle, imponierende Gestalt bezaubert alle Soldaten und die anwesenden Zuschauer. Die Menschenmenge bricht bei der Ankunft in enthusiastische Hochrufe aus, die während der gesamten Vorführung immer wieder aufbranden.
Die Revue selbst bietet ein glänzendes, militärisches Schauspiel. Die Truppen präsentieren ihre Kampfeskraft und defilierten abschließend an ihrem König vorüber. Vielen Beobachtern scheinen die Bewegungsabläufe organischer und taktfester als üblich zu sein. Manche führen dies auf die Anwesenheit des Königs zurück, der angeblich auf seine Soldaten eine magische Wirkung ausübt. Wäre Ludwig doch auch im letzten Krieg inmitten seiner treuen, braven Truppen anwesend gewesen, so denkt wohl mancher, dann hätte die bayerische Armee sicher erfolgreicher gekämpft.
Der König ist mit der Militär-Revue hoch zufrieden und spricht den Verantwortlichen seine höchste Anerkennung aus. Der Mannschaft vom ersten Unteroffizier abwärts wird auf seinen Befehl hin eine Tageslöhnung als Zulage genehmigt.

Während der Parade gehen einige Regenschauer nieder. Da Ludwig seine Erkältung, an der er seit Tagen leidet, noch nicht richtig auskuriert hat, erleidet er einen Rückfall und bekommt hohes Fieber. Sein Arzt Dr. Gietl verordnet ihm deshalb strengste Bettruhe. Die für den heutigen Tag geplanten Festlichkeiten werden daraufhin komplett abgesagt, so die große Hoftafel mit vielen geladenen Gästen, der Fackelzug der Landwehr und der Bürgerschaft und auch das Konzert der hiesigen Gesangvereine. Sie haben sich zwar im ausverkauften Theater versammelt, in der Hoffnung, der König würde doch noch erscheinen. Die Enttäuschung ist groß, als die Absage erneut bestätigt wird. Bis tief in die Nacht halten sich zahlreiche Bürger auf dem Platz vor der Residenz und in den nahen Straßenzügen auf, aber Ludwig zeigt sich nicht mehr.
Auch die Schüler des Gymnasiums und der lateinischen Schulen hatten für heute einen feierlichen Aufzug vor dem Schloss vorbereitet, bei dem in Gegenwart des Königs ein Festgruß in lateinischer Sprache von Professor Dr. H. Gerhard und ein weiterer in deutscher Sprache vorgetragen werden sollte. Letzterer wurde von Bernhard Muschi, einem Schüler der Oberklasse, verfasst. Anstelle des erkrankten Königs empfängt der Flügeladjutant des Königs, Graf von Rechberg, die Deputationen der beiden königlichen Studienanstalten. Mit der Bitte, sie dem König auszuhändigen, werden ihm die beiden Festgedichte überreicht. Der Graf bedauert im Namen des Königs, dass dieser nicht selbst anwesend sein könne und verspricht, die beiden Oden Seiner Majestät zu überbringen.
In dem deutschen Gedicht ist die jugendliche Begeisterung für den Monarchen deutlich spürbar, dessen „Sonnenblick aus des Volkes Freude widerglänzt", wie darin überschwänglich formuliert ist. Im zweiten Grußgedicht heißt es unter anderem:

Gaudete colles arvaque Franconum!
Extolle laetum, Moene, caput tuum!
Jucunditatis veste, prisca
Metropolis, tua membra cinge!

Freut euch ihr Hügel und Fluren des Frankenlandes! / Und du, Main, erheb voll Freude dein Haupt! / Zeige dich, altehrwürdige Residenzstadt, / in deiner ganzen Pracht.

Professor Gerhard erinnert darin Ludwig II. an die Tugenden seiner Ahnen. Da ist König Max I., der Bayern die Verfassung gab und dessen Beispiel, „um die Liebe des Volkes zu ringen", zur Nachahmung einlädt. Da ist der hohe Kunstsinn König Ludwigs I., des erhabenen Freundes der Wissenschaft, und da sind auch König Maximilian II. und seine Gemahlin Königin Marie, der „Hoffnungsstern" aller Bedrängten. Ihm, Ludwig II., dem hohen Erben so einzigartiger Vorfahren und Gaben, hat Gottes Wille in schwerer Zeit die Krone auf das Haupt gesetzt. Aber wem eine solche Last aufgebürdet ist, dem wird Gott sie auch zu tragen helfen. Der Zuneigung seines Volkes darf sich der junge König allemal sicher sein. Möge er durch seine Taten das Volk das Glück seiner Regierung spüren lassen und sich dadurch ein Ruhmesdenkmal setzen. So endet das Gedicht.

Die Nacht zum *Dienstag, den 27. November*, verläuft für den König relativ ruhig, auch wenn sich sein Befinden am Morgen noch nicht gebessert hat. Er hat immer noch Fieber, wird von Hustenanfällen geschüttelt und muss auf Anraten des

Eine hartnäckige Erkältung zwingt Ludwig mehrfach zur Absage von Terminen.

Arztes Dr. Gietl weiterhin das Bett hüten. Es besteht kein Zweifel, dass sich Ludwig diese heftige Erkältung während der Militärparade am Vortag geholt hat, an der er in ziemlich luftiger Kleidung teilnahm. Das nach wie vor schlechte Wetter und die Krankheit des Königs trüben auch die Stimmung der Würzburger. Alle Termine des heutigen Tages sind abgesagt. Der Besuch der Schlachtfelder in der Umgebung wird auf Donnerstag verlegt, weshalb sich auch Ludwigs Aufenthalt in Würzburg zumindest bis Freitag verlängert. Dies wird auch den Stadtvätern Nürnbergs, der nächsten Station der königlichen Reise, mitgeteilt. Frühestens am Freitag werde Ludwig dort eintreffen. Diese Nachricht sorgt in Nürnberg für Aufregung, wurde die Ankunft des Königs doch schon mehrfach verschoben. Außerdem naht die Adventszeit, was zur Folge hätte, dass der geplante Festball wohl ausfallen müsste, da eine solche Festlichkeit in der Adventszeit aus religiösen Gründen in der damaligen Zeit nicht gestattet ist. Nürnberg beschließt kurzerhand, eine Abordnung nach Würzburg zu senden, um diese Problematik zu klären.
Gegen Mittag tritt im Befinden des Königs endlich die allseits erhoffte Besserung ein. Dennoch kann Ludwig an diesem Tag sein Zimmer noch nicht verlassen, und so findet auch die für Mittag geplante große Hoftafel nicht statt. Ebenso ist der Empfang einer Deputation der kriegsgeschädigten Gemeinden des Bezirks Würzburg links des Mains noch nicht möglich. Die Wortführer reichen daher eine mit etwa 1500 Unterschriften versehene Petition ein, in der um Kriegskostenentschädigung gebeten wird. Von kompetenter Seite erfolgt die Zusicherung, dass man sich bei dieser höchst dringlichen Angelegenheit um eine rasche Lösung bemühen wolle.
Die auf Wunsch des Königs ursprünglich für den Abend angesetzte Vorstellung von Schillers Schauspiel „Die Braut von Messina" wird ebenfalls abgesagt und auf den nächsten Tag verschoben. Gerade darauf hatte sich Ludwig besonders gefreut, nachdem am Mittwoch, den 21. November, der Aufführung in der Mnemosyne hohes Lob zuerkannt worden war.
Etwas Ablenkung von seiner Erkältung geben Ludwig zwei Briefe, die er an diesem Tag mit der Post zugestellt bekommt. Der eine stammt von Richard Wagner, der den König bereits in Nürnberg vermutet. Darin heißt es in Bezug auf die Frankenreise unter anderem:
„Tausend Grüße aus dem stillen Triebschen nach Nürnberg! Welche schöne Überraschung haben Sie mir mit dieser Reise in Ihre fränkischen Länder bereitet! [...]
Und wie? Heute schreibe ich Ihm nach – Nürnberg! – Wissen Sie, was jetzt dieses wunderliche, alte Nürnberg mir heißt? Es ist die Stätte des ‚Kunstwerkes der Zukunft', der Archimedes-Punkt, auf welchem Wir die träge Welt des versumpften deutschen Geistes aus ihrer Axe heben wollen! [...]
Das sag ich mir, und dies ist der Sinn meines Grußes an den Geliebten nach Nürnberg. Glauben Sie, es hat eine Bewandtnis, mit Ihnen, mit mir, mit Nürnberg! Wie sich das Alles jetzt fügt, so wunderbar, als ob unser Engel es gewoben hätte, um der Dämonen Herr zu werden. O, möge es Ihnen dort gefallen: es ist Ihr erster Triumpheinzug; denn mit dieser Einkehr in Nürnberg am Schlusse Ihrer ers-

ten Königsreise triumphieren Sie über die schlimmsten Ihrer Feinde; ja Sie feiern einen Sieg über Sich selbst; denn ich glaub und weiß es, lieber, rührend holder Freund, dass es Ihnen große Überwindung kostete, aus der Ihnen so tröstlichen Ruhe Sich zu reißen, um Pflichten zu erfüllen, denen kein Glanz und Prunk der Welt das Harte benehmen kann. Oh, ich glaub und weiß Alles! Wie oft sehnte ich mich, nur einen Augenblick Ihnen eine menschliche Hand reichen zu können, wenn ich in der Zeitung Ihre Reise, Festlichkeiten, Anreden, Bälle usw. verfolgte! Ach, aber! das eben war es! Und müssen Sie leiden, Unerträgliches ertragen, so können Sie Sich hierbei doch wenigstens sagen: dieses Leiden trägt Früchte! Und gewiss, sie werden nicht ausbleiben. [...]"
Den zweiten Brief sandte ihm Cosima von Bülow, die mit Richard Wagner zusammen in Triebschen lebt. Auch sie ist der Meinung, der König sei bereits in Nürnberg. In dem Schreiben heißt es im Hinblick auf die Frankenreise:
„[...] Ich freue mich unsäglich auf Nürnberg, hoffe nur, dass die 200 Audienzen an einem Tage sich nicht wiederholen werden; mit den Beleuchtungen, den Fackelzügen und sonstigen Freudenbezeigungen bin ich gänzlich versöhnt. Es ist etwas Herrliches um die Liebe des Volkes zu seinem König, darin liegt noch ein Hort der Erlösung für die armen Menschen, das ist Religion, auch hätten wir es gar gerne miterlebt! Doch folgen wir dem teuren Fernen, durch all den Jubel, wie wir Ihn in Treue durch Leid und Weh folgen würden. [...]"
Beide Briefe erreichen Ludwig noch in Würzburg. Am Abend setzt er sich hin, um zumindest Cosima von Bülow eine Antwort zukommen zu lassen. Darin nimmt er auch auf die Frankenreise Bezug, wie folgender Ausschnitt belegt:
„Selig, in der Tat erhoben und begeistert fühle ich mich durch Ihren und des Freundes teuren Brief, ich erhielt sie noch in Würzburg, welche Stadt ich bald zu verlassen gedenke, um etwa am 30ten d. M. im teuren, gepriesenen Nürnberg einzutreffen; von dort aus gedenke ich dem angebeteten Einzigen zu schreiben, sobald ich nur irgend Augenblicke der Ruhe und Sammlung finden kann. – Vorgestern dauerten die Aufwartungen 4 Stunden lang ununterbrochen fort, ich empfing 400 Menschen! Dann war große Tafel, hierauf der Ball; dies war zu viel, die Übermüdung war zu stark, ich fühlte mich unwohl und musste während eines Teils des gestrigen und heutigen Tages das Bett hüten; jetzt geht es mir besser, die Ruhe tat mir wohl, Ihr und des teuren Freundes herrliche Briefe gaben mir neue Lebenskraft. – Ich verspreche mir viel von meinem Nürnberger Aufenthalt, gerade dort will ich besondere Sorgfalt darauf verwenden, mir die Herzen zu gewinnen; was in München nicht gelang: nämlich den Menschen über den unsterblich-großen Freund die Augen zu öffnen, muss hier, wenn auch allmählig, so doch umso sichrer gelingen. [...]"
Ludwig beklagt sich, dass man in München immer noch gegen Richard Wagner hetzt:
„[...] Ohne Rast wird in München gegen Wagner geschürt und gehetzt, wie ich aus den Blättern ersehe; in Nürnberg ist, wie ich sicher glaube, selbst der Pöbel intelligenter u. gutwilliger als dort; die ‚Meistersinger' werden zünden; aber auch in München hörte ich sie gerne einmal; denn trotzdem dass diese Stadt mit ihren

Auch den Würzburger Hofkeller besucht Ludwig II.

Bewohnern nicht hoch in meiner Achtung steht, so ist mir der Ort, wo ich meine frühesten Jugendjahre verlebte, dennoch wert; auch ward mir die Bühne teuer, auf der ‚Tristan' lebte, litt und starb. – Sollte ich auch ferner Grund haben, mit den Bewohnern meiner bisherigen Hauptstadt unzufrieden zu sein, so soll mich nichts hindern, mein Hoflager in Nürnberg aufzuschlagen und dorthin den Sitz meiner Regierung zu verlegen. [...]"
Der König erinnert an den Würzburger Kapellmeister Weißheimer, den er in Würzburg getroffen und gesprochen hat.
„[...] Der hiesige Kapellmeister Weisheimer, von dem mir schon seit längerer Zeit eine interessante Abhandlung über ‚Tristan' bekannt ist, ist im Besitze eines Manuscriptes von ‚Wieland dem Schmied', ich werde eine Abschrift hievon erhalten; morgen wird ‚die Braut von Messina' gegeben werden, in den Zwischenakten wird die Ouvertüre zum ‚Rienzi', das Vorspiel zu ‚Lohengrin' und zu ‚Tristan und Isolde' zur Aufführung gelangen, fast überall werde ich mit den Klängen aus des Teuren wundervollen Werken begrüßt, hie und da ist es wahrer Genuss, oft aber auch Ohrenmarter und Geistesqual! Da muss der gute Wille statt des Vollbringens gelten. [...]"

Am *Mittwoch, den 28. November*, geht es dem König gesundheitlich schon erheblich besser, sodass er einen Spaziergang unternimmt und dem russischen Gesandten eine Audienz erteilt. Der Schlossgarten der Residenz, den Ludwig auch besucht, macht einen heruntergekommenen, verfallenen Eindruck. Als Ludwig erfährt, dass zu einer Renovierung die nötigen Geldmittel fehlen, verspricht er, Abhilfe zu schaffen. Mittlerweile gefällt es Ludwig in Würzburg derart gut, dass er die ganze Woche hier bleiben wird.

Am Vormittag stattet er auch den verwundeten Soldaten einen Besuch ab, die im Juliusspital und in der in ein Militärlazarett umfunktionierten Wiesenbauschule untergebracht sind. Jeder bereits für seine Tapferkeit dekorierte Soldat erhält nun auch noch aus seiner Hand einen mit seinem Bildnis versehenen Dukaten und eine goldene Uhr überreicht. Den behandelnden Ärzten die aus ihren Privatpraxen in die Würzburger und in andere auswärtige Lazarette wechselten, um die Verwundeten zu versorgen, werden für ihre Hilfsbereitschaft mit Orden ausgezeichnet.

Nachmittags besichtigte der König den festlich dekorierten und mit 600 Kerzen beleuchteten Hofkeller, der glücklicherweise von preußischer Annexion verschont wurde, andernfalls wären mit Sicherheit alle Weine entwendet worden. Bei diesem Besuch darf die gesamte Dienerschaft den König begleiten. Ins dort aufgelegte Gästebuch trägt er sich als „Ludwig II. König von Bayern, Herzog von Franken" ein. Dann lässt er sich von dem Hofkellermeister L. Oppmann durch den Hofkeller führen, wo er „eine Anzahl der besten Kabinettsweine für die früheren Sekretariatsmitglieder von Pfistermeister, Lutz und Leinfelder auswählen und an dieselben absenden" lässt. Dem Kellermeister des Hofkellers, den Ludwig sympathisch findet, lässt er durch den Grafen Holnstein ein paar Tage später eine wertvolle Brillantnadel als Andenken zustellen. Büttnermeister Röhm aus Sommerach wird gestattet, dem König ein selbst gefertigtes viereimriges Fass ohne Reifen zu überreichen.

Auch den stattlichen Würzburger Dom besucht Ludwig, in dem er längere Zeit im Gebet verweilt. Außerdem besichtigt er noch einige andere der zahlreichen Würzburger Kirchen.

Zur großen Militär-Galatafel am Mittag ist eine große Zahl von Offizieren der Garnison geladen, wobei sich Ludwig die dekorierten Unteroffiziere vorstellen lässt und jedem von ihnen eine goldene Uhr schenkt.

Gegen 18.00 Uhr zieht vor die Residenz ein großer Fackelzug der Bürger und der Landwehr auf. Wohl mehrere tausend Fackeln und farbige Ballons bewegen sich über den mit Menschen dicht gefüllten Residenzplatz. Die Landwehrmusik spielt Arien aus Tannhäuser und Lohengrin. Der Feuerkreis, den der Zug auf dem Residenzplatz schließlich bildet, bietet einen imposanten Anblick und bringt die symmetrischen Formen der Residenz so recht zur Geltung. Während eine Deputation dem König ihre Huldigung darbringt, intoniert die Landwehrmusik die Nationalhymne. Als sich der König auf dem Hauptbalkon zeigt, schallen nicht enden wollende Hochrufe über den Platz, Fackeln werden geschwungen und ein Transparent wird enthüllt, auf dem der königliche Namenszug als riesiges „L" mit Krone im Brillantfeuer erscheint. Auch die angrenzenden Staats- und Privatgebäude erstrahlen im Lichterglanz. Auf der Veste Marienberg flammen Pechkränze auf. Immer neu entzündete bengalische Feuer tauchen die Burg in ein zauberhaftes Farbenspiel.

Um 19.00 Uhr fährt der König, umbraust von Jubelrufen, zur Vorstellung der „*Braut von Messina*" ins Theater, wo er vom Publikum mit begeisterten Hochrufen empfangen wird.

Schloss Wolfskeel in Uettingen

Und nun ereignet sich, vom Publikum unbemerkt, eine höchst amüsante Episode. Theaterdirektor Hahn begleitet den König in seine Loge und übergibt ihm einen Theaterzettel, auf dem die von ihm gewünschten Wagnerstücke vermerkt sind und den er extra für den König angefertigt hat. Er bittet den König, die Reihenfolge der zu spielenden Stücke selbst zu bestimmen und sie jeweils durch seinen Adjutanten direkt Herrn Weißheimer beim Orchester ansagen zu lassen.

Diese Vorgehensweise hatten Hahn und Weißheimer miteinander vereinbart, nachdem Ludwigs Hofmarschall Graf von Holnstein verhindern wollte, dass Wagnerstücke gespielt werden. Am Nachmittag hatte Holnstein Weißheimer nämlich zu sich befohlen und ihm sehr kühl mitgeteilt, der König wünsche heute Abend lediglich die Aufführung von Schillers Stück, keinesfalls aber wolle er zwischen den Akten Wagner'sche Musik hören. Weißheimer glaubte bei der allseits bekannten Abneigung der Höflinge gegen Wagner natürlich nicht an diesen angeblichen Königsbefehl. Deshalb vereinbarte er mit Direktor Hahn, dem König einen nur für ihn bestimmten Theaterzettel mit Angabe der betreffenden Wagnerouvertüren auszuhändigen, was Hahn auch tat. Nun konnte der König die gewünschten Stücke selbst bestimmen und die getroffene Wahl durch seinen Adjutanten direkt Herrn Weißheimer ins Orchester ansagen lassen.

Und so geschieht es nun auch. Der König teilt dem Adjutanten seinen Wunsch mit. Der eilt zu Weißheimer und sagt: „Seine Majestät befehlen zu Anfang: Ouvertüre zu Rienzi."

Weißheimer schmunzelt und schaut, bevor er den Taktstock hebt, triumphierend zum Grafen von Holnstein, der mit feuerrotem Gesicht neben der Königsloge sitzt. Am Schluss der Ouvertüre applaudiert der König Weißheimer, dann hebt sich der Vorhang.

Tasse, aus der König Ludwig II. Kakao trank, als er auf Schloss Wolfskeel zu Besuch war.

Nach dem 1. Akt kommt der Adjutant erneut zu Weißheimer mit den Worten: „Seine Majestät befehlen die Tannhäuserouvertüre zu spielen." Wieder blickt Weißheimer triumphierend zum Grafen Holnstein, der fast zu platzen scheint, und spielt die Tannhäuserouvertüre. So geht es fort bis zum Schluss – immer lautet der königliche Befehl nach der Reihenfolge des angegebenen Programms.
Als der König zum Schluss der Tristaneinleitung ganz unvermutet auch den „Liebestod" zu hören bekommt, richtet er seine blauen Augen verklärt und unverwandt in die Höhe, dann applaudiert er dreimal und nötigt Weißheimer zu immer neuen Verbeugungen – und Holnstein unbewusst zu immer neuen Wutaufwallungen.
Die Vorstellung geht also zur größten Zufriedenheit Seiner Majestät vor sich, und als Zeichen seiner besonderen Anerkennung erhält Frau Direktorin Hahn ein sehr wertvolles, mit Brillanten besetztes Armband. Auch mit den Leistungen der Darsteller ist er sehr zufrieden, wie der wiederholte lebhafte Beifall beweist. Der König bleibt bis zum Schluss um 23.00 Uhr. Als er das Theater verlässt, erhebt sich das Publikum und bricht in begeisterte Hochrufe aus. Wendelin Weißheimer aber wird von allen Seiten für seine Leistung gelobt: „Gratuliere! Sie bekommen einen Orden!" Doch ahnungsvoll antwortet er nur: „Abwarten!"
Dass Weißheimer dann keinen Orden erhält, das verdankt er sicherlich dem Hofmarschall Graf von Holnstein, dessen Befehl er lächerlich gemacht hatte. Wichtig für den Orchesterleiter war jedoch, dass sein König die gewünschte Musik seines Lieblingskomponisten und Freundes Richard Wagner zu hören bekam, was Graf Holnstein eigentlich verhindern wollte.

Gedenkkarte an den Bruderkrieg 1866

Für den nächsten Tag wird auf allerhöchsten Befehl „Titus" von Mozart zur Aufführung festgesetzt.

Der *Donnerstag, der 29. November*, erneut nasskalt und unwirtlich, wird für König Ludwig II. zu einem belastenden, schweren Tag, da er heute den Schlachtfeldern des letzten Krieges, die sich in der Umgebung Würzburgs befinden, einen Besuch abstatten will.
Gegen 11.00 Uhr verlässt er in Begleitung eines Offiziers des Generalstabes hoch zu Ross die Fürstliche Residenz, um die nahe liegenden Gefechtsfelder um Helmstadt, Uettingen, Roßbrunn und Hettstadt zu besichtigen. Bald liegt Würzburg hinter ihnen und aus der nach wie vor prächtig mit Kränzen und Fahnen geschmückten Stadt nähert sich der König nun den Feldern, auf denen ein sinnloser Krieg seinen blutigen Tribut gefordert hat.
Kurz nach 12.00 Uhr treffen der König und seine Begleitung am Schloss zu Uettingen ein, wo er von Baronin Karoline von Wolfskeel empfangen und zu einem Dejeuner geladen wird. Noch heute wird im Hause Wolfskeel jene Tasse aufbewahrt und hoch in Ehren gehalten, aus der Ludwig damals Kakao getrunken hat. Nach dem Mittagessen überreicht Ludwig der Freifrau von Wolfskeel den *Zivilverdienstorden der bayerischen Krone*. Er dankt ihr dafür, dass sie während des Krieges ihr Schloss zum Lazarett umfunktioniert hatte. Sogar ihre bequemen Betten stellten die Baronin und ihre Töchter, die Tag und Nacht bis zur Erschöpfung die Verwundeten versorgten, den Kriegsverletzten zur Verfügung.
Anschließend begibt sich Ludwig zu den in der Nähe des Friedhofs gelegenen Soldatengräbern, in denen die gefallenen Bayern und Preußen ihre letzte Ruhe fanden. Bei der Schlacht in Uettingen, am 26. Juli 1866, waren auf bayerischer Seite sechs Offiziere und siebenunddreißig Mann gefallen und außerdem vier-

Freifrau von Wolfskeel versorgte Verwundete in ihrem Schloss.

Friedhof von Uettingen

zehn Pferde getötet worden. Ludwig lässt es sich nicht nehmen, auf jedem Soldatengrab – ob nun ein bayerisches oder preußisches – eigenhändig Blumen niederzulegen und ein stilles Gebet für die Gefallenen zu sprechen.
Über verschneite Wege geht der Ritt weiter nach Helmstadt, wo der Feind seinem Vetter Ludwig, dem späteren König Ludwig III., ins Bein geschossen hatte. Seither habe dieser, wie es hieß, eine Aversion gegen die Preußen gehabt. Nachdem Ludwig auch hier das Schlachtfeld besichtigt hat, reiten er und seine Begleiter nach Uettingen zurück und dann weiter nach Remlingen und Roßbrunn. Auch hier lässt sich der König die Schauplätze des vergangenen Krieges zeigen. In Hettstadt nimmt er besonders jenen Ort in Augenschein, auf dem ein aufsehenerregender Kavallerieangriff stattgefunden hatte. Während seines fast anderthalbstündigen Aufenthalts werden der Gutspächter der Hettstädter Höfe, Herr Euler, und dessen Bruder zum König gebeten. Ludwig lässt sich von den beiden die damaligen Kriegsgeschehnisse in allen Einzelheiten schildern. Mit großem Interesse und tiefer Betroffenheit lauscht er den Berichten Eulers, der ein ungeschminktes Bild der damaligen Lage entwirft, und stellt immer wieder Zwischenfragen. Euler erwähnt, dass allein sein Schaden, der ihm durch die Kriegsereignisse zugefügt wurde, 30 000 Gulden betrage, er aber bislang noch keine Entschädigung bekommen habe. Der König bietet ihm daraufhin spontan 1000 Gulden als zinsloses Darlehen auf fünf Jahre an, das der Gutspächter dankend annimmt.
Gegen 17.30 Uhr, es dunkelt bereits, machen sich der König und seine Begleiter auf den Rückweg nach Würzburg, diesmal nicht hoch zu Ross, sondern in der Kutsche. Der Besuch all jener Stätten, die noch deutliche Spuren des blutigen Krieges zeigen, hat Ludwig nachdenklich und ernst gestimmt. Der Anblick der festlich geschmückten Häuser vom Zellertor bis zur Residenz und des illuminierten Domes stellen einen extremen Kontrast zu den eben besichtigten Kriegsschauplätzen dar. Die Hochrufe der an den Straßen stehenden Menschen empfindet er angesichts der erschütternden Bilder, die sich ihm heute tief eingeprägt haben, geradezu wie Hohn, scheint doch der Jubel so gar nicht zu der durch den Krieg ver-

Schlachtfeld bei Helmstadt

Prinz *Ludwig* (*Ludwig III.*) *wird bei* Helmstadt *verwundet.*

ursachten Not zu passen. Es ist mehr als verständlich, dass der König nach den bedrückenden Erlebnissen, die ihn physisch und psychisch sehr in Mitleidenschaft gezogen haben, der von ihm für diesen Abend im Würzburger Theater angeordneten Aufführung der Oper „Titus" von Mozart nicht beiwohnen will. Stattdessen lässt er den Tag still und in Zurückgezogenheit ausklingen.

Am heutigen Tag hat Würzburgs Magistrat den Beschluss gefasst, wie die Geldsumme, die der König den Armen der Stadt geschenkt hat, zu verteilen ist:

„Über die von Seiner Majestät dem Könige für die hiesigen Stadtarmen angewiesene Summe von 2000 fl. [Gulden] hat der Armenpflegschaftsrat in der Art Verfügung getroffen, dass sowohl die conscribirten und nicht conscribirten Stadtarmen als verschiedene allerhöchsten Orts mit Gesuchen eingekommen, dahier wohnende mittellose Personen bei der Verteilung berücksichtigt werden. Die Verteilung der königlichen Gabe beginnt morgen."

Der Terminplan des Königs ist zwischenzeitlich völlig aus den Fugen geraten. Der Aufenthalt in Würzburg, für den ursprünglich drei Tage vorgesehen waren, dauert nun schon doppelt so lange. Ludwig wäre gerne noch einige Tage hier geblieben, um die Verwundeten in Veitshöchheim zu besuchen und um die Feste Marienberg und andere Sehenswürdigkeiten Würzburgs zu besichtigen, aber die Zeit reicht dafür nicht mehr.

Aus Nürnberg, das schon seit Tagen auf den König wartet, ist mittlerweile die Delegation unter Leitung des Bürgermeisters von Wächter eingetroffen. Sie beschwört den König, den Nürnbergern und insbesondere der Damenwelt doch nicht die Freude am geplanten Festball zu nehmen, der bei Nichteinhaltung des Reiseprogramms entfallen müsste. In der unmittelbar bevorstehenden Adventszeit seien Vergnügungen jeder Art, so auch Festbälle, bekanntlich aus religiösen Gründen verboten.

Auch am *Freitag, den 30. November*, dem letzten Tag seines Würzburger Aufenthaltes, erwartet den König wieder ein volles Programm. Er empfängt den Oberkondukteur Kühles, der das gesamte Honorar, das er für einen von ihm komponierten Marsch erhielt, dem Invalidenfonds überwiesen hat. Dafür belohnt ihn Ludwig mit einer goldenen Uhr samt Kette. Zur Audienz kommt auch die Schuhhändlerin Magdalena Ries aus Pirmasens, die wegen ihres tapferen Verhaltens während und nach dem Gefecht bei Kissingen von Ludwig gelobt wird, nachdem sie schon zuvor mit einem goldenen Armband, einer Brosche und mit Ohrringen beschenkt worden war. Sie hatte ihr Leben riskiert und gefangenen bayerischen Soldaten zur Flucht verholfen. Außerdem wirkte sie bei der Pflege Verwundeter tatkräftig mit. Dass der König vor seiner Abreise auch noch den ältesten General der Armee, den fast 90-jährigen Generalleutnant von Zandt, mit einem Besuch beehrt, was auch sein Vater, der verstorbene König Max, bei jedem Besuch in Würzburg nie versäumte, beeindruckt die Würzburger und vor allem das Militär ganz besonders.

Vor der Abreise verfasst Ludwig noch einen handgeschriebenen Brief an Frau Hofrätin Rienecker, die „durch aufopferndste Menschenfreundlichkeit in Hilfeleistung und Pflege kranker und verwundeter Soldaten sich in so hervorragender Weise ausgezeichnet hat". Er spricht ihr die allerhöchste Anerkennung und seinen huldvollsten Dank aus und bedauert sehr, dass es ihm aus Zeitgründen nicht mehr möglich ist, dies persönlich zu tun.

Seit den frühen Morgenstunden versammeln sich auf dem Bahnhofsplatz immer mehr Menschen, um den König vor seiner Abreise noch einmal zu sehen und um ihn zu verabschieden. Gegen Mittag erscheint am Bahnhof die Würzburger Beamtenschaft unter der Führung von Bürgermeister Zürn und dem Regierungspräsidenten von Unterfranken, Freiherr von Zu-Rhein.

Als der König kurz vor Mittag eintrifft, wird er mit Hochrufen verabschiedet. Ludwig äußert sich sehr zufrieden über den Aufenthalt in Würzburg und verspricht,

Portal eines Gasthauses in Roßbrunn mit zwei Kanonenkugeln aus dem Jahre 1866

im nächsten Sommer zu einem längeren Besuch wiederzukommen. Er stellt auch in Aussicht, das Innere des Schlosses wieder vollständig renovieren und wohnlicher einrichten zu lassen. Dem Bürgermeister und dem Regierungspräsidenten spricht er seinen Dank aus und bittet beide, diesen an die Bevölkerung Würzburgs und ganz Unterfrankens weiterzugeben.
Kurz nach 12.00 Uhr besteigt der König seinen blauen Hofzug und verlässt unter dem Jubel der Anwesenden die Stadt am Main, in der er eine ganze Woche weilen durfte und die ihn sicher gerne noch länger beherbergt hätte.
Im Nachlass Ludwigs II. befand sich in einer Mappe, in der von ihm besonders wichtige und für ihn bedeutsame Schriftstücke aufbewahrt wurden, ein Gedicht, das er sehr schätzte und immer wieder gerne las. Verfasst wurde es von einem 15-jährigen Mädchen L.M. aus Würzburg, das später ins Kloster eintrat und Nonne wurde. Im November 1866 überreichte sie das Gedicht dem jungen König anlässlich seines Besuches in schönster Aufmachung. Abgedruckt wurde es aber erst 13 Tage nach Ludwigs Tod in der „Neuen Bayerischen Landeszeitung" vom 26. Juni 1886. Da der naiv gereimte Text sowohl das poetische, traumverlorene Wesen Ludwigs als auch auf eigenartige Weise seine Beziehung zum Starnberger See erfasst und außerdem Anklänge an sein tragisches Ende aufweist, wird er im Folgenden in ganzer Länge zitiert.

Fantasie am Starnberger See

Der magische Schimmer des Mondes fesselt das Auge mit Macht.
Die grünen, schmeichelnden Fluren flüstern uns zu: „Gute Nacht."
Gute Nacht – Gute Nacht hallt es wieder von den Blümlein rings am See
Von den Höhen mit drohenden Zinnen ruft's nieder ein klingend Juheh:
Die Nachtviolen strahlen den zartesten Blumenduft
Und erfüllen mit ihrem Hauche die zauberisch fächelnde Luft.
Und die Elfen unter den Zweigen beginnen den nächtlichen Tanz,
Und die silbernen Ampeln strahlen überirdischen Glanz.
Das ist das nächtliche Treiben, wenn alles im Schlummer liegt:
Das ist das Leben der Träume von leichtem Zephyr gewiegt.
Da ertönet ein Schritt von Ferne: Wer wagt es in nächtlicher Zeit
Den fröhlichen Reigen zu stören? O fliehet ihr Elfen, flieht weit!
Doch nein, eilt nicht von hinnen, die Königin begehrt:
Erst lasst uns den bestrafen, der unsere Freuden stört.
Da tritt aus dem dunkeln Gehege ein Jüngling in Schönheit und Pracht!
Bewundernd singen sie alle: Heil ihm, dem König der Kraft!
In den schwarzen, üppigen Locken leuchtet herrlich der Abendtau;
In den träumenden Augen glänzt wieder des Himmels Blau.
Dies Auge voll Seele und Anmut verkündet ein königlich Herz;
Und wer es einmal erblicket, ergreift der Sehnsuchtsschmerz.
Was treibt ihn so spät noch durch Flur und Wald? – Es ist des Dichters Geist
Und der Musen heil'ger Verein, der ihm die Wege weist.
Er hält und sinnt. – Die Elfen schließen um Ihn einen Kreis,

Sie sinken auf den Rasen und singen der Schönheit zum Preis:
O Du, der Du voll Anmut bist, von Zauber ganz durchwebt;
O Du, vor dessen Feueraug die Elfen selbst gebebt;
Du bist kein Menschenkind – Nein, nein, Du bist der Musensohn.
Willst Du wohl unser König sein? Komm folge uns zum Thron!
Da naht sich ihm die Königin, der Elfen reizende Maid;
So zart von Rosenduft durchwebt, schön wie die Jugendzeit.
Sie schlingt den Arm um's edle Haupt, sie beugt sich liebend nieder.
Die Sprache ist Syrenensang, sie tönt wie Minnelieder.
,Du liebst mich, o gesteh es nur, auch ohne mich zu kennen.
Ich sehe Deines Herzens Raum, und Deiner Liebe Sehnen.
Du liebst Musik, liebst Poesie, dies All' kann ich Dir weihen
Zur Nachtzeit hier im Mondenschein; wenn wir zum Tanz uns reihen.
Wohl ist es schön, Dein Bayerland, doch lass es nur zurück.
Bei mir allein ist Seligkeit, bei mir allein Dein Glück.
O kenntest Du ein Widersteh'n? – Titania ist Dir hold!
O komm, sei Du mein Oberon, und gib der Minne Sold!' –
Nein, ruft er aus; das ist zu viel! mein Bayern soll ich lassen?
Das Bayernherz, so treu, so gut; wie müsste es mich hassen?
Die guten Bayern nennen mich den Landesvater nur,
Der seine Kinder herzlich liebt, wie's Blümlein seine Flur.
Doch, wenn ich so den Tag hindurch nur für mein Volk gelebt –
Dann träumen lasst die Nächte Mich vom Mondenschein durchwebt.
Du guter Mond geleite mich, Du strahlst in gleicher Pracht.
Leb wohl, Du zarte Elfe, Du; leb wohl, bis – morgen Nacht!
L.M

„Da tritt aus dem dunklen Gehege ein Jüngling in Schönheit und Pracht ..."

Den in diesem Gedicht geschilderten Eindruck eines Jünglings „voll Anmut und von Zauber ganz durchwebt" machte der König während seiner Reise auf alle Kreise der Bevölkerung, so auch während seines Aufenthaltes in Würzburg. Etliche hübsche Bemerkungen von ihm machten die Runde und an seine liebenswerten Züge erinnerte man sich noch lange Zeit. So empfand man es als Zeichen seiner Gutmütigkeit, dass alle Wachen auf seinen Befehl mit Speisen und Getränken aus der königlichen Hofküche verköstigt wurden. Alle, die in engeren Kontakt zum König kamen, rühmten sein einfaches, stets würdevolles Auftreten, sein offensichtliches Wohlwollen, die schnelle Auffassungsgabe und die überraschende Vertrautheit mit den Verhältnissen Würzburgs. Während die Frauen sich vor allem vom magischen Zauber seines Wesens angesprochen fühlten, beeindruckte die Männer sein ernsthaftes Interesse für die unterschiedlichsten Themen. So stellte Ludwig bei den zahlreichen Audienzen stets teilnehmende Fragen zur wirtschaftlichen Lage Würzburgs und des Frankenlandes. Die Antworten vermittelten ihm die Stimmung in der Bevölkerung und verdeutlichten ihm, wie notwendig rasche Hilfe für die vom Krieg in Mitleidenschaft gezogene Bevölkerung war. Auch Anliegen bezüglich städtischer Angelegenheiten wurden dem Kö-

nig vorgetragen, so etwa der Wunsch, dass sich der Residenzplatz durch Errichtung einer Fontäne und durch Gartenanlagen verschönern ließe.
„Der Würzburger Anzeiger", der mit zahlreichen Berichten Ludwigs Aufenthalt in der Stadt begleitete, notierte unter anderem:
„Als gewissenhafter Zeitungsleser hatte Seiner Majestät nicht entgehen können, dass sich eine tiefe Missstimmung gegen den Justizminister von Bomhard verbreitet habe; dem Vernehmen nach hat nun der König auch in dieser Beziehung mehrere Fragen und Äußerungen getan."
Dies verwundert nicht, war Ludwig vom Justizminister Eduard von Bomhard doch ebenso enttäuscht wie von seinem Minister Ludwig von der Pfordten, die, wie das Gesamtkabinett auch, in Preußen den Vorkämpfer der deutschen Einheit unter Ausschluss Österreichs sahen.

Am *Samstag, den 1. Dezember*, verkündet Regierungspräsident Freiherr von Zu-Rhein in einer öffentlichen Bekanntmachung den Dank des Königs an die Bevölkerung aller von ihm besuchten Landesteile Unterfrankens, in der es heißt:
„Seine Majestät unser allgeliebter König haben vor Allerhöchstdero heute Mittag erfolgten Abreise aus Würzburg dem Unterzeichneten den beglückenden Auftrag zu erteilen geruht, der Gesamtbevölkerung der mit Allerhöchst Ihrem königlichen Besuche begnadigten Landesteile von Unterfranken und Aschaffenburg Allerhöchst Ihren Dank für die so vielfach empfangenen Beweise treuer Liebe und echt loyaler Ergebenheit auszusprechen. Bei dieser Gelegenheit wurde dem Unterfertigten von Seiner Majestät zugleich die Ermächtigung erteilt, Seinen lieben Unterfranken und Aschaffenburgern mitteilen zu dürfen, dass Allerhöchstderselbe im kommenden Frühjahr zu längerem Verweilen im schönen Frankenlande zurückzukehren gedenke.
Meine lieben Mitbürger von Unterfranken und Aschaffenburg werden gewiss bei dieser Allerhöchsten Kundgebung mit mir begeistert in den Hochruf einstimmen Lange und glücklich lebe unser geliebter König und Herr Ludwig II.
Würzburg, 30. November 1866
Freiherr von Zu-Rhein
königlich bayerischer Staats- und Reichsrath,
Regierungspräsident von Unterfranken und Aschaffenburg."

Auch Würzburgs Bürgermeister gibt den Dank des Königs an die Bürger der Stadt über eine Bekanntmachung in der Zeitung weiter.
„An die Bewohner Würzburgs!
Seine Majestät der König haben vor allerhöchst Ihrer Abreise noch wiederholt ausgesprochen, wie tief sie durch die während Ihres hiesigen Aufenthaltes von der ganzen Bevölkerung gezeigten Beweise innigster und herzlichster Anhänglichkeit gerührt worden seien, und zugleich den Unterzeichneten allerhöchst beauftragt, dies mit dem Ausdrucke Seines tiefgefühltesten Dankes der hiesigen Einwohnerschaft bekannt zu geben.
Würzburg den 30. November 1866 Bürgermeister Dr. Zürn."

Huldigung eines Dichters

Kitzingen, den 30. November 1866

Als Ludwig von Würzburg aufbricht, sind alle jene Orte, durch die der Königszug auf seiner Fahrt nach Nürnberg rollt, in höchster Anspannung, ob der König nicht auch in ihren Städtchen einen kurzen Halt einlegen lässt, wie dies der „Fränkische Kurier" Nr. 336 vom 3. Dezember 1866 anschaulich schildert:
„Um den König, an den sich so viele schöne Hoffnungen knüpfen, in würdiger Weise zu empfangen und ihm dadurch einen tatsächlichen Beweis zu geben, wie auch die kleineren Orte in Franken mit den größeren Städten sympathisieren und den erhabenen Sinn ihres Fürsten für den fortschreitenden Geist der Zeit zu schätzen und zu würdigen wissen – entgegengesetzt zu so manchen finstern Regungen, wie sich solche bei einem großen Teile der altbayerischen Bevölkerung dokumentieren, brachten die einzelnen Orte an den Stationsplätzen zwischen Würzburg und Nürnberg namhafte Opfer; – schöne, geschmackvolle und sinnreiche Dekorationen an den Bahnhöfen sollten den geliebten Fürsten in würdiger, herzlichster Weise willkommen heißen.
So prangten z. B. die Stationsplätze Mainbernheim, Iphofen und Einersheim im festlichsten Schmucke, und Tausende aus diesen Orten und der Umgebung harrten gestern darauf, wenigstens beim Vorüberfahren den König sehen zu können.
Leider wurde dieser Zweck nicht erreicht! Mit Windschnelligkeit eilte das Dampfross an den kleineren Stationsplätzen vorüber. In ihren Hoffnungen für dieses Mal völlig getäuscht, gingen die Versammelten auseinander, beseelt jedoch von dem Wunsche, dass der Fürst das schöne Franken recht bald wieder besuchen und wie auf dieser Tour die größeren Städte, sodann auch die Bewohner der kleineren Orte in freundlicher Weise besuchen möge."

Nur in der historischen Weinhandelsstadt Kitzingen unterbricht der Königszug auf dem Weg nach Nürnberg, wo er bereits sehnsüchtig erwartet wird, seine Fahrt. Da man weiß, dass nur ein kurzer Halt vorgesehen ist, bei dem der König den Bahnhofsbereich nicht verlassen wird, hat die Mainstadt auch im Hinblick auf die spürbaren Nachwehen des Krieges und die allgemeine Teuerungswelle größere Ausgaben vermieden. Etwas belebend wirken die oberhalb der Stadt und an der Eisenbahnbrücke postierten kanonierenden Schiffe, die mit bayerischen und deutschen Flaggen geschmückt sind. In dem kleinen, hübsch ausgeschmückten Bahnhof haben sich nur 300 bis 400 Menschen eingefunden, die einen Blick auf den stattlichen jungen schönen König zu erhaschen hoffen. Auch die Stadtoberen sind anwesend. Als der königliche Zug einfährt, brandet Jubel auf. Bürgermeister Andreas Schmiedel heißt den König mit einer kurzen Rede willkommen und wird in längerer Audienz empfangen, bei der er Gelegenheit hat, dem hohen Gast die Verhältnisse und Bedürfnisse

der Stadt zu schildern. Ludwig sichert ihm im kommenden Jahr einen längeren Besuch zu.
Wie in allen Orten der bisherigen Reise, wird Ludwig auch hier mit einem poetischen Gruß überrascht, den ein junges Mädchen im Kreis von fünf weiteren Jungfrauen zur Freude des hohen Gastes vorträgt. Der Dichter dieser Zeilen ist der Kitzinger Dr. Christian Schad, der als Lyriker und ehemaliger Herausgeber des „Deutschen Musenalmanachs“ in weiten Kreisen Anerkennung genießt. Dieses kleine Werk zählt unter den oft recht dilettantisch gereimten Begrüßungsgedichten angeblich noch zu den besten, die Ludwig auf seiner Frankenreise zu hören bekam. Deshalb wird es hier in voller Länge wiedergegeben.

I.
Den Fluch des Kriegs hast Du mit uns getragen,
Der uns die Rosen dieses Jahrs verbittert,
Der wie ein wildes Heer durch's Land gewittert
Und wie ein Hagel Reb und Halm zerschlagen:
Zum Tode traurig zähltest Du die Narben
Der Tapfern, die in blut'gen Reihen lagen,
Um die daheim noch Braut und Mutter klagen,
Der heißen Schwerterernte volle Garben.
Doch schreitet noch die Freiheit hoch gemutet,
Der Schild des Rechts ragt makellos in Ehren,
Die Kraft der Treue dauert unzersplittert.
Wie auch das Land aus tausend Wunden blutet,
Laut ruft das Volk: „Dem Jammer wirst Du wehren,
Der in der Nacht als Stern der Hoffnung zittert.“

II.
Als guter Engel durch das Land
Gehst Du zu heilen und zu stillen
Mit rast- und ruheloser Hand,
Wo noch des Kummers Tränen quillen.
Gesegnet sei Dir Hand und Fuß!
Gott schmückt Dich mit der schönsten Krone:
Des Volkes Blick, des Landes Gruß
Folgt Dir auf Weg und Steg zum Lohne.

III.
Liegt Deutschland auch schwer krank an Wund und Wehen
Und stöhnt um Hilfe laut nach allen Seiten:
„Will keiner stützend mir die Hände breiten,
Soll ich als Bettler vor den Türen stehen?“:
Aus Süden kommt's wie wälderfrisches Wehen.
Haus Wittelsbach, Du leuchtest hell vom Weiten,

Du glühst für Deines Volks glorreiche Zeiten,
Trägst Deutschlands Ehr vom höchsten Herrn zum Lehen.
Wie auch der Zwietracht hohle Klüfte klaffen,
Schwingt auch Gewalt auf's Neu die gift'gen Ruthen:
Rüst' Dir zum Wall ein Volk in Geist und Waffen!
Lass frei zu Dir des Landes Stimme fluthen!
Am Boden liegt die Schar der feilen Zager:
Ganz Deutschland hofft und harrt in Deinem Lager.

Wie auch dieses Gedicht zeigt, wird Ludwig in Franken als „Stern der Hoffnung" und als „heilender, guter Engel" gesehen, der mit dem geschlagenen Volk leidet und ihm Hilfe in seiner Not bringt.
Nach einem kurzen Aufenthalt auf dem Kitzinger Bahnhof setzt der königliche Zug unter Hochrufen der Anwesenden seine Fahrt zum eigentlichen Ziel des heutigen Tages, zur mittelfränkischen Stadt Nürnberg, fort.

König Ludwig II. in Generalsuniform des bayerischen Heeres, 1864

Königliches Gelöbnis in der Fürther Synagoge

Fürth, den 30. November und den 4. Dezember 1866

Am Morgen des 30. Novembers meldet das „Fürther Tagblatt", König Ludwig II. werde auf seinem Weg von Würzburg nach Nürnberg gegen 14.00 Uhr im hiesigen Bahnhof eintreffen, wo ein kurzer Halt vorgesehen sei. Die damit verbundene Vorfreude unterstreicht gleich auf der ersten Seite ein „Gruß dem lieben Landesvater Ludwig II."

Der König kommt. Laut wogt des Volkes Freude
Hin durch das alte treue Frankenland !
Auf! grüßet alle Ihn mit Herz und Hand!
Willkommen auch in uns'rer Mitte heute!
Ein Wittelsbacher, führt Er im Geleite
Des Friedens und der Liebe herrlich Band,
Das Fürst und Volk in Bayern stets umwand,
Es ist Sein bestes, edelstes Geschmeide.
Der König kommt! Frisch strahlt aus Seinen Blicken
Ein Zug, der sagt: „Ich will mein Volk beglücken,
Ich will es führen väterlich und treu!" -
So möge Gott auf allen Seinen Wegen
Erfreuen Ihn auch mit dem besten Segen,
Dass Fürst und Volk beglückt, gesegnet sei.

Bis 14.00 Uhr strömt eine unüberschaubare Menschenmenge zum Bahnhof. Auch Bürgermeister Adolf John, die städtischen Kollegien und die Geistlichkeit warten auf die Ankunft des Hofzuges, der schließlich gegen 14.15 Uhr in den Bahnhof rollt. Jubel brandet auf, als sich der König am Fenster seines Wagens zeigt. Mit einer kurzen Ansprache begrüßt der Bürgermeister im Namen der Stadt den hohen Besuch, der vom Wagen aus in freundlichster Weise für den herzlichen Empfang dankt und dann das Stadtoberhaupt zu sich ins Abteil bittet, um sich von ihm über die städtischen Verhältnisse informieren zu lassen. Der König lobt die Bewohner, die mit Intelligenz und Fleiß Fürth zu einer blühenden Stadt gemacht haben. Besonders hebt er die vorbildliche Haltung der Fürther während der preußischen Okkupation hervor, die auch unter schwierigsten Verhältnissen ihre Treue zur Krone und zum Staat bewahrt hätten. Ebenso würdigt er die Opferbereitschaft, mit der nicht nur die hiesigen Behörden, sondern auch Privatpersonen Kriegsverwundete aufgenommen und gepflegt hätten. Die von John geäußerte Hoffnung, den hohen Gast zu einem längeren Aufenthalt in der Stadt bewegen zu können, enttäuscht der König, stellt allerdings einen Besuch im kommenden Frühjahr in Aussicht. Nach dieser kurzen Unterbrechung setzt der königliche Hofzug seine Fahrt in Richtung Nürnberg, dem eigentlichen Ziel des Tages, fort.

Bahnhof in Fürth 1863

Obwohl der König *seit dem 30. November* in Nürnberg weilt, verstummt in Fürth nicht das Gerücht, Ludwig II. werde noch einmal nach Fürth kommen. Das habe man, wie es heißt, aus sicherer Quelle vernommen. Andrerseits, so geht die Rede, habe der Leibarzt Dr. von Gietl verkündet, er könne es beim gegenwärtigen Gesundheitszustand des Königs nicht verantworten, wenn dieser sich weiteren Anstrengungen aussetzen würde. So gesehen sind die Chancen für einen Königsbesuch in Fürth wieder gering. Da die Stadt aber für jeden Fall gerüstet sein will, trifft man entsprechende Vorbereitungen. Die Bürger werden gebeten, ihre Häuser zu schmücken. Besonders reizend ist der israelitische Schulhof geschmückt, an dessen Eingang mehrere große Fahnen wehen. In der Mitte sind Girlanden aus Tannenreis mit verschiedenen Wappenschildern und Spruchbändern angebracht.
Sollte der König über die Landstraße kommen, erfolgt die Begrüßung beim Betreten der Stadt. Sollte er mit der Eisenbahn kommen, wird der Empfang im Bahnhof stattfinden. Danach ist eine feierliche Fahrt durch die Weinstraße, die Friedrich- und Schwabacherstraße vorgesehen und weiter über den Kohlenmarkt, durch die Sterngasse über den Holzmarkt, durch die mittlere Königsstraße, über den Markt, durch die Gustavstraße und über den Königsplatz zum Rathaus. Sämtliche Gewerbe mit ihren Vereinsfahnen sollen ein Spalier bilden. Der Weg und besonders die Auffahrt zum Rathaus sollen dabei freigehalten werden. Am Portal des Rathauses wird das gesamte Landwehroffizierskorps mit der Regimentsmusik zum feierlichen Empfang aufgestellt sein.
Beim Betreten des großen Rathaussaales wird dann als Willkommensgruß ein kurzer Festgesang erklingen. Nach der Begrüßung durch Bürgermeister John werden dem König die Mitglieder des Magistrats, des Gemeindekollegiums, der königlichen Behörden und der Geistlichkeit vorgestellt. Anschließend ist der Besuch einiger Fürther Fabriken geplant, die der König selbst auswählen darf.
Beim Verlassen der Stadt erfolgt die Abfahrt vom Rathaus durch die Königsstraße, über den Hallplatz, um die katholische Kirche, die Friedrichs- und Max-

straße, durch die Schwabacherstraße und Weinstraße. Von dort geht es zurück nach Nürnberg.
So schön ist alles geplant, sollte Ludwig doch noch einmal in Fürth erscheinen.

Ludwigsbrunnen in Fürth, vor 1938

Am *Dienstag, den 4. Dezember*, passiert dann Folgendes. Ludwig begibt sich am Vormittag in Nürnberg in der prunkvollen Marschallsuniform der bayerischen Armee zum Ludwigsfeld, um dort die Parade der Garnison abzunehmen. Kaum sind die Jubelrufe verklungen, als der König sein Pferd wendet und zur Überraschung aller, gefolgt von seinem Adjutanten und zwei Hoflakaien, in Richtung Fürth galoppiert. Die etwa sechs Kilometer sind rasch zurückgelegt.
Am Stadtrand von Fürth, so erzählt man sich später, habe der König, vielleicht war es auch einer der Begleiter, zwei Mädchen nach dem Wege zum Rathaus gefragt. Er habe sich dazu vom Pferd herabgebeugt und mit den Kindern gesprochen. Jahrzehnte später würdigt Rechtsanwalt Louis Alfred Nathan, der Sohn eines der beiden Mädchen, dieses Ereignis mit einem kleinen Denkmal. Nathan, der seiner Heimatstadt etwa drei Millionen Mark stiftete, ließ *1908* an der Stelle, wo Ludwig den beiden Mädchen begegnet war – es war dies die Kreuzung von König-, Most- und Bahnhofstraße –, einen Brunnen errichten. Das vom Bildhauer Josef Köpf geschaffene Bronzerelief zeigte die beiden Mädchen, wie sie dem König den Weg zum Rathaus erklären. Da der Stifter des Brunnens wie auch seine Mutter, die Bankiersfrau Amalie Nathan, jüdischer Herkunft waren – wie dies übrigens auf etwa sechzehn Prozent der Fürther Mitbürger zutraf –, ließen die Nazis *1938* das Relief vom Brunnen entfernen. In das verbleibende Becken pflanzte man Blumen.
Als Ludwig am *Dienstag, den 4. Dezember*, gegen 16.30 Uhr in Begleitung eines Adjutanten und zweier Diener in Fürth einreitet, ist die Stadt völlig unvorbereitet. Bürgermeister John schreckt vom Schreibtisch hoch, ebenso Rechtsrat von Haller, als plötzlich der König im Rathaus erscheint. In Windeseile verbreitet sich die Nachricht von der Ankunft des Königs und Fürth erwacht im Nu zum Leben. Von allen Türmen der Stadt ertönt Glockengeläut, darunter mischen sich Kanonen-Donner und Böllerschüsse. Die Mitglieder der Behörden eilen zum Begrüßungszeremoniell in den Rathaussaal. Als der König mit dem Bürgermeister und Rechtsrat Haller das Rathaus verlässt, um einen Gang durch die Stadt zu machen, sind auch die Fürther schon in Scharen auf den Beinen. Sie jubeln dem König zu. Ihre Häuser sind illuminiert. Festjungfrauen mit Blumensträußen tauchen auf.
Noch ist Ludwig keine Viertelstunde anwesend, da äußert er den Wunsch, die Synagoge zu besuchen, deren Vorstand seit mehr als drei Jahrzehnten der ange-

sehene Rabbiner Dr. Isaak Löwy ist, ein Mann von 65 Jahren. Wegen seiner Neuerungen ist er allerdings sehr umstritten.
Als der König die Synagoge erreicht, ist sie hell beleuchtet. Beim Eintritt in die Vorhalle kommt ihm Dr. Löwy entgegen. Er begrüßt Ludwig mit einer kurzen Ansprache und segnet ihn mit den Worten: „Gepriesen sei, der da kommt im Namen des Herrn; wir aus dem Hause des Herrn heißen Eure Königliche Majestät herzlich willkommen." Dann geleitet Dr. Löwy den hohen Gast in die Synagoge. Der König stellt höchst interessiert immer wieder Fragen. „Ist es in Ihrem Tempel Sitte, mit entblößtem oder bedecktem Haupte zu erscheinen?", will er wissen. Löwy erklärt: „Wir Juden betreten das Gotteshaus mit bedecktem Haupte, für Eure Majestät gibt es hier keine Vorschrift."
Nun wird der König zur heiligen Lade geleitet. Ludwig bittet den Rabbiner, der deutsch spricht, ihm seine Worte auch ins Hebräische zu übersetzen, da ihn diese Sprache mit ihrem Wohlklang sehr beeindrucke.
„Ist es auch einem Nichtgeistlichen gestattet, diese heilige Stätte zu betreten?", will der König nun wissen. „Für Eure Majestät gibt es in diesem Tempel keine Stätte, die nicht betreten werden dürfte", äußert Dr. Löwy.
Der König: „Welch kostbare Goldstickerei ist an diesem Vorhang, das ist herrlich, haben Sie diesen schon lange?"
Dr. Löwy: „Er wurde bei Gelegenheit der Einweihung der voriges Jahr neu restaurierten Synagoge von hiesigen Wohltätern gestiftet."
Der König lässt sich den auf dem heiligen Vorhang angebrachten Widmungsspruch übersetzen und fragt: „Was bedeutet die der Thora aufgesetzte Krone?"
Dr. Löwy: „Drei Kronen gibt es im Judentum, die der Gelehrsamkeit, des Priester- und Königtums; Letztere ist dem Juden von großer Bedeutung, und dass unsere Heilige Schrift insbesondere lehrt, mit aller Treue und Ergebenheit dem Herrscher des Landes anzuhängen, und die unverletzliche Untertanentreue und begeisterte Ehrfurcht gegen das gekrönte Haupt des Monarchen zur strengen Pflicht macht, davon will ich Eurer Königlichen Majestät nur einen Satz anführen: ‚Fürchte Gott, mein Sohn, und den König; unmittelbar nach der Ehrfurcht, die wir Gott schulden, kommt die, so wir dem Landesfürsten zu erweisen haben'." Dann fährt er fort: „Königliche Majestät! Bei dem allzu frühen Hinscheiden Ihres höchstseligen Vaters haben die Juden Bayerns diesen schweren Verlust innigst betrauert; von dieser heiligen Stätte aus habe ich die Trauerrede gehalten und war tief bewegt. Sie sehen, Majestät, ich bin ein alter Mann mit weißen Haaren, aber der alte Mann hat geweint wie ein Kind und mit ihm hat die ganze Gemeinde geweint." Bei diesen Worten treten in Ludwigs Augen Tränen der Rührung.
„Ihr königlicher Vater", fährt Löwy fort, „hat sich durch die Erteilung der Emanzipation ein bleibendes Andenken gesichert und sein Name wird unsterblich sein nicht nur in den Annalen der hiesigen Gemeinde, sondern bei allen Israeliten Bayerns, ich darf sagen, bei der Gesamtjudenschaft Deutschlands. Königliche Majestät! Sie sehen die heilige Lade geöffnet, vor der ich neben Ihnen zu stehen die Ehre habe, sie ist das größte Heiligtum Israels, vor dieser Lade spreche ich

die ergebenste Bitte aus: ‚Treten Sie in die Fußstapfen Ihres Vaters, wolle ein hochherziger Sohn das vollenden, was der höchstselige Vater begonnen!'" Lebhaft erwidert der König: „Ja, ich will und werde es tun. Ich ermächtige, ich bitte Sie, Herr Rabbiner, sagen Sie das Ihrer Gemeinde, sagen Sie es ihr in meinem Namen! – Nicht wahr, Sie leiden doch nicht mehr unter dem früheren Druck?" Löwy erzählt, wie glücklich sich die jüdischen Gemeinden in Bayern jetzt fühlen, nachdem sie in früheren Jahren doch unter erheblichem Druck zu leiden hatten.
Über eine halbe Stunde weilt Ludwig in der Synagoge, betrachtet mit großem Interesse die gesamte Einrichtung im Innern und folgt aufmerksam den Erklärungen Löwys hinsichtlich von Gebräuchen und Vorschriften des israelitischen Kultus. Der König bittet, die zu seinem Empfang angebrachten Sprüche am nächsten Tag unter Beifügung des Urtextes an ihn zu senden. Dann verlässt er die Synagoge. Beim Ausgang bittet der Rabbiner, dem jüdischen Ritus gemäß, den Segen erteilen zu dürfen. Dies geschieht mit den Worten: „Gesegnet sei Dein Kommen, gesegnet Dein Gehen."
Noch ganz unter dem Eindruck des Besuchs der Synagoge stehend, sagt der König zu seinen Begleitern: „Welche angenehme und liebenswürdige Persönlichkeit ist dieser Mann", womit er Dr. Löwy meint, der in einem späteren Bericht über dieses Treffen vermerkt: „Es lebe Ludwig II., der jugendliche König Bayerns, ein langes und glückliches Leben!" Sein Wunsch sollte allerdings nicht in Erfüllung gehen. 1869 verlieh der König Dr. Löwy den bayerischen Michaelsorden I. Klasse.
Nach dem Verlassen der Synagoge wartet eine Kutsche, die der Bürgermeister für den König während seines Aufenthaltes in Fürth bereitstellen ließ. Sie wird vom Lohnkutschereibesitzer Johann Vogel gelenkt, der dafür anderntags durch den Stadtkommissär vier neue Dukaten als königliches Geschenk erhält.
In der noch verbleibenden Zeit will man dem König einige heimische Industriebetriebe zeigen. Bedauerlicherweise werden jene, die vorzugsweise oder ausschließlich heimische Produkte erzeugen, außer Acht gelassen. Die Ehre des königlichen Besuchs trifft Kaufmann Ullmann von der Firma Ullmann und Engelmann, sowie Schreinermeister Ziegele (oder Ziegler). Der König tätigt hier einige Einkäufe. Tags darauf erhalten beide Herren wertvolle Geschenke: Ullmann einen Brillantring und Ziegele eine Brillantnadel. Der Fürther Zinnfigurenfabrikant Heinrich lässt dem König eine Schachtel Bleisoldaten, eine komplette Schützen-Kompanie des 14. Infanterie-Regiments, übersenden, was Ludwig mit einer wertvollen Gegengabe erwidert: eine Brillantnadel und goldene Hemdknöpfchen, obwohl er nach der für ihn unseligen Kriegszeit sicher weniger denn je an solchen Gaben Freude hatte. Bei Färbermeister A. Stubenrauch bestellt Ludwig einen neu eingeführten Artikel: Samt mit einer Verzierung in Golddruck. Auch dieser Mann bekommt am nächsten Tag einen kostbaren Ring als Geschenk. Der Metallschlägergeselle und beurlaubte Soldat Kundinger, dem wegen seines Verhaltens im vergangenen Krieg die silberne Tapferkeitsmedaille zuerkannt wurde, wird heute vom König mit einer goldenen Uhr samt goldener Kette bedacht. Und für die Armen der Stadt Fürth lässt Ludwig dem Bürgermeister am nächsten Tag 1000 Gulden übersenden.

Innenraum der Synagoge in Fürth König Ludwig II. mit dem Rabbiner Dr. Isaak Löwy

Nach nur zweistündigem Aufenthalt begibt sich der König schon wieder zum Bahnhof. Auf dem Wege dorthin versuchen die ihm zujubelnden Menschen seine Hand zu drücken. Wohlwollend unterzieht sich Ludwig dieser Prozedur, ja, es scheint, als sei er von der herzlichen Zuneigung der Fürther geradezu gerührt. Beim Abschied bedauert er die kurze Zeit seines Aufenthalts und verspricht, wieder in diese Stadt zu kommen, die ihm so viele Sympathien entgegengebracht habe.
Am späten Nachmittag fährt der König in einem festlich geschmückten Wagen der Nürnberg-Fürther Eisenbahn auf der ältesten Eisenbahnstrecke Deutschlands nach Nürnberg zurück. Ob die Pferde, auf denen er und seine Begleiter nach Fürth geritten waren, im selben Zug nach Nürnberg gebracht wurden, ist nicht überliefert.

Im *Herbst 1891*, also 25 Jahre nach Ludwigs Besuch in Fürth, wurde in Georg Böhners Fürther Bergbräu-Gaststätte in der Königstraße eine höchst skurrile Ludwig-Gedenkstätte eingerichtet. In einer mit einer Königskrone verzierten und von Fahnen gerahmten Glasvitrine befand sich angeblich eine von König Ludwig getragene Weste, darunter ein dreistrophiges Gedicht, das die Zeilen eines unbekannten Poeten enthielt:

Hier unter dieser Weste,
schlug König Ludwigs Herz,
es war das bravste, beste,
man kennt es allerwärts …

Georg Böhner war auf folgende Weise an die Weste gekommen: Der königlich-bayerische Leibgardist Hans Schamel hatte von einem Hoflakaien einst einen Anzug gekauft, der angeblich von König Ludwig getragen worden war. Hose und Jacke ließ sich Schamel auf seine eigenen Maße zurechtschneidern, die Weste aber verkaufte er im *Frühjahr 1889* für zehn Mark an den Böhner Schorsch von der Bergbräu-Gaststätte. Der Weinhändler und gewesene bayerische Premierleutnant August Gemming meinte nun, dieses Kleidungsstück, von dem es inzwischen auch noch hieß, der König habe es bei seinem Gang ins Wasser getragen, sei bares Geld wert. Man müsse es nur der Vermögensverwaltung von König Otto anbieten, die sicher bereit sei, dafür fünfzehnhundert Mark zu zahlen. Der Handel, an dem der Böhner Schorsch und der Gemming Gustl verdienen wollten, kam aber nicht zustande, und so entschloss sich der Wirt, die Ludwig-Weste als Trophäe in seinem Wirtshaus auszustellen. Beinahe hätte die Polizei das Schau-Stück beschlagnahmt, aber nachdem Böhner die Behauptung, Ludwig habe diese Weste an seinem Todestag getragen, zurücknahm, verlief die Sache im Sand. Nach Böhners und Gemmings Tod wurde aus der Bergbräu-Gaststätte ein „Wienerwald"-Gasthaus. Der Verbleib der angeblichen Königsweste ist unbekannt, und der entsprechende Akt mit Verkaufsangebot im Geheimen Hausarchiv in München ist seit dem letzten Krieg verschwunden.

Goldene Tage in der alten Kaiserstadt

Nürnberg, vom 30. November bis 10. Dezember 1866

Beliefen sich die Aufenthalte des Königs in den bislang besuchten fränkischen Städten zumeist auf jeweils maximal vier Tage und lediglich in Würzburg auf sechs Tage, so werden für den Besuch der alten Kaiser- und Reichsstadt Nürnberg, gleichsam als Krönung seiner Frankenreise, trotz der zunehmenden Terminnot zehn Tage aufgewendet werden. Nürnberg ist zu dieser Zeit infolge der industriellen Revolution mit Dampfkraft und maschineller Fabrikation im Begriff, zur ersten Industriestadt Bayerns aufzusteigen. Daran ändert auch der mittelalterliche Eindruck nichts, der durch den türmereichen Wehrring, die filigranen Kirchen, die steilgiebeligen Bürgerhäuser und vor allem durch die mächtige Kaiserburg entsteht. Doch gerade dieses romantische Stadtbild, von dem ihm bereits Richard Wagner bei den Vorarbeiten zu den Meistersingern vorgeschwärmt hatte, fasziniert Ludwig. In dieser Stadt scheint sich Ludwigs Sehnsucht nach einem mystisch verwurzelten Herrschertum realisieren zu lassen, sind hier doch auch die Reichsinsignien verwahrt.
Als in der ersten Novemberwoche in Nürnberg bekannt wird, dass auch diese Stadt zum Besuchsprogramm des Königs gehört, herrscht überall große Freude. Das anfänglich verbreitete Gerücht, dass Nürnberg die erste Station der Königsreise sei, wird allerdings durch eine offizielle Mitteilung aus München dementiert. Doch die Nachricht, Nürnberg sei der Schluss- und Höhepunkt der Frankenreise, macht die Enttäuschung wieder wett. Dadurch bleibt den städtischen Behörden und der Bürgerschaft genügend Zeit, sich gründlich auf den hohen Besuch vorzubereiten, um ihm einen würdigen und prunkvollen Empfang in der fränkischen Hauptstadt zu bereiten. Ein Festkomitee wird gebildet, das sich mit der Erstellung eines umfangreichen Programms befasst. Es dient aber nur als Richtlinie für die zahlreichen vorgesehenen Aktivitäten, die alle erst noch vom König und dessen Planungsstab genehmigt werden müssen.
Geplant ist ein Bürgerball in der Turnhalle, die der Turnverein zur Verfügung stellt. Verantwortlich für den Umbau und die festliche Dekoration der Halle ist der städtische Baurat Solger, unter Mitwirkung des Zimmermeisters Schellhorn und des Malers Oskar Schäfer. Theaterdirektor Reck bereitet als erste Festvorstellung die Aufführung der Oper „Die Afrikanerin" von Giacomo Meyerbeer vor. Ferner soll ein Konzert der Stadtkapelle und der vereinigten Sänger stattfinden. Selbstverständlich sind auch in Nürnberg die Dekoration der Häuser, die Errichtung einer Ehrenpforte und eine festliche Beleuchtung vorgesehen.
Schon am *21. November*, also zehn Tage vor Ankunft des Königs, druckt der „Fränkische Kurier" auf der ersten Seite einen Willkommensgruß, dessen Eingangsstrophe lautet:

Der König kommt. Wie willst Du ihn begrüßen,
Du alte Reichsstadt an der Pegnitz Strand?
Willst Du Dich schmeichelnd legen ihm zu Füßen?
Willst männlich frei ihm bieten Du die Hand?
Willst wie ein Höfling vor dem Herrn Du knieen,
Fährt huldvoll Deine Straßen er hindurch?
Willst im Triumph Du seinen Wagen ziehen
Hinauf zur alten, stolzen Kaiserburg? ...

Am *24. November*, dem ursprünglichen Ankunftstermin, ist in Nürnberg alles vorbereitet. Schon beim letzten Besuch von Ludwigs Eltern, König Max und Königin Marie, waren die königlichen Zimmer mit in Nürnberg gefertigten Möbeln reich ausgestattet worden. Deshalb sind nunmehr die gotischen Kaiserzimmer in der ehrwürdigen Kaiserburg durch königliche Hofbedienstete zum Empfang Ludwigs rasch wohnlich eingerichtet, ebenso die Zimmer für 70 Personen seines Gefolges. An den Wänden des einen Aufgangs sind frische Kränze angebracht und flatternde Fahnen an den Türmen. Die Flagge auf dem Heidenturm soll erst beim Nahen des Königs gehisst werden. In Höhe der Burgstraße wird zur Begrüßung Ludwigs dessen Namenszug, der mit der darüber angebrachten Krone an die 12 Fuß misst, in brillanter Beleuchtung erstrahlen. Und auf dem Burgberg ist ein aus Hunderten von Gasflammen bestehendes kolossales gekröntes „L" aufgerichtet. Längst sind auch alle Häuser reich geschmückt, die Ehrenpforte aufgebaut und die Karten für den Bürgerball verteilt. Als infolge des schlechten Wetters Ludwig erkrankt und sich seine Ankunft deshalb mehrfach verzögert, wächst die Ungeduld der Nürnberger Bevölkerung. Mittlerweile erwartet man den hohen Besuch am Mittwoch, den *28. November*, doch die nächste Nachricht besagt, dass sich der König immer noch krank fühle, weshalb mit seinem Eintreffen nicht vor Freitag zu rechnen sei. Dies bestätigt am selben Tag Bürgermeister Maximilian von Wächter, der sich nach Würzburg begeben hatte, um sich über das Befinden des Königs und den Tag seiner Ankunft in Nürnberg zu erkundigen. Der König werde nun am Nachmittag des *30. Novembers* um 15.00 Uhr in Nürnberg eintreffen.

Die Richtigkeit dieser Information wird auch dadurch bestätigt, dass nunmehr alles für den königlichen Dienst Erforderliche eintrifft, so auch die Pferde und Equipagen.

In den Mittagsstunden des *29. November* lockt ein herrlicher Wintertag die Nürnberger zur Besichtigung des Festschmucks und der Dekorationen auf die Straßen. Besonders gelungen ist die unter Leitung des städtischen Baurats, Ingenieur Güll, vor dem Königstor gestaltete und mit Tannenreis, Blumengebinden und Fähnchen in den Stadt- und Landesfarben umwundene Ehrenpforte. Sie trägt im Giebelfeld einen Spruch von J. Priem:

Als ersten Gruß ruft Nürnberg Dir entgegen:
Gott schirm Dich und das Land mit seinem reichsten Segen.

Und überall wehen Flaggen in den Landesfarben und prangen Wappen. Auch sämtliche Bahnhöfe tragen ein festliches Gewand. Auf den Türmen der Lorenz- und Sebalduskirche sind blauweiße Fahnen gehisst. Und natürlich wetteifern die Privatleute mit dem Schmuck ihrer Häuser, mit Fahnen, Kränzen, Teppichen und Girlanden. Geschmackvoll und zweckmäßig ist die Einrichtung und Dekoration der Turnhalle gelungen. Dort repräsentieren über der Königsloge Wappen des alten Herzogtums und des Kurfürstentums das alte Geschlecht der Wittelsbacher, zwischen ihnen das große Wappen des Königreichs Bayern. Auf der einen Seite des Baldachins der Loge prangen folgende Verse von J. Priem:

Du fühltest tief in edler Brust
Der Volkes schwere Leiden,
So teile hier auch seine Lust,
Fühl mit ihm seine Freuden.

Auf der anderen Seite die Worte:

Nach trüben Stunden klopft die Freude
Stets wieder an die Herzen an,
Wer fände wohl ein Herz, das heute
Nicht fröhlich sich ihr aufgetan?

Für die leiblichen Genüsse sorgt eine Küche vor der südwestlichen Pforte des Saales. Die Dekorationen und die Beleuchtung, die in der Turnhalle des Bürgerballs wegen vorgenommen wurden, kosten an die 20 000 Gulden. Zu dem Ball haben sämtliche Distriktsvorsteher je drei Eintrittskarten zur Verteilung an Familien in ihrem Distrikt erhalten, wobei jede Eintrittskarte für jeweils drei Personen gilt. Außer den Mitgliedern der städtischen Kollegien und des Landwehroffizierskorps werden die königlichen Militär- und Zivilstellen sowie andere Korporationen bei dem Ball vertreten sein.
Bei der geplanten Illumination der Stadt wird der König auf einer Abendfahrt durch die Hauptstraßen der Stadt geleitet, wobei der Weg bis ins Kleinste geplant ist, wie folgende detaillierte Aufstellung beweist:
Von der Burg aus soll es über den Paniersplatz durch die Wolfsgasse nach dem hinteren Egidienplatz gehen, dann durch die vordere Landauergasse, am Lauferschlagthurm vorbei durch die innere Laufergasse, über den Theresienplatz durch die Bindergasse und nach der Rathausgasse. Weiter geht der Weg vorbei an der Frauenkirche durch die Königsstraße, über die Museumsbrücke nach der Kaiserstraße, dann über die Fleischbrücke am Hauptmarkt hinauf, an der Hauptwache und dem Rathaus vorüber – mit Aussicht auf den königlichen Namenszug am Oelber –, an der Sebalduskirche vorbei nach dem Weinmarkt, durch die Karlsstraße über die Karlsbrücke, die Kaiserstraße und um das Café Lotter (den Josephsplatz in Perspektive) nach der Adlerstraße. Jetzt geht es um das Caspar'sche Haus nach der Königsstraße, an der St.-Lorenzkirche vorbei nach der Pfannenschmiedgasse, über den Steig nach der Jakobstraße, dem Jakobsplatz, wo sich die

neue Kaserne präsentiert. Und weiter führt der Weg durch die Ludwigsstraße nach dem Spittlertor, von dem Spittlertor, an dem sich das Rondell von Gostenhof zeigt, durch das Ludwigstor, die Ludwigsstraße, den weißen Turm, die Karolinenstraße – an deren Ende sich die Lorenzkirche im bengalischen Feuer zeigt –, durch die Königsstraße zum Königstor, durch dasselbe um das Benkhert'sche Anwesen – der Glaishammer und Umgebung ist mit bengalischem Feuer beleuchtet – um den Europäischen Hof durch die Marienstraße, das Marientor und die Lorenzer Straße nach dem Theater; nach der Theatervorstellung, oder wenn Seine Majestät das Theater an demselben Abend besuchen sollte, sofort über den Lorenzer Platz und Bankgasse nach der Königsstraße, um den Markt, die Hauptwache hinauf, am Rathaus vorüber die Theresienstraße entlang, über den Theresienplatz, den Egidienplatz, die Wolfsgasse und den Paniersplatz zurück nach der königlichen Burg. Jeder Flecken in Nürnberg will Kontakt zum König haben.
Der „Fränkische Kurier" veröffentlicht am Ankunftstag Ludwigs II. einen Artikel, der die Erwartungshaltung der Nürnberger Bürger verdeutlicht:
„Welcher Art unsere Wünsche, unsere Hoffnungen sind, die sich bei der Reise des Königs bei dem Besuche in unserem alten Nürnberg regen – wir haben es zum Öfteren in diesem Blatte ausgesprochen. Wenig nur vermöchten wir hinzufügen. Aber eines drängt uns noch, es laut auszusprechen als unseren Wunsch; der – wenn er erfüllt wird – den reichen Schmuck unserer Stadt erst zu einem recht ehrenvollen für den König und die Stadt selbst macht. Das ist der Wunsch, es möge jeder, der nur immer die Gelegenheit hat, mit dem Könige zu sprechen, auch stets den freien Bürgermut haben, die ungeschminkte Wahrheit zu sagen. Dann lernt der König die Gedanken der Bürger des Staates kennen, dann weiß er, dass es wirkliche Huldigung ist, wenn freimütige Männer zu seinen Ehren Feste geben. Möge aus dem Zusammensein des jungen Monarchen mit dem Volke von Nürnberg segensreiche Frucht ersprießen; möge der festliche freudige Gruß Nürnbergs dem Könige das Herz öffnen für die Wünsche seiner Bevölkerung; dann wird sich von der Reise Ludwigs II. her eine neue Ära für Bayern datieren, worin es die Bahnen des Fortschritts nach allen Richtungen hin betreten hat."
Die stolzen Nürnberger wollen sich dem König also nicht „schmeichelnd zu Füßen legen", wie dies Heuchler zu tun pflegen, nicht „wie Höflinge vor ihm buckeln", sondern ihm „männlich frei die Hand bieten" und ihm „mit freiem Bürgermut die ungeschminkte Wahrheit sagen". Sie wollen Ludwig offen gegenübertreten, sodass er sich sicher sein kann, dass kritische Worte ebenso ehrlich gemeint sind wie Lob und Jubel.

Ankunft in Nürnberg

Freitag, den 30. November 1866

Endlich sind die ständigen Regengüsse und Novemberstürme einem herrlichen Winterwetter mit Neuschnee und strahlender Sonne gewichen. Ein Königswetter wie geschaffen für den Besuch des bayerischen Monarchen, der in eine Stadt kommt, in der nach der kampflosen Besetzung durch den Großherzog von Mecklenburg und seine disziplinierten Truppen, die sich höflich benahmen, kaum mehr etwas an den Krieg erinnert. Es gibt hier keine Zerstörungen zu entdecken, keine Witwen, die um ihre gefallenen Männer trauern, und deshalb auch keine Soldatengräber, die zu schmücken sind. Zur heutigen Ankunft Ludwigs II. am *30. November* veröffentlicht „Der Korrespondent von und für Deutschland" in seinem Morgenblatt ein Gedicht, abermals von J. Priem verfasst, das mit den Zeilen beginnt:

Ein Jahr voll trüber Stunden geht zu Ende,
Mit blut'gen Zeichen steht's im Zeitenbuch,
Arm war es an der kleinsten Freudenspende,
Doch reich an Wirren, reicher noch an Trug.
Bezeichnen wird es eine Zeitenwende,
Die manchen Wahne tiefe Wunden schlug;
Uns bringen noch die letzten seiner Tage
Die Freude nach der kaum verklung'nen Klage.

Schon seit den Vormittagsstunden belebt sich die Stadt, und nach Mittag drängt ein nicht enden wollender Menschenstrom zum Bahnhof. In den Straßen, durch die der Königskonvoi fahren wird, bilden sämtliche Gewerbe der Stadt mit ihren Fahnen Spalier und an verschiedenen Plätzen haben Musikkorps Aufstellung genommen. Gegen 15.00 Uhr, die angekündigte Ankunftszeit, beginnt ein scharfer Ostwind zu wehen, von dem sich die tausendköpfige Menschenmenge vor dem Bahnhof und in den Hauptstraßen zur alten Reichsburg aber nicht verdrängen lässt. Alle warten gespannt auf den ersten Kanonenschuss, den die Landwehrartillerie, die seitwärts auf der Fürther Straße platziert ist, abfeuern wird, sobald der königliche Wagenzug über die Stadtgrenze einfährt.
Dann ist es so weit. Der erste von 101 Salutschüssen donnert, und schon setzt auch das Geläute sämtlicher Glocken der Stadt ein. Obwohl der König noch nicht zu sehen ist, brechen die Menschen in Jubel und nicht enden wollende Hochrufe aus, die anschwellen, als die Strahlen der tief stehenden Sonne schließlich die verschneite Bedachung des blauen Hofzugs aufblitzen lassen.
Zwischen 15.30 Uhr und 15.45 Uhr rollt der königliche Zug in den festlich geschmückten Bahnhof ein, wo die städtischen Kollegien den hohen Besuch empfangen. Frenetischer Jubel schallt dem König entgegen, als er den Wagen verlässt und sich in den Königssalon begibt, in dem der erste Bürgermeister von Wächter folgende Begrüßungsworte spricht:
„Eure königliche Majestät beglücken heute zum ersten Male nach Allerhöchstihrer Thronbesteigung die getreue Stadt Nürnberg mit Ihrem königlichen Besuch. Geruhen Allerhöchstdieselben, für dieses Zeichen königlicher Gnade den tiefgefühltesten Dank huldvoll entgegenzunehmen. In tiefster Ehrfurcht bringe ich Eurer Majestät den ersten Gruß Nürnbergs dar. Freudig bewegt und festlich geschmückt harrt die Stadt dem Einzug ihres königlichen Herrn entgegen, um in lautem Jubel den Gefühlen des Dankes und der Freude Ausdruck zu geben. Nach den bitteren Erlebnissen der jüngsten Vergangenheit ist es für Nürnbergs Bürger

Nürnberger Bahnhof um 1900

ein hochbeglückendes Gefühl, lautes Zeugnis abzulegen für die innige Liebe und die unwandelbare Treue, welche sie ihrem erlauchten Herrscher in tiefster Brust bewahrt haben. Möchten auch Eure königliche Majestät Ihrer getreuen Stadt stets in landesväterlicher Huld und Gnade gewogen bleiben!"

Sichtlich erfreut über den herzlichen Empfang erwidert der König, dass er der Stadt auf das Huldvollste gewogen sei und das Schicksal Nürnbergs mit wärmster Teilnahme verfolgt habe. Besonders betont er, dass ihn die taktvolle und loyale Haltung der Bevölkerung während der feindlichen Okkupation höchst beeindruckt habe. Es werde sein eifrigstes Bestreben sein, alle jene Wunden zu heilen, die dem Land durch die jüngsten Ereignisse zugefügt worden seien.

Auch beim Verlassen des Bahnhofs empfängt den König ohrenbetäubender Jubel, der sich auf den Straßen, durch die sich der Konvoi bewegt, fortsetzt und sich dort mit dem Klang der Kirchenglocken und dem Kanonendonner mischt. Ludwig besteigt zusammen mit seinem Generaladjutanten, Generalleutnant von La-Roche, den bereitstehenden Wagen. Als Erste in der Reihe der mit rassigen Pferden bespannten Hofequipagen fahren die beiden Bürgermeister, dann folgt der König mit seinem Generaladjutanten und hinter ihm in Gala das übrige Gefolge, zu dem auch Staatsrat von Neumayr, Leibarzt von Gietl und Regierungspräsident von Feder gehörten.

Mehr als 30 000 Nürnberger säumen den Weg, der vom Bahnhof zur Burg führt. Der Zug bewegt sich durch die menschenüberfüllte Altstadt, vorbei an den Denkmälern der Vergangenheit, hält kurz auf dem Marktplatz, wo das Corps der Stadtmusik die Volkshymne spielt, und vor dem Rathaus, um sich dann den steilen

Burgberg hinaufzubewegen. Zahlreiche Blumenbouquets werden dem Monarchen in die Kutsche gereicht, der sich der jubelnden Menge bereitwillig zeigt und ihr damit seine Freude über die herzliche Begrüßung ausdrückt. Vom Einfahrtstor bis zur Burg reihen sich salutierend die Gewerke mit ihren Fahnen und 1000 Arbeiter der von Cramer-Klett'schen Fabrik. Schließlich entschwindet der Konvoi hinter den Toren und Türmen der Burg, in der so viele deutsche Kaiser in den Zeiten der Reichsherrlichkeit residierten. Für Ludwig sind jene Gemächer vorgesehen, die einst auch sein Vater Max II. bei Nürnbergbesuchen bewohnt hatte.
Auch wenn die alte Reichsstadt in ihrer Stadtchronik schon manches Gepränge beim Erscheinen großer deutscher Kaiser verzeichnen konnte, der Einzug König Ludwigs II. übertrifft doch alles bisher Erlebte. Ludwig ist vom Empfang der Nürnberger und der Schönheit der Stadt tief ergriffen. Seine knappen, fast linkischen Verbeugungen und der leicht melancholische Anflug seines Lächelns lassen seine Verlegenheit erahnen, denn eine solche Begrüßung hatte er nicht erwartet.
Dann wird Ludwig ein Telegramm ausgehändigt, das Richard Wagner bereits am 27. November nach Nürnberg gesandt hatte, da er nicht wusste, dass sich Ludwigs Aufenthalt in Würzburg bis zum 30. November verlängert hatte. Mit folgenden Worten Hans Sachs', wie sich Wagner selbst bezeichnet, heißt auch der Komponist seinen Freund willkommen:

„Seiner Majestät König Ludwig II. von Bayern, bei Ankunft in Nürnberg.

Wie friedsam treuer Sitten,
getrost in Tat und Werk,
liegt nicht in Deutschlands Mitten
mein liebes Nürenberg.
Hans Sachs."

Königssalon im Nürnberger Bahnhof (museal)

Nun gewährt Ludwig dem ersten Bürgermeister von Wächter in seinen Gemächern eine längere Audienz. Dabei lobt er die loyale Haltung der Stadt während der preußischen Okkupation und fragt interessiert nach der Situation von Industrie, Handel und Gewerbe. Er bittet den Bürgermeister, den Bewohnern der Stadt seinen innigsten Dank für den außerordentlich herzlichen und freundlichen Empfang auszusprechen. Danach lässt sich der König die Spitzen der Behörden Nürnbergs vorstellen.
Am Abend sendet der König ein für Wagner bestimmtes Telegramm an Cosima von Bülow, die mit dem Komponisten in der Schweiz wohnt. Unter dem Pseudonym Walther von Stolzing drückt Ludwig seine Freude darüber aus, dass nach der triumphalen Frankenreise mit dem Höhepunkt Nürnberg das niederträchtige Handeln aller Widersacher gegen ihn nun endgültig zerschlagen sei.

Hans Sachs

„Frau von Bülow-Liszt, Luzern (Triebschen).
An Hans Sachs!
Vor 2 Stunden hier eingetroffen, beispielloser Jubel!
Von hier aus wollen Deutschland wir erlösen,
Wo Sachs gelebt und Walther siegreich sang.
In Trümmer sinkt das nicht'ge Werk des Bösen,
Das tück'sche Spiel den Finstern nicht gelang.
Durch Dich erhebt er sich, der ach so tief gesunken,
Der einst so allgewaltig deutsche Geist,
Dein Odem fachet Flammen aus den Funken,
Dein Zauberwort ihn neu erstehen heißt.
Dir, der in Segenswerk den ‚Wahn' gewendet,
Sei trauter Gruß von Walther heut entsendet
Walther von Stolzing

Nachdem bereits seit mehreren Tagen bekannt ist, dass der König am Abend des 30. November das Theater besuchen wird, wo als Festoper Meyerbeers „Afrikanerin" in dem vom städtischen Baurat Solger geschmackvoll dekorierten und strahlend beleuchteten Haus gegeben wird, ist diese Veranstaltung längst ausverkauft. Nur noch Stehplätze im Sperrsitzraum zum Preis von einem Gulden und 45 Kreuzern gibt es an der Abendkasse. Die Vorstellung selbst setzt Theaterdirektor Reck sorgfältig in Szene. Er beendet eine in die Öffentlichkeit getragene Diskussion bezüglich einer Rollenbesetzung durch nachstehende Erklärung in der Presse:
„Durch verschiedene achtbare bayerische Blätter läuft die Nachricht, dass zu der Festvorstellung während der Anwesenheit Seiner Majestät des Königs Fräulein Stehle für die Partie der ‚Afrikanerinnen' berufen worden sei. Ohne die künstlerische Bedeutung der genannten Dame im mindesten zu unterschätzen, hat meine Bühne in der Person der Frau Bertram-Meyer eine so vortreffliche Vertreterin für die Selica, dass es mindestens ungerechtfertigt erscheinen müsste, für diese Partie einen Gast zu berufen.
M. Reck Direktor des Stadttheaters in Nürnberg"

Schon um 18.00 Uhr sind fast alle Plätze besetzt, sodass etliche zu spät eintreffende Damen zur Erheiterung der Theatergäste nur mittels waghalsiger Verrenkungen auf ihre Sperrsitze im Parterre gelangen. Das Publikum – die Damenwelt in prächtigen Toiletten, die Herren in festlicher Abendgarderobe oder Uniform – will natürlich vor allem eines: den König in seiner Loge sehen.
Ludwig fährt erst um 19.30 Uhr, begleitet von den Hochrufen der an den festlich beleuchteten Straßen stehenden Menschen, zum Theater und bewundert die Gebäude, die in prächtigem Glanz erstrahlen, so das Rathaus, die Hauptwache, das Gebäude der Gesellschaft Museum, die königliche Bank, an der ein von Professor Wanderer gestaltetes großes Transparent mit der Inschrift „Noris den königlichen Namen verherrlichend" angebracht ist, ebenso die Handelsschule und das Theater.
Im Haus eines jüdischen Mitbürgers, das nicht dekoriert und illuminiert ist, werden von darüber aufgebrachten unbekannten Nürnbergern die Fenster eingeworfen. Die „Augsburger Allgemeine Zeitung" provoziert mit einer Nachricht über diesen Vorfall einen Leserbrief, der dem Redakteur Antisemitismus vorwirft. Daraufhin entgegnet die „Augsburger Allgemeine Zeitung", dass der Bericht wohl deshalb Anstoß erregt habe, weil er „als eine Verdächtigung der Loyalität der ganzen israelitischen Gemeinde missverstanden werden könnte. Schwerlich! So hat ihn gewiss kein Leser missverstanden. Wenn aber jener ‚Leserbrief' beifügt: im analogen Fall würde sicherlich die Bezeichnung ‚protestantisch' oder ‚katholisch' unterblieben sein, so steckt hinter dieser Bemerkung eine krankhafte Empfindlichkeit. Der christlichen Majorität kommt eben, wenn sie von der unter ihr wohnenden israelitischen Minorität spricht, die ethnologisch-religiöse Bezeichnung unwillkürlich in den Mund oder in die Feder, ohne dass man damit beleidigen will. Dass es namentlich unser Nürnberger Berichterstatter nicht beabsichtigte, hat er wohl gestern durch seine ehrende Erwähnung der israelitischen Gemeinde in Fürth implizit bewiesen."

Als der König in der Uniform eines Ulanenobersten das Theater betritt, erheben sich die Besucher und begrüßen ihn mit dreimaligen lebhaften Hochrufen. Dann nimmt Ludwig in der Loge Platz, die für ihn in der Mitte der „Galerie noble" errichtet wurde, rechts von ihm sein Gefolge.
Die Opernaufführung weist folgende Besetzung auf: Herr Rafalsky (Don Pedro), Herr Clement (Don Diego), Frl. Hoffmann (Ines), Herr Braun-Brini (Vasco de Gama), Herr Jäger (Don Alvar), Herr Schmid (Groß-Inquisitor), Herr Lang (Relusco) und Frau Bertram-Meyer (Selica).
Nürnbergs 1. Bürgermeister von Wächter wird während einer Opernpause von Seiner Majestät in der königlichen Loge empfangen. Trotz immer wieder auftretenden Hustens wohnt Ludwig mit höchster Aufmerksamkeit der gesamten Vorstellung bei, die erst um 23.45 Uhr endet. Danach spricht er Direktor Maximilian Reck seine höchste Zufriedenheit bezüglich der in allen Teilen höchst gelungenen Aufführung aus.
Gegen Mitternacht kehrt Ludwig erschöpft und müde, aber zufrieden in seine Gemächer in der Burg zurück. Auf der Heimfahrt leuchten noch immer die benga-

lisch illuminierten Häuser und auch das riesige Ludwig-„L“ auf der Höhe der Burgstraße. Außerdem begleiten ihn die Hochrufe der Menschenmenge, die zum Teil während der gesamten Opernaufführung vor dem Gebäude gewartet hatte.

Der erste Tag in Nürnberg – Der freudig erwartete Bürgerball
Samstag, der 1. Dezember 1866

An allen wichtigen Plätzen und Straßen der Stadt lässt Bürgermeister von Wächter am Samstagmorgen den Dank des Königs in einer Bekanntmachung anschlagen und in der Presse veröffentlichen. Der Text lautet:
„Seine Majestät der König haben sich nach Allerhöchst Ihrer Ankunft in der huldvollsten Weise über den heutigen überaus herzlichen Empfang ausgesprochen und mich wiederholt beauftragt, den Bewohnern Nürnbergs Allerhöchst Ihren freundlichen Dank hiefür auszudrücken.
Es gereicht mir zur innigsten Freude, dieses Zeichen königlichen Wohlwollens andurch zur öffentlichen Kenntnis zu bringen.
Nürnberg, den 30. November 1866
Der I. Bürgermeister von Wächter Kalb“

Heute druckt auch der „Fränkische Kurier“ auf der ersten Seite ein Huldigungsgedicht, in dem es in einer Strophe heißt:

Willkommen, Fürst! in unsrer Stadt willkommen,
Die durch sich selbst reich ward an Ruhm und Ehren.
Wo Kunst und Wissen hohen Flug genommen,
Aus der einst Behaim drang zu fernen Meeren,
Wo Dürer kühn das höchste Ziel erklommen,
Wo tausend Werke aus der Vorzeit lehren,
Wie deutscher Bürger Geist sich aufgeschwungen:
Wo einst Hans Sachs sein hohes Lied gesungen!

In der Stadt herrscht reges Leben, dies auch bedingt durch die vielen auswärtigen Gäste, die nach Nürnberg drängen, um den jungen König zu sehen. Vor dem Eingang der Burg halten sich den ganzen Tag über zahlreiche Menschen auf, die auf eine Ausfahrt Ludwigs warten.
Gegen 10.00 Uhr morgens überraschen die vereinigten Sänger der Stadt im Inneren Burghof den König mit einem Morgenständchen, das Musikdirektor Grobe dirigiert. Dargeboten werden die Lieder: „Gott grüße Dich“ von Frau Abt, „Sonntagmorgen“ von Nürnbergs Kantor B. Schäffer und C. Kreuzers „Schäfers Sonntagslied“ sowie „Das ist der Tag des Herrn“.
Am Schluss der Darbietung lassen die Sänger den König, der den Liedern von der Treppengalerie der Burg aus lauschte, hochleben. Er lässt Musikdirektor Grobe zu sich rufen, bedankt sich und beauftragt ihn, den Sängern und ihren Vorständen seine Anerkennung auszusprechen. Auch am Mittag von 12.00 bis

Die Kaiserburg Nürnberg mit dem Palas um 1892

13.00 Uhr gibt es im Burghof eine musikalische Darbietung durch die Regimentsmusik.

Gegen 14.30 Uhr gibt Ludwig einen Empfang in der Burg. Geladen sind: Bürgermeister von Wächter, Rechtsrat Haubenstricker, der königliche Regierungspräsident von Mittelfranken von Feder, die Reichsräte von Faber, Graf Ortenburg-Tambach, Graf zu Pappenheim, Freiherr von Frankenstein und Frau Oberst von Leonrod, seine ehemalige Erzieherin, die er bereits am 6. November vor Antritt seiner Frankenreise nach Nürnberg eingeladen hatte. Außerdem sind die Spitzen der hiesigen Militärbehörden zugegen: General-Kommandant und Generalleutnant von Stephan, Generalleutnant von Lindenfels, Generalmajor Aldosser, funktionierender Stadtkommandant Oberst von Mulzer, des Weiteren eine Deputation der Offiziere des königlich 2. Ulanen-Regiments „König", Offiziere à la Suite und weitere Personen des Adels.

Vor der Hoftafel, die um 17.00 Uhr angesetzt ist, wird der Erste Bürgermeister von Wächter zur besonderen Audienz bei Seiner Majestät dem König befohlen. Von Wächter ist überrascht, als ihm der König als Zeichen der Anerkennung seines Wirkens, wegen seines loyalen und taktvollen Verhaltens während der jüngsten preußischen Okkupation und wegen des allgemeinen Vertrauens, das er, wie von allen Seiten bestätigt wird, bei der ganzen Bürgerschaft genießt, das *Komturkreuz des Verdienstordens vom heiligen Michael* überreicht. Zusätzlich erhält der Bürgermeis-

„An der Seite dieses herrlichen Mannes schreiten zu dürfen, lässt manches Frauenherz höherschlagen."

ter 2000 Gulden zur Verteilung an die Armen der Stadt. Der älteste Rechtsrat der Stadt, Herr Haubenstricker, bekommt wegen seines früheren Verhaltens zur Cholerazeit sowie wegen der selbstlosen Tätigkeit für die Verwundeten des letzten Krieges das *Ritterkreuz des Michaelsordens I. Klasse*. Danach beginnt die Hoftafel.
Am Abend des *1. Dezembers* findet der lange vorbereitete und sehnsüchtig erwartete *Bürgerball* statt. Jeder Nürnberger möchte dabei sein. Um eine Überfüllung der Veranstaltung zu verhindern, werden anfangs nur 1400 Karten ausgegeben. Nach stürmischem Protest druckt man weitere 200 Karten. Wer sich keine Eintrittskarte auf legalem Weg besorgen kann, nutzt die Möglichkeit, auf dem Schwarzmarkt eine Karte zum Preis von 10 Gulden zu erwerben.
Mit öffentlichen Anschlägen in der Stadt ersucht der Magistrat alle jene Bewohner, deren Häuser an den Straßen liegen, durch die der König zur Turnhalle fährt, diese festlich zu beleuchten. Ein anderer Maueranschlag ordnet die Anfahrt der Wagen zum Bürgerball durch das neue Tor, das nun (zu Ehren des Königs) Ludwigstor heißen wird, und durch das Mohrentor (Westtor) sowie den oberen Teil der Praterstraße an. Die Abfahrt soll durch die obere Turnstraße nach dem Spittlertor erfolgen. Den ganzen Samstagnachmittag über rollen auf den Straßen Wagen und Equipagen in Richtung Turnhalle. Mancher Bürger fühlt sich durch das fortwährende Getöse der rollenden Wagenräder genervt. Bereits um 18.00 Uhr sind die unteren Räume und die Galerien der festlich herausgeputzten und zum Ballsaal umgewandelten Turnhalle gefüllt. Durch eine effektvolle Gasbeleuchtung kann der Raum herrlich in Szene gesetzt werden.
Überall sieht man einfache und geschmackvolle, reiche und glänzende Toiletten. Bei den Herren überwiegt bürgerliche Kleidung, doch fehlt es auch nicht an Uniformen, da sämtliche Offiziere der Landwehr anwesend sind. Auch die Beamten tragen meist Uniform. Während die Frauen in Kleidern aus schweren Stoffen erscheinen und mit reichem Brillantschmuck glänzen, zeigen sich jüngere Mädchen meist in wolkigen, weißen Gewändern, oft mit hellblauen Schleifen und Maschen verziert. Auf der dicht besetzten Galerie tummeln sich vor allem Gäste, die teilweise schon seit den frühesten Nachmittagsstunden nur zum Schauen gekommen sind.
Auf der rechten Seite des Ballsaals ist ein reizender kleiner Salon angebracht, in dem prächtige Diwans stehen und üppige Topfgewächse. Dies ist die königliche Loge, neben der für das Gefolge Plätze reserviert sind. Daran schließen sich die Plätze für jene Damen an, die zur Spitze der städtischen Behörden gehören oder zu anderen hervorragenden Familien der Stadt. Gegenüber der Königsloge am anderen Ende des Saales befindet sich das Ballorchester, das unter Leitung des Dirktors J. Grobe zum Tanz aufspielen wird. Eine Beschreibung des Dichters Below fasst die damalige romantische Stimmung in folgende poetische Worte:
„Heller Lichterglanz erfüllt die in einen Ballsaal verwandelte, in herrlichem Festschmuck prangende Turnhalle der Stadt ... und nun harrt eine erlesene Festversammlung erwartungsvoll des hohen Besuches. In gehobener Stimmung steht sie in Gruppen beisammen. Die Herren überwiegend in bürgerlicher Kleidung, deren eintönig Schwarz hin und wieder durch glänzende Uniformen

zahlreicher Offiziere der Linie und Landwehr gemildert und gehoben wird. Ringsum ein blühender Kranz schöner Frauen und holdseliger Mädchen, denen die frohe Erwartung die Wangen tiefer malt und die Herzen höher schlagen lässt.
Jetzt künden die Glocken des Lorenzturmes in lauten, abgemessenen Schlägen die achte Stunde, dumpfes Wagenrollen tönt von der Straße her und jäh erstirbt das leiseste Geflüster, um erwartungsvollem Schweigen Platz zu machen.
‚Der König!'
Alle Blicke richten sich nach dem Saaleingang.
Von unten erschallen begeisterte Hochrufe der zahllosen Menschenmassen, die kein Ende des Jubels für ihren König finden. Jetzt öffnen sich die Flügeltüren und unter den Klängen des Orchesters tritt an der Seite des Stadtoberhauptes der jugendliche Herrscher in den Saal.
Alle Augen fliegen ihm zu und ein freudiges, begeistertes Hoch empfängt ihn sekundenlang. Die Spannung weicht aus allen Zügen, und dafür malt sich in ihnen das beglückende Bewusstsein, den König in ihrer Mitte zu sehen.
‚Er ist da! Er ist unter uns!'
In hellem Entzücken hängen alle Blicke, vornehmlich die der Frauen und Mädchen, an seiner herrlichen Gestalt, an seinem von dunklem Lockenhaar umrahmten Antlitz, aus dem die von schön geschwungenen Brauen beschatteten Augen in märchenhaftem Glanz herniederstrahlen. Ein gewinnendes Lächeln, jeder Gezwungenheit bar, umspielt seine Lippen. Es verrät in ihm mehr den Mann, der ein Herz für seine Mitmenschen hat, als die unnahbare Majestät des Herrschers.
Darum erringt er sich auch die Sympathien aller im Sturm, drum grüßen sie ihn nicht nur mit dem Munde, sondern auch mit dem ganzen überströmenden Gefühl ihrer Herzen. Wahrlich sind sie glücklich und von höchstem Stolze erfüllt, einen solchen König zu besitzen!
Und er selbst, angenehm berührt von so viel offen zur Schau getragener herzlicher Verehrung, richtet sich höher auf. Seine Augen weiten sich und berückend wirkt der dunkle, geheimnisvolle Glanz ihrer Tiefen."
Eine derartige Stimmung herrscht, als Ludwig um 20.15 Uhr auf dem Bürgerball in der Uniform als Oberstinhaber des 4. Chevaulegerregiments „König" mit seinem Gefolge erscheint, in dem sich auch der neu ernannte Kabinettschef von Neumayr befindet. Ein freudiges Hoch der Ballgäste und ein Tusch der Stadtkapelle empfangen den hohen Gast, auf den sich die Aufmerksamkeit aller konzentriert, als er unter lebhaften Hochrufen durch ein Spalier schöner, neugieriger Damen bis zur Königsloge schreitet. Dann eröffnet er den Ball mit einer Polonaise, die er mit Frau Bürgermeister von Wächter tanzt. Es folgen mit kurzen Unterbrechungen die Tanztouren rasch aufeinander, wobei Rundtanz und Française abwechseln. Bei den Rundtänzen macht sich die Überfüllung des Saales besonders unangenehm bemerkbar, zumal die Tanzenden vor allem auf die unteren beiden Drittel des Saales angewiesen sind, während das obere Drittel von der rasch anwachsenden Menschenansammlung in Beschlag belegt ist, die sich um den König drängt.

Die Quarrées, in denen der König tanzt, setzen sich ganz ungezwungen von selbst zusammen. Repräsentanten aller Stände sind dabei vertreten. Dabei entscheidet der Zufall, wie die Paare einander gegenüberstehen. Kontretänze tanzt Ludwig mit folgenden Damen:
den ersten mit Frau Bürgermeister Seiler (vis-à-vis Herr Architekt Freiherr von Haller und Fräulein von Wächter),
den zweiten mit Freifrau von Tucher (vis-à-vis Herr Kaufmann Krafft und Frau Kaufmann Riemann),
den dritten mit Frau Landwehroberstleutnant Diem (vis-à-vis Herr Bierbrauer und Gemeindebevollmächtigter Liebel mit Frau),
den vierten mit Freifrau von Sternbach (vis-à-vis Herr Tapezier Georg Günther und Frl. Farnbacher von Fürth),
den fünften mit Freifräulein von Haller (vis-à-vis Herr Oberleutnant und Adjutant von Roman mit Freifräulein von Tucher).
Dabei unterhält sich der König mit seinen Tanzpartnerinnen lebhaft und freundlich. Wie sich so manches junge Mädchen fühlt, wenn der König es zum Tanz auffordert, beschreibt der Dichter Below folgendermaßen:
„Das junge Mädchen erbebt, es stockt momentan der Schlag ihres Herzens. Ihre Wangen wechseln die Farbe, leichenhafte Blässe, dann jähe Röte überfliegen sie. In ihre Augen aber tritt ein strahlendes Leuchten. Ihre Rechte presst sie auf das plötzlich so ungestüm pochende Herz und ihr Atem geht schneller. Ihre Blicke senken sich in mädchenhafter Scheu, aber unbewusst fühlen sie doch, dass sie von seinen Märchenaugen gesucht werden, dass sie auf ihr ruhen. Unsägliches Entzücken, ein überströmendes Glücksgefühl schwellt ihr das Herz. Jetzt steht er vor ihr, er, den sie mit allen Fasern ihrer Seele gesucht. Seine Worte klingen wie Musik an ihr Ohr, während sie sich tief verneigt.
Anfangs stammelt sie verwirrt nur kurze, unzusammenhängende Worte, dann aber fasst sie sich. Langsam und zögernd entschleiert sich ihrer blauen Augen Geleucht und sie vermag freier zu blicken und unbefangener, wenn auch noch stockend zu antworten. Hunderte von neugierigen und neidischen Blicken fliegen ihr von allen Seiten zu. Allerorts fragte man sich erstaunt, welchem Glücksumstande wohl das unbekannte, auffallend schöne, junge Mädchen diese hohe Ehre zu verdanken hat. Sie selbst aber sieht und hört nichts von alledem, die Welt ringsum versinkt vor ihr, denn ihr Aug und Ohr gehören jetzt einzig ihm. Erhobenen Hauptes, beseelt von dem Stolze, an der Seite des herrlichen Mannes schreiten zu dürfen, lässt sie sich in den Kreis der tanzenden Paare führen …
Der junge König legt den Arm um die Taille des leise erbebenden Mädchens, das mit halbgeschlossenen Augen sich ganz dem Wonnegefühl, von dem herrlichen Manne geführt zu werden, hingibt. Sie fühlt ihre eigene Bewegung nicht mehr, es ist ihr zu Mute, als schwebe sie von unsichtbaren Geistern getragen durch den Raum. Jetzt verhallen die letzten Töne der Geigen. Das Mädchen erwacht jäh aus seinen seligen Träumen. Die raue Wirklichkeit tritt wieder in ihre Rechte. Der König geleitet sie zu ihrem Platze. Er spricht kein Wort; ehe er aber die zarte Rechte

der sich tief Verneigenden aus seinen Fingern lässt, ruht noch einmal sein dunkles Auge mit rätselhaftem Ausdruck auf ihren holdselig verwirrten Zügen."
Während der übrigen Tänze und in den Pausen führt der König mit Personen aus allen Gesellschaftsschichten ungezwungene Gespräche. Mit den Damen jener Familien, in deren Haus er bei seiner Anwesenheit im Jahre 1855 als zehnjähriger Kronprinz verweilt hatte, thematisiert er den damaligen Aufenthalt, an den er sich noch gut erinnern kann. Einige Erholungspausen zwischen den Tänzen hätten Ludwig sicher gut getan, doch trotz seiner noch längst nicht auskurierten Erkältung unterzieht er sich viereinhalb Stunden lang der enormen Anstrengung. Ohne sich nur einmal zu setzen, bewegt er sich im Saale, absolviert etliche Tänze und unterhält sich lebhaft nach allen Seiten. Da die äußerst einladenden Diwans von ihm nicht benützt werden, nehmen einige Damen darauf Platz, für die sie sicher nicht gedacht sind.
Ludwig gefällt es an diesem Abend offensichtlich sehr gut, denn er spricht sich immer wieder anerkennend über den festlich geschmückten Saal und den hervorragend organisierten Ablauf des Balls aus. Er lobt den festlichen Empfang von Seiten der Stadt, streift aber auch viele andere Themen. So erkundigt er sich über die Versorgung der verwundeten Soldaten durch die Stadt und kommt auf die blühende Industrie Nürnbergs zu sprechen, deren größte Einrichtungen er in den nächsten Tagen besichtigen will. Viele der anwesenden Unternehmer aus allen Branchen nutzen die Gelegenheit, mit dem König zu sprechen, um ihm ihre Sorgen und Nöte mitzuteilen.
Der König gewinnt an diesem Abend die Herzen aller, vor allem aber auch jene der anwesenden Damen, da er sich nicht scheut, sie unbefangen anzusprechen, wobei er es versteht, die Unterhaltung, ohne auf Rang und Stand zu achten, durch immer neue Wendungen und Themen im Fluss zu halten. In der „Augsburger Allgemeinen" werden sogar Flirtversuche der Damen angesprochen, wenn es heißt: „Nach pikanten Privatnotizen, die wir freilich nur andeuten können, scheinen von dieser Seite [der Damen] sogar Plänkeleien vorgekommen zu sein. Dem Schiller-festen jungen Monarchen fehlte nicht die Prinzessin Eboli, deren Offensive jedoch an dem gesunden Jugendsinn gefahrlos abglitt."

Alle Herzen der Franken fliegen dem König zu.

Die Mitternachtsstunde naht und mit dem letzten Glockenschlag bricht der erste Adventssonntag an. Während der Adventszeit sind nach dem Polizeistrafgesetz Ballvergnügungen verboten. Deshalb verlässt der König gegen 0.30 Uhr die Veranstaltung und kehrt in die Burg zurück. Dem Ball ist damit der fesselnde Mittelpunkt genommen, worauf sich der Saal verhältnismäßig rasch leert. Nur einige Ballgäste tun sich noch an den reichlich vorhandenen ausgezeichneten Erfrischungen gütlich und lassen das Fest in heiterer Geselligkeit bis zum Morgen ausklingen. Die von dem Pächter des Café Noris, Herrn Liebermann, übernommene Restauration wird von allen Gästen in den höchsten Tönen gelobt. Nürnberg ist sich sicher, dass es mit dem Bürgerball dem König eine würdige und bedeutsame Aufmerksamkeit erwiesen hat,

die sicher dazu beiträgt, das Verständnis zwischen Fürst und Volk zu vertiefen
Im Vorfeld des Königsbesuches in Nürnberg hatte sich auch die „Museums"-Gesellschaft, einer der vornehmsten geselligen Vereine der Stadt, bemüht, ebenfalls einen Festball zu Ehren des Königs veranstalten zu dürfen. Dieses Gesuch wurde aber mit höflichem Bedauern abgelehnt, da der Monarch sich vorwiegend in rein bürgerlicher Gesellschaft bewegen wolle, wozu er beim Besuch des Bürgerballs in der Turnhalle reichlich Gelegenheit habe.

Der zweite Tag in Nürnberg – Verdis Oper „Troubadour"

1. Adventssonntag, der 2. Dezember 1866

Ein herrlicher Sonntagmorgen lockt alle Welt auf die Straßen. Wohl Tausende von Menschen aus der nächsten Umgebung sind in die Stadt geeilt, aber auch Fremde aus größerer Entfernung kommen mit der Eisenbahn. Sie alle wollen sich die Festlichkeiten zu Ehren des Königs nicht entgehen lassen. Besondere Anziehungskraft übt die Wachtparade auf die Menschen aus, die täglich mit Musik und Fahne zur königlichen Burg zieht, wo im Hof ein Konzert gegeben wird.
Trotz Heiserkeit und eines stark entwickelten Brustkatarrhs besucht Ludwig am 1. Adventssonntag die Heilige Messe in der Burgkapelle.
Nachmittags gegen 15.00 Uhr findet ein großer Empfang auf der Burg statt. Vorgestellt werden dem König die Justiz- und Administrativbeamten, sämtliche Mitglieder des Magistrats und des Gemeindekollegiums mit ihrem Vorstand Notar Reinhard. Des Weiteren begrüßt Ludwig die königlichen Beamten, die hiesigen Staatsdiener, den Armenpflegschaftsrat, die Geistlichkeit beider Konfessionen und das königliche Linien- und Landwehroffizierskorps. Er unterhält sich mit den ihm Vorgestellten in einer Weise, die sowohl von seiner Herzensgüte als auch von seiner gediegenen Sachkenntnis bezüglich der verschiedenen Verwaltungsbranchen Zeugnis gibt. Vor der allgemeinen Vorstellung wird Regierungsrat und Stadtkommissär Schrodt empfangen. Der König äußert sich wohlwollend über Nürnberg über die ihm von der Bevölkerung entgegengebrachte Huldigung und er verspricht, im nächsten Sommer wiederzukommen.
Der für heute beabsichtigte *Besuch in Erlangen* muss wegen starker Heiserkeit des Königs telegrafisch abgesagt werden. Da Erlangen aber nicht ganz auf den Monarchen verzichten möchte, gelingt es den Stadtoberen, ein Treffen mit Ludwig in Nürnberg zu vereinbaren, das ebenfalls um 15.00 Uhr anberaumt ist. Ludwig empfängt die Deputation aus Erlangen mit großer Freundlichkeit. Sie besteht aus dem rechtskundigen Bürgermeister August Heinrich Papellier, dem zweiten Bürgermeister Johann Jakob Karl Kelber, dem Vorstand der Gemeindebevollmächtigten, Kaufmann Benker, sowie dem Prorektor Dr. von Naumer und vier Professoren der Universität Erlangen. Der König spricht Bürgermeister Papellier, der als Erster zur Audienz gebeten wird, seine Anerkennung bezüglich des mutigen Verhaltens während der preußischen Okkupation aus. Er verleiht ihm das *Ritterkreuz erster Klasse vom Michaelsorden*. Dann werden auch die anderen Mitglieder der Deputation vom König begrüßt und anschließend zur königlichen Tafel gela-

Aus gesundheitlichen Gründen entfällt der Besuch des Königs in Erlangen und Ansbach.

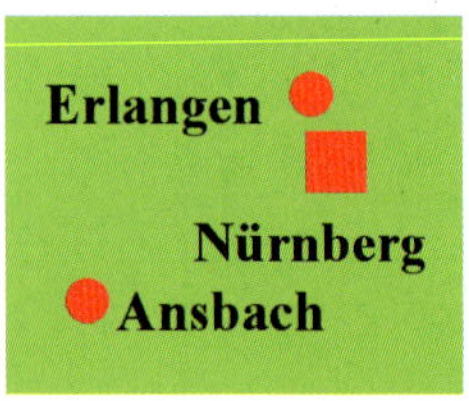

Kaiserburg Nürnberg, Audienzzimmer um 1941

den. Erlangens Stadtväter vertröstet Ludwig wegen seines aus gesundheitlichen Gründen abgesagten Besuchs auf den Sommer nächsten Jahres, wenn er wieder nach Franken kommt. Dann werde er auch ihre Stadt besuchen.

Auch die *Stadt Ansbach* hofft, den König in ihren Mauern begrüßen zu dürfen, und bittet um einen kurzen Besuch während seines Nürnberger Aufenthalts, was von der königlichen Administration aber ebenfalls abgelehnt wird. Als auch Ansbach eine Deputation nach Nürnberg schicken möchte, wird diesem Wunsch nicht entsprochen.

Zur sich anschließenden Hoftafel sind die Spitzen der hiesigen Behörden, die Stabsoffiziere der verschiedenen Korps und die Erlanger Deputation geladen. Bei dieser Tafel unterhält sich Ludwig ausgiebig mit Stadtpfarrer Port von St. Lorenz, dessen Sohn im letzten Feldzug als Feldprediger bei der Armee wirkte.

Mit Einbruch der Dunkelheit erstrahlt Nürnberg erneut im Glanz von Tausenden von Lichtern und Gasflammen. Diese erneute Huldigung der Stadt an den König hat sich längst zu einem Volksfest entwickelt, an dem alle Bürger erfreut Anteil nehmen. Obwohl es Ludwig gegen Abend gesundheitlich wieder schlechter geht, beschließt er, unter Führung des 1. Bürgermeisters von Wächter dennoch die geplante Besichtigung der illuminierten Stadt vorzunehmen.

Gegen 18.30 Uhr werden die Türme von St. Sebald und der St. Lorenzkirche bengalisch beleuchtet.

Um 19.15 Uhr verlässt der König in seinem Wagen die Burg zur Besichtigungsrundfahrt. Der Weg geht durch den größten Teil der Stadt, berührt zunächst das Aegydier Viertel, führt durch die Laufergasse am Theresienplatz vorüber und dann durch die Bindergasse zum Rathaus, das mit der ihm gegenüber liegenden Hauptwache einen effektvollen Anblick bietet. Die geschmackvolle Dekoration

Kaiserburg Nürnberg, Vorzimmer zum Audienzzimmer um 1941

der Hauptwache wird durch die glanzvolle Beleuchtung noch unterstrichen, die großartige Front des Rathauses mit dem bayerischen und Nürnberger Wappen in strahlender Gasbeleuchtung und der vom Burgberg glänzende Namenszug des Königs, der frei in der Luft zu schweben scheint, vereinen sich zu einem imposanten Bild. Die Feuerwehr hat an ihrem Wachtlokal am Rathaus ein Transparent mit ihrem Wahlspruch „Gott zur Ehr, dem Nächsten zur Wehr" und das bayerische Wappen mit dem Namenszug des Königs angebracht. Ludwig erfreut sich auch am Anblick der städtischen Architektur, die durch die verschiedenfarbigen bengalischen Feuer erst so recht zur Geltung kommt. Besonders prächtig erstrahlen der Theaterplatz, das Bank- und das Museumsgebäude, der schöne Brunnen mit der Frauenkirche, der Plobenhof und die fernen Lorenzertürme sowie die neu erbaute Deutsch-Haus-Kaserne, vor der die Militärmusik den vorbeifahrenden König mit der Volkshymne begrüßt.

Überall auf der Fahrt begleitet das jubelnde Volk den König, der nicht müde wird, nach allen Seiten freundlich zu grüßen. Auch mehrere Dörfer der Umgebung, darunter herausragend der Landsitz des Fabrikbesitzers Zeltner, scheinen durch die Beleuchtung förmlich in Flammen zu stehen. Von den Vorstädten ist der Anblick von Gostenhof zu nennen sowie die in ein Lichtermeer getauchte Marienstraße. Auch viele Privatgebäude zeichnen sich durch eine glänzende Illumination aus, darunter der „Bayerische Hof" sowie die Häuser des Josephsplatzes, der Karolinen- und Adlerstraße, des Herrenmarktes und der Königsstraße. Immer wieder sind auch einfache Willkommensgrüße in transparenter Beleuchtung und von Gasflammen erhellte Sterne und Namenszüge zu bewundern. So prangt vor der Wohnung des Herrn von Cramer-Klett ein prächtiger Stern, der die Umgebung in taghelles Licht taucht. Besonders effektvoll erstrahlt der Herrenmarkt, wo durch das Zusammenwirken verschiedenfarbiger bengalischer Flammen eine wahrhaft magische Wirkung erzielt wird. Manche Häuser sind auch mit Königsporträts, Bildern und Sprüchen auf Transparenten geschmückt, wie etwa bei Kaufmann Springer am Josephsplatz. Dort ist der Spruch zu lesen:

In unseres Nürnbergs alten Mauern
Herrscht auch die alte deutsche Treu,
Sie wird durch alle Zeiten dauern
Und unvergänglich bleiben neu;
Den Gruß, den uns're Herzen bringen,
Lass ihn zu deinem Herzen dringen! –

Am Waack'schen Haus am Spitalplatz ist der bekannte Vers als Transparent angebracht:

Gott grüße dich, kein anderer Spruch
Gleicht dem an Innigkeit,
Gott grüße dich, kein anderer Gruß,
passt so zu aller Zeit,
Gott grüße dich, wenn dieser Gruß
So recht von Herzen geht,
Gilt bei dem lieben Gott der Gruß
So viel wie ein Gebet!

Gegen 20.15 Uhr endet die Stadtrundfahrt und die Gesellschaft macht sich auf den Weg zum ausverkauften Theater, wo man sie bereits sehnsüchtig erwartet. Eigentlich sollte die Vorstellung von *Guiseppe Verdis Oper „Troubadour"* schon um 20.00 Uhr beginnen. Da Ludwig trotz noch nicht auskurierter Erkältung die Vorstellung besuchen will, muss man auf ihn warten.
Endlich um 20.30 Uhr fährt die königliche Kutsche vor und der König betritt das Theater. Die Vorstellung verläuft zur höchsten Zufriedenheit seiner Majestät. Die Besetzungsliste führt folgende Namen auf: Herr Lang (Graf Luna), Frl. Norden (Leonore), Frau Bertram-Meyer (Acuzena), Herr Braun-Brini (Manrico), Herr Schmid (Fernando), Frau Freund (Inez), Herr Arnold (Ruiz), Herr Barth (Zigeuner) und Herr Meier (Bote).
Nach der Vorstellung lässt Ludwig durch den Bürgermeister dem gesamten Personal seinen besonderen Dank aussprechen. Um 23.00 Uhr kehrt er in die Burg zurück, wo ihn eine große Volksmenge mit Hochrufen empfängt.

Der dritte Tag in Nürnberg – Ein festliches Konzert

Montag, der 3. Dezember 1866

Die Anwesenheit des Königs in Nürnberg wird täglich besonders zur Abendzeit deutlich, wenn die sonst dunklen Fensterreihen in der Kaiserburg weit sichtbar hell erleuchtet sind und die Straßen, durch die der König immer wieder fährt, im Lichterglanz erstrahlen. Auch die Geräusche all der Wagen und Equipagen, die sich auf dem Weg zum Theater, zu einem Ball oder einem Konzert befinden, wo der König sein Erscheinen zugesagt hat, sind untrügliche Hinweise dafür, dass in der Stadt ein hoher Besuch weilt.

Am Montagmorgen empfängt der König viele hiesige Industrielle und Gewerbetreibende zur Audienz, um sich von ihnen umfassend über den Stand der Gewerbe Nürnbergs, der Handelszweige und des industriellen Lebens unterrichten zu lassen. Ludwig kündigt an, dass er während seines Nürnberger Aufenthalts in den nächsten Tagen mehrere Firmen besichtigen will.

Zu den Nürnberger Kaufleuten, die empfangen werden, gehört: Juwelier Christian Winter, der die Ehre hat, dem König einen prachtvollen, für die Pariser Industrie-Ausstellung bestimmten Schmuck vorzulegen, von dem Ludwig sehr beeindruckt ist. Er freut sich, dass dort das hiesige Kunstgewerbe so vorzüglich vertreten ist. Des Weiteren sind erschienen: der Besitzer der weltberühmten Lebküchnerei Häberlein, Kleiderfabrikant Ramp, der mehrere Uniformen für Seine Majestät fertigte, Alabasterwarenfabrikant Kugler, Uhrmachermeister Schneider, Gürtlermeister Pauschinger, Spielwarenhändler Wahnschaffe und die beiden Buchhändler Soldau und Korn. Die Zeitungen vermerken, der König habe in Nürnberg „Geschenke für Tausende" gekauft, vor allem Uhren und Uhrenketten, die er in großer Zahl verschenkt.

Die für Nachmittag angesetzte Truppenparade wird mit Rücksicht auf den Gesundheitszustand des Königs abgesagt und auf den kommenden Tag verschoben. Trotzdem rückt um 14.00 Uhr die Garnison zur Parade aus, da der hoch angesehene *Max-Joseph-Orden* verliehen werden soll, mit dem bekanntlich Pensionen und besondere Privilegien verbunden sind. Mit diesem am 1. März 1806 gestifteten Orden werden nur herausragende Kriegstaten gewürdigt, deren jeweilige Prüfung dem versammelten Ordenskapitel obliegt. Das Abstimmungsprotokoll wird dann dem König als dem Großmeister zur Entscheidung vorgelegt. Bisher wurde nur der Offizier Hartmann, Generalkommandant von Würzburg, für seine Bewährung im vergangenen Krieg mit dem Orden ausgezeichnet. Der Name des heutigen Kandidaten ist nicht bekannt. Die Entscheidung für die Auszeichnung hat der König erst am 29. November getroffen und anschließend die Order nach München erlassen, die „Dekoration des hohen *Militär-Max-Joseph-Ordens* muss heute noch nach Nürnberg gesandt werden". An der Ordensverleihung kann Ludwig wegen Unpässlichkeit selbst nicht teilnehmen.

Am Nachmittag unternimmt der König einen Spaziergang durch die Stadt, besichtigt Kirchen und andere Sehenswürdigkeiten Nürnbergs. Überall wird er mit Hochrufen begrüßt, die er auf das Freundlichste erwidert.

Gegen 17.00 Uhr kehrt er in die Burg zurück, wo wie jeden Tag die große Hoftafel stattfindet, zu der viele Einladungen ausgegeben wurden, darunter auch an Offiziere der hiesigen Garnison. Vor dem Essen lässt sich der König die Unteroffiziere Feldwebel Kohl und Steigerwald, Sergeant Gahn, Vizekorporal (früher Tambour) Bourdon sowie den von Aschaffenburg hierher beorderten Regimentstambour Moritz vorstellen, die bereits aufgrund ihrer Tapferkeit im Krieg ausgezeichnet wurden, und beschenkt sie zusätzlich mit goldenen Uhren und Ketten. Ein Unteroffizier, der ebenfalls eine goldene Uhr erhält, antwortet auf Ludwigs Frage, wie es ihm im Krieg denn ergangen sei, es habe halt am Oberbefehl gefehlt, worauf der König kleinlaut meint, dass es das nächste Mal schon besser gehen werde. Während der Hoftafel erhält Bürgermeister von Wächter aus der königlichen Kabinettskasse für die Armen der Stadt 2000 Gulden.
Bereits ab 17.00 Uhr füllt sich der Rathaussaal, in dem am Abend *das große Konzert der Stadtkapelle, des Oratorienvereins und der vereinigten Sänger Nürnbergs* stattfinden soll. Die Damen erscheinen in großer Toilette. Der glänzend erleuchtete alte Saal ist gegen 19.00 Uhr bereits derart überfüllt, dass nur mit Mühe noch ein Platz zu finden ist. Viele erhalten keinen Zugang mehr.
Der König erscheint erst gegen 19.30 Uhr mit großem Gefolge. Sofort beginnt das kräftig verstärkte Stadtorchester unter Leitung J. Grobes mit der „Festouvertüre, Opus 124" von Ludwig van Beethoven, auf die der „Festgesang an die Künstler" – ein von Felix Mendelssohn-Bartholdy für Männerchor komponiertes Gedicht von Schiller – folgt, vorgetragen von den vereinigten Sängern. Hierauf ertönt die Ouvertüre zu „Rienzi" von Richard Wagner, dem sich der Marsch und der Chor aus der Oper „Tannhäuser" anschließen. Dieses letzte Stück wird von dem Emmer-ling'schen Oratorienverein in Verbindung mit dem Männergesangverein und Singverein unter Direktion G. Emmerlings vorgetragen.
Nach dem Schluss des ersten Teils ist der König sichtlich freudig erregt, dies besonders durch die Vorführung der beiden Wagner'schen Tonstücke. Er spricht den beiden Dirigenten, Stadtmusikdirektor J. Grobe und Gesanglehrer Direktor G. Emmerling, seinen Dank für die Aufmerksamkeit aus, die ihm damit erwiesen wurde, und lobt die her-

Programmblatt für das Nürnberger Festkonzert

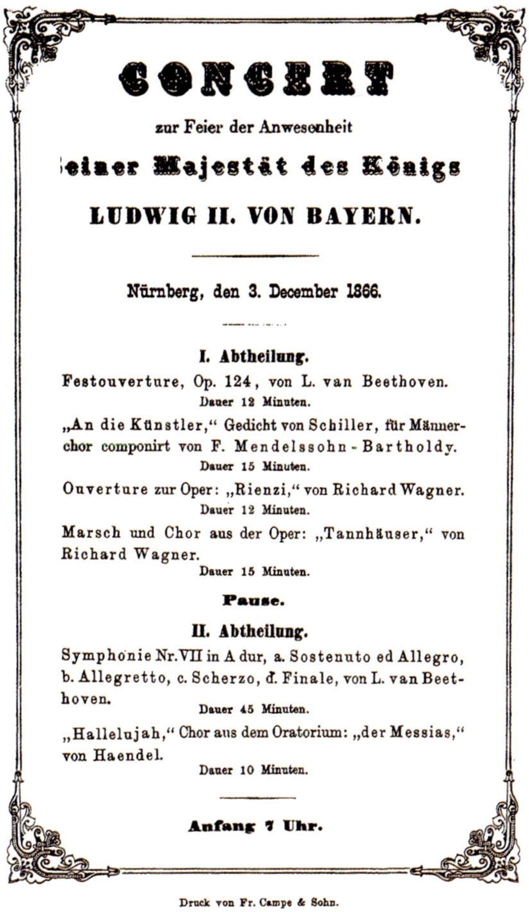
CONCERT
zur Feier der Anwesenheit
Seiner Majestät des Königs
LUDWIG II. VON BAYERN.

Nürnberg, den 3. December 1866.

I. Abtheilung.
Festouverture, Op. 124, von L. van Beethoven.
Dauer 12 Minuten.
„An die Künstler," Gedicht von Schiller, für Männerchor componirt von F. Mendelssohn-Bartholdy.
Dauer 15 Minuten.
Ouverture zur Oper: „Rienzi," von Richard Wagner.
Dauer 12 Minuten.
Marsch und Chor aus der Oper: „Tannhäuser," von Richard Wagner.
Dauer 15 Minuten.
Pause.
II. Abtheilung.
Symphonie Nr. VII in A dur, a. Sostenuto ed Allegro, b. Allegretto, c. Scherzo, d. Finale, von L. van Beethoven.
Dauer 45 Minuten.
„Hallelujah," Chor aus dem Oratorium: „der Messias," von Haendel.
Dauer 10 Minuten.

Anfang 7 Uhr.

Druck von Fr. Campe & Sohn.

Musikdarbietungen lassen den König die Reisestrapazen rasch vergessen.

vorragenden Leistungen des Orchesters. Lebhaftes Interesse zeigt er für den Oratorienverein und findet gegenüber dem weiblichen Vorstandsmitglied, Fräulein Hacker, anerkennende Worte. Er unterhält sich auch mit Kammerherrn Freiherrn von Kreß und lobt das rege musikalische Leben Nürnbergs, das ihn außerordentlich beeindruckt.

Nach einer längeren Pause folgt im zweiten Teil des Abends die „Eroica“, Ludwig van Beethovens Symphonie Nr. VII in A-Dur, die unter Leitung Direktor Grobes aufs Vorzüglichste aufgeführt wird. Händels „Halleluja“, dieser beeindruckende Chor aus dem Oratorium „Der Messias“, vorgetragen vom Oratorienverein, dem Männergesangverein und Singverein unter G. Emmerlings Direktion, bildet den Abschluss des höchst gelungenen Konzerts. Der König lässt allen Mitwirkenden mehrfach seine hohe Anerkennung aussprechen.

Die beiden Dirigenten erhalten für ihre Leitung des Fest-Konzertes sowie ihre musikalischen Verdienste in Nürnberg als Ehrengaben goldene Tabatièren. Ludwig lässt sich auch den jungen Pianisten Max Erdmannsdorfer, der im Konservatorium in München studiert hat, vorstellen und bekommt von ihm einen Festmarsch überreicht, den dieser extra für seine Majestät komponiert hat. Das Werk gefällt dem König derart, dass er es später bei Tafel von der Chevaulegermusik mit dem Stabstrompeter Hager wiederholt spielen lässt.
Gegen 22.30 Uhr verlässt Ludwig den sich allmählich leerenden Rathaussaal und kehrt zur Burg zurück.

Der vierte Tag in Nürnberg – Truppenparade auf dem Ludwigsfeld

Dienstag, der 4. Dezember 1866

Am Dienstagmorgen konsultiert Ludwig seinen Arzt Dr. Gietl, da er immer noch unter starker Heiserkeit leidet. Nach ärztlichem Rat muss der beabsichtigte Besuch der Stadt Fürth vorerst unterbleiben, obwohl seit gestern Mittag das Wetter in Nürnberg recht mild geworden ist. Dr. Gietl erlaubt nur die Visite mehrerer städtischer Einrichtungen und Fabriken, außerdem die Truppenparade auf dem Ludwigsfeld. Beim Frühstück informiert sich der König im „Fränkischen Kurier“ und im „Nürnberger Anzeiger“ über die Stimmung der hiesigen Bürger hinsichtlich seines Besuchs in Nürnberg und über die aktuellen Probleme in der Region. Am Vormittag empfängt er erneut einige Nürnberger Kaufleute.
Für die Truppen, die ihren Kriegsherrn ebenfalls zu sehen wünschen, ist am Nachmittag auf dem Ludwigsfeld (Peterhaide) eine große *Truppenrevue* angesetzt. Daran teil nehmen das 14. Infanterie-Regiment, das 1. Chevaulegersregiment mit zwei Eskadronen Chevaulegers, das 2. Regiment mit einer Batterie von acht Geschützen und eine Sanitätskompanie. Das 14. Infanterieregiment ist ein kombiniertes Bataillon Infanterie und führt in seiner Mitte die vier Bataillonsfahnen des Regiments mit sich.

Um 14.30 Uhr reitet der König in Generalsuniform, und trotz Erkältung ohne Mantel, in militärischer Begleitung durch die Stadt und hinaus zum Ludwigsfeld, wo er um 14.45 Uhr eintrifft und von den Musikkorps mit dem Fahnenmarsch und der Volkshymne begrüßt wird. Aus den Kehlen von tausenden Zuschauern schallt ihm ein dreifaches Hoch entgegen.
Nachdem der König die in Parade aufgestellten und ohne Mäntel ausgerückten Truppen besichtigt hat, steigt er vom Pferd. Sein Gefolge und einige Offiziere bilden einen Halbkreis, in den nun die vier Bataillonsfahnen gebracht werden. Ludwig lobt die Haltung der Truppen im Felde und heftet an jede der Fahnen ein „Denkzeichen" für den Feldzug. Generalleutnant Stephan, Kommandant der dritten Armeedivision, weist in einer Ansprache auf die hohe Ehre hin, die allen paradierenden Truppen zuteil geworden sei, indem Seine Majestät ihre Fahnen soeben eigenhändig mit den „Denkzeichen" geschmückt habe. Er ermahnt sie, auch künftig mit Treue und Hingabe stets zu ihren Fahnen und damit zum König, dem obersten Kriegsherrn, zu stehen. Er endet mit einem dreifachen Hoch, in das alle Soldaten und Zuschauer, begleitet vom Tusch der Musikkorps, begeistert einstimmen.
Nun formiert sich die Truppe in Schlachtordnung gegen einen fiktiven Feind. Bei dem nun folgenden kurzen Schulmanöver beeindruckt insbesondere das Artilleriefeuer auf beiden Flügeln. Die Infanterie rückt im Sturmschritt vor, während die Kavallerie zuerst vereint einen Vorstoß ausführt, dann Scheinangriffe von beiden Flanken aus unternimmt. Nach dem Ende des Manövers defilieren die Truppen zweimal im Feldschritt und die Kavallerie und Artillerie im Trab am König vorbei, der danach mit seinem Stab das Ludwigsfeld verlässt. Die Truppen, denen aus Anlass des königlichen Besuches drei Tage Extralöhnung versprochen wurden, marschieren mit klingendem Spiel in die Stadt zurück.
Der König kehrt jedoch nicht in die Stadt zurück. Nach einem Pferdewechsel reitet er, entgegen des ärztlichen Rates, zusammen mit einem Adjutanten und zwei Hoflakaien in Richtung Fürth, wo er sich einige Stunden aufhält. Was dort geschieht, ist im vorhergehenden Kapitel beschrieben.
Nach seinem Kurzbesuch in Fürth fährt Ludwig in einem festlich geschmückten Wagen der Nürnberg-Fürther Eisenbahn nach Nürnberg zurück, wo er gegen 18.30 Uhr im illuminierten Bahnhof eintrifft. Hier erwartet ihn bereits ein von Fürth aus telegrafisch bestellter Wagen, der ihn durch die Straßen der Stadt rasch zur Burg bringt, wo er an einer reichlich verspäteten Mittagstafel teilnimmt.
Den Tag beschließt der König mit dem Besuch des dicht besetzten Nürnberger Theaters. Um 20.30 Uhr trifft er dort ein, um der *Aufführung des Lustspiels „Ein schlechter Mensch" und des Soloscherzes „Eine Konzertprobe"* beizuwohnen. Die Rollen des Lustspiels sind wie folgt besetzt: Herr Brandt (Strenge), Frl. Haas (Beate), Herr Droberg (Moritz), Frl. Glenk (Luise), Herr Timansky (Grimm), Frl. Schönchen (Barbara), Frau Walter Steffen (Emma), Herr Jürgan (Robert Wille) und Herr Carlmüller (Gleich). Im Soloscherz spielt Herr Siebert den „Rotenmeier". Beide Stücke erheitern den König sichtlich. In der Pause lässt er den Ersten Bürgermeister von

König Ludwig II. bei der Abnahme einer Truppenparade

Wächter zu sich in die Loge rufen und drückt ihm wiederholt seine Anerkennung und Freude auch über die gelungene Aufführung des Festkonzerts aus, das am Montag stattfand.
Nach der Vorstellung kehrt Ludwig unterm Jubel der die Straßen säumenden Bevölkerung in die Burg zurück, wo er noch seine Korrespondenz erledigt und sich in die zahllosen Bittschriften vertieft, die erneut eingegangen sind.

Der fünfte Tag in Nürnberg – Beethovens Oper „Fidelio"

Mittwoch, der 5. Dezember 1866

Wieder liegen Gesuche um eine Audienz beim König vor. Heute empfängt er den Vorstand des hiesigen Lehrervereins, der von der Lehrerschaft Nürnbergs beauftragt ist, Seiner Majestät auch den Gruß der Pädagogen zu überbringen. Ludwig lässt sich bei diesem Empfang ausführlich über die Schulverhältnisse des Landes und speziell jene der Stadt Nürnberg informieren. Dabei erwähnt er unter anderem das große Interesse seines königlichen Vaters für die Entwicklung der Schule. Er versichert der Deputation, dass es für den weiteren notwendigen Ausbau des Schulwesens in Bayern nicht an Unterstützung vonseiten sei-

ner Person fehlen werde und dass auch im Ministerium erforderliche Maßnahmen dafür getroffen würden. Nachdem Ludwig auch noch über Angelegenheiten des Lehrerstandes unterrichtet worden ist, entlässt er die Deputation mit dem Auftrag, sämtlichen Lehrern Nürnbergs seine königlichen Grüße zu übermitteln.
Als nächster hat Kunstverlagshändler Schrag die Ehre, vom König in Audienz empfangen zu werden. Ludwig lässt sich Proben des demnächst im Schrag'schen Verlag erscheinenden Prachtwerks „Adam Kraffts sämtliche Bildwerke" vorlegen, an dem Professor Wanderer und der Künstler Daumenlang mitwirken. Er lobt deren vortreffliche Zeichnungen und Holzschnitte und nimmt erfreut die ihm zugedachte Widmung des Werkes an. Ebenso anerkennend äußert er sich über die im selben Verlag erschienenen Fotografien von Chr. König, deren brillante Schärfe ihn besonders beeindruckt. Mit diversen Bestellungen im Kunstverlag Schrag beendet der König die Audienz.
Der beliebte Nürnberger Komiker G. Siebert widmet dem König eine von ihm komponierte Polka. Ludwig bedankt sich dafür und lässt Siebert durch Theaterdirektor Reck eine wertvolle Brillantnadel als Ehrengeschenk überreichen.
Da Ludwig auf seine Depesche vom 30. November an Richard Wagner noch keine Antwort erhalten hat, erkundigt er sich bei Cosima von Bülow telegrafisch:
„Frau von Bülow-Liszt, Luzern (Tribschen).
Wie geht es dem teuren Sachs? Erhielt er meinen Gruß unentstellt? Ich schreibe sobald als nur möglich, bin glücklich und voll Mut und Zuversicht.
Ludwig."
Cosima von Bülow antwortet unverzüglich:
„Soeben kommt das Telegramm aus Nürnberg! Sie sind glücklich, mein teurer höchster Freund! Glücklich und voll Mut und Zuversicht! Ich kann die Worte gar nicht genug lesen und sende mein ganzes jubelndes Herz nach Nürnberg! Der Freund [Richard Wagner] ist augenblicklich ausgegangen; darum überlies ich es ihm nicht die Antwort zu geben, da ich sofort ein Wort der Freude dahin entsenden wollte, woher alles Glück uns kommt!"
Ein Schreiben Cosimas vom 5. Dezember an Ludwig, der in einem Brief an sie infolge der Überfülle an Terminen die gegenwärtig „fehlenden Augenblicke der Ruhe und Sammlung" beklagt hatte, sodass er sich sogar unwohl gefühlt habe, enthält die mitfühlenden Worte:
„[...] Ich war gram gewesen, dass 200 Audienzen in Bamberg stattgefunden hatten, nun musste ich von 400 [in Würzburg] hören und dass teuerster Freund darüber unwohl wurden! Hoffentlich war für Nüremberg mehr Zeit und demnach eine bessere Verteilung der so anstrengenden Aufgaben. Sonst wird ja ein solcher Zug zur wahren Hölle – trotz des vielen Erhebenden und Erfreulichen – und ich gestehe, dass ich jetzt nur mit Bangigkeit von den vielen Festlichkeiten las. [...]"
Trotz aller oft beschwerlicher Verpflichtungen fühlt sich der König, wie er dem Ersten Bürgermeister von Wächter versichert, hier derart heimisch, dass es ihn plötzlich drängt, auch seinen Bruder, Prinz Otto, nach Nürnberg kommen zu las-

sen, um mit ihm einige Tage hier zu verbringen. Otto wird davon unverzüglich telegrafisch verständigt. Der König erwarte ihn noch in dieser Nacht am Nürnberger Bahnhof. Doch um 20.00 Uhr trifft eine Depesche aus München ein, Prinz Otto werde erst am nächsten Tag gegen Mittag mit dem Eilzug in Nürnberg eintreffen. Einem unbestätigten Gerücht zufolge soll auch Ludwigs Mutter, Königin Marie, eingeladen worden sein, nach Nürnberg zu kommen, der Einladung aber nicht gefolgt sein, was von offizieller Seite jedoch energisch dementiert wird.

Eine große Aufmerksamkeit erweist der König der Stadt durch den Befehl, das von Maler Ille gefertigte Gemälde „Hans Sachs und Nürnbergs Blütezeit in Kunst und Poesie", das sich in München befindet, als Leihgabe nach Nürnberg zu bringen, um den Bewohnern der Stadt Gelegenheit zur Besichtigung des Bildes zu geben. Unverzüglich wird Ludwigs Wunsch erfüllt und bald ist das Gemälde im kleinen Rathaussaal täglich von 10.00 bis 13.00 Uhr und von 14.00 bis 16.00 Uhr zu sehen. Der Andrang des Publikums ist überraschend groß.

Am Mittwochnachmittag stehen die Besuche einiger großer Industriefirmen auf dem Programm des Königs. Um 14.00 Uhr fährt er zur Zeltner'schen Ultramarinfabrik, die ihre Produkte bis in die fernsten Länder der Erde exportiert. Ludwig besichtigt alle Einrichtungen mit großem Interesse. 300 Gulden schenkt er den Arbeitern, die bei seiner Abfahrt ein Spalier bilden. Unter ihren begeisterten Hochrufen fährt er weiter nach Stein, wo er bei der berühmten A. W. Faber'schen Bleistiftfabrik einkehrt. Der Name Faber ist in der ganzen Welt bekannt. In Amerika heißt es angeblich nicht „Leihen Sie mir Ihren Bleistift", sondern „Leihen Sie mir Ihren Faber!" Die Fabrikgebäude und die Wohnhäuser des Reichsrats Lothar von Faber sowie die ganze Siedlung sind festlich mit Fahnen, Kränzen und Girlanden geschmückt.

Gegen 15.00 Uhr trifft der König an der von der Gemeinde Stein errichteten Ehrenpforte ein, wo er enthusiastisch begrüßt wird. Mit besonderem Interesse lässt er sich trotz des Lärms der 56 zweihundert PS starken Maschinen deren Funktion erklären und ist erstaunt, als er erfährt, dass in der Stunde eine Viertelmillion Stifte produziert werden, was jährlich etwa 1200 Eisenbahnwagen-Ladungen Stifte entspricht. Der wöchentliche Arbeitslohn beträgt 12 bis 15 Gulden. Nach der etwa einstündigen Besichtigung der Arbeitssäle lässt der König dem Fabrikherrn durch seinen Adjutanten Baron von Künsberg einen Betrag von 300 Gulden zur Verteilung an die Arbeiterschaft aushändigen. Auf Einladung Herrn von Fabers geht Ludwig zu Fuß zu der Kirche, die mit finanzieller Unterstützung der Firma Faber nach einem Plan des Baurats Solger erbaut wurde. Die vom Glasmaler Hermann Kellner gefertigten Fenster stellen eine besondere Sehenswürdigkeit dar.

Danach kehrt Ludwig nach Nürnberg zurück und kommt gegen 17.00 Uhr in der Cramer-Klett'schen Maschinenfabrik an. Auf seinem Rundgang durch die Werkstätten begleiten ihn Direktor Werder und Kommerzienrat Kempf, der Assistent Herrn von Cramers, der sich gegenwärtig auf Geschäftsreise in Paris befindet. Ein besonderer Anblick bietet sich dem König, als die Arbeiter durch einen Kanal

flüssiges Eisen in die riesige Form des königlichen Namenszugs mit Krone fließen lassen. Da es bereits dunkelt, leuchtet das glühende Eisen fantastisch auf. Eine volle Stunde hält sich der König in der Fabrik auf. Nachdem Ludwig auch noch einen Blick in die Büros und Zeichnungsateliers geworfen hat, fährt er um 18.00 Uhr durch ein Spalier von jubelnden Arbeitern, denen er eine Spende von 700 Gulden hinterlässt, zur königlichen Burg zurück.
Zur anstehenden Hoftafel sind neben den Personen des königlichen Gefolges nur die beiden Bürgermeister von Wächter und Seiler geladen. Ihnen gegenüber äußert sich der König sehr zufrieden über seinen Aufenthalt in der Stadt und er verspricht einen längeren Besuch im nächsten Jahr. Den zweiten Bürgermeister Seiler überrascht Ludwig mit der Nachricht, dass ihm das *Ritterkreuz 1. Klasse des Michaelsordens* verliehen werden soll. Die Übergabe kann allerdings erst später erfolgen, da dieser Orden im Augenblick nicht zur Hand ist.
Kurz nach 20.00 Uhr fährt der König durch die illuminierten Straßen *ins* Theater, wo Beethovens „Fidelio" gegeben wird. Die vier Türme der beiden Hauptkirchen, St. Lorenz und St. Sebaldus, werden vor der Abfahrt bengalisch beleuchtet, wodurch sich über die ganze Stadt ein magischer Widerschein legt, der den König sehr beeindruckt. In der Oper Fidelio wirken mit: Herr Schmid (Fernando), Herr Lang (Pizarro), Herr Braun-Brini (Florestan), Frau Bertram-Meyer (Leonore), Herr Rafalsky (Rocco), Frl. Hoffmann (Marzelline) und Herr Jäger (Jaquino).
Die gelungene Aufführung der Oper findet den Beifall Seiner Majestät. Er beauftragt Bürgermeister von Wächter, neben den übrigen Darstellern besonders

Fabrikgelände der Firma Cramer-Klett

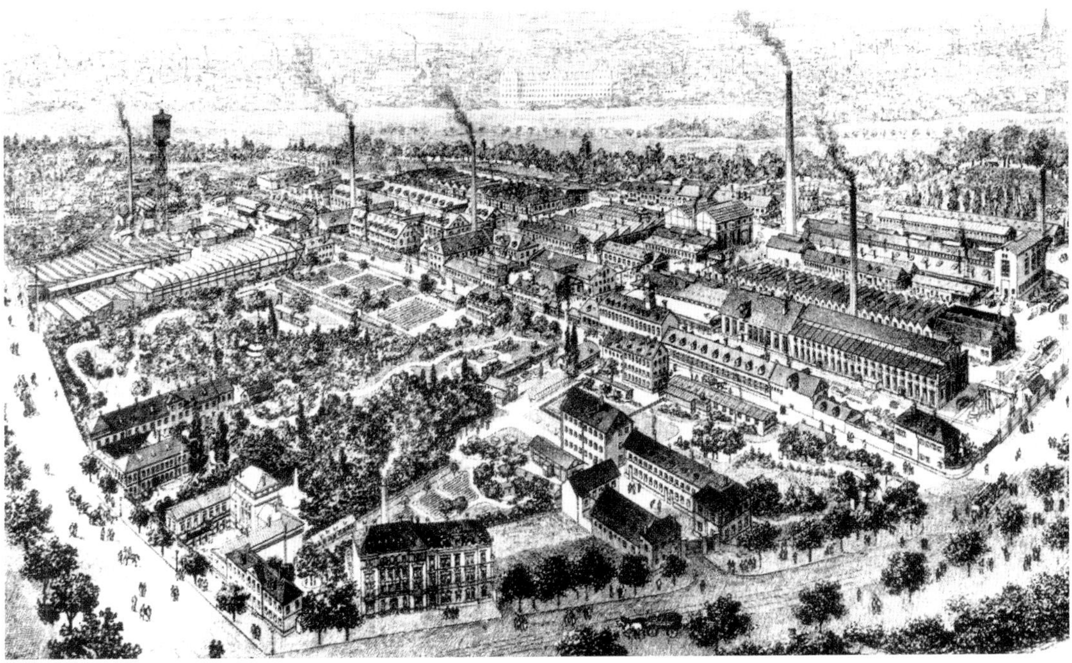

der Primadonna Bertram-Meyer seine Anerkennung hinsichtlich ihres herausragendes Gesangs und ihres meisterlichen Spiels auszudrücken. Wie jeden Abend, so wartet auch diesmal wieder eine große Menschenmenge vor dem Theater, um den König auf seiner Rückfahrt in die Burg mit Jubelrufen zu begleiten.

Der sechste Tag in Nürnberg – Ein Lustspiel im Theater

Donnerstag, der 6. Dezember 1866

Am Donnerstagvormittag bitten die Vorstandsmitglieder der hiesigen freien Gemeinde um Audienz beim König. Staatsrat von Neumayr, an den sie vom Adjutanten Hauptmann von Sauer verwiesen werden, kann die erhoffte Audienz nicht ermöglichen, sagt aber im Namen des Königs eine Verbesserung der Verhältnisse der freien Gemeinde zu.

Gegen 11.30 Uhr fährt Ludwig zum Nürnberger Hauptbahnhof, um seinen Bruder Otto zu empfangen, der um 11.45 Uhr dort eintrifft. Obwohl die Ankunft des Prinzen nur wenigen bekannt ist, füllen sich doch alle Straßen im Nu, als der König zum Bahnhof fährt und sich die Nachricht vom Erscheinen des neuen Gastes in Windeseile verbreitet. Im offenen Wagen fahren die beiden königlichen Brüder durch die Stadt zur Burg, wo Prinz Otto jene Gemächer bewohnen wird, in der sich 1855 die Königin-Mutter aufgehalten hatte. Ludwig ist hocherfreut, dass sein Bruder bei ihm in Nürnberg weilt, auch wenn zwischen beiden nicht unbedingt eine Seelenverwandtschaft besteht, wie dies Ludwig in einem Brief an Cosima Wagner andeutet, in dem es heißt, dass „[…] Otto genauso wie seine übrigen geistlosen Vettern nicht den geringsten Sinn für Hohes und Schönes gezeigt, dafür aber am Abend die Ballettaufführungen im Aktientheater eifrig frequentiert hätte".

Das Interesse und die Huldigungen der Bevölkerung teilen sich in den nächsten Tagen die beiden fürstlichen Brüder, denn auch Otto strahlt bezaubernde Liebenswürdigkeit aus. Am Nachmittag macht er, von einer großen Menschenmenge begleitet, einen Spaziergang durch die Stadt und besichtigt die Sehenswürdigkeiten, darunter auch die Kirchen von St. Sebald und St. Lorenz.

Theodor von Cramer-Klett, Industrieller in Nürnberg

Gegen 14.00 Uhr verlässt der König zu Pferd die königliche Burg und reitet, von einem Adjutanten und zwei Reitknechten begleitet, durch das Vestnertor in Richtung Erlangen. Der Ausritt führt sie aber nicht bis Erlangen, wie manche vermuten, sondern nur in die Nähe der Stadt. Bereits gegen 16.00 Uhr kehren sie wieder in die Nürnberger Burg zurück.

Am Abend besucht Ludwig gemeinsam mit seinem Bruder Otto im Theater das Lustspiel „Rothe Haare" von M. A. Grandjean. Die Rollenbesetzung nennt folgende Namen: Herr Brandt (Bankier Braun), Frl. Hüttner (Sophie), Herr Timansky (Waldeck), Herr Siebert (Hase), Herr Jäger (Mendler), Herr Carlmüller (Jakob). Außerdem wird die Operette „Flotte Burschen" gespielt – Musik: Franz von Suppé,

Nürnberger Theater (historisch)

Libretto: Josef Braun. Die Rollenliste führt auf: Herr Carlmüller (Geier), Frl. Hoffmann (Student Brand), Frau Dupont (Anton), Frl. Norden (Lieschen), Herr Siebert (Wichsier Fleck) und Herr Timansky (Gastwirt Schwammerl). Die Vorstellung erregt die Heiterkeit der hohen Gäste, die sämtlichen Mitwirkenden lebhaften Beifall spenden. Auf dem Rückweg zur Burg freuen sich viele Menschen über den Anblick des königlichen Brüderpaars.

Fast täglich zieht sich Ludwig nach Beendigung des offiziellen Tagesprogramms in sein Arbeitszimmer zurück – es ist dies das ehemalige kaiserliche Schlafzimmer –, um dort die den Tag über liegen gebliebenen Arbeiten zu verrichten. Sogar in der Zeitung wird darüber berichtet, wie etwa am *5. Dezember*, wo es heißt: „In vorletzter Nacht arbeitete Seine Majestät der König bis gegen 3 Uhr." Es gilt, Akten aus München zu lesen und zu unterzeichnen, Briefe zu schreiben, darunter an Cosima von Bülow oder Richard Wagner, auch an seine Mutter. Den Schreiben an sie fügt er Blumenbouquets bei, die ihm täglich so reichlich überreicht werden. In diesen stillen Stunden, im „trauten gothischen Zimmer in der hehren, altehrwürdigen Burg" schreibt er auch folgenden Brief an Richard Wagner, „dem teuren Meister Sachs, dem treu geliebten Freund." Darin ist zu lesen:

„Es ist Abend, längst verklungen sind die rauschenden Festlichkeiten des Tages; es barg sich sein hell leuchtender Schein, Sterne der Wonne erglühen! Ich sitze in meinem trauten, gotischen Zimmer in der hehren, altehrwürdigen Burg; mir ist fast zu Mute wie unsrem Meister Sachs am Morgen des Johannistages, nach dem Straßenlärm und Gewimmel der vergangenen Stunden. – In keiner Stadt fühle ich mich so heimisch wie hier. – Die Bevölkerung ist intelligent und durchaus edel, unterscheidet sich darin so vortheilhaft von dem Münchner Plebs! […]"

Verlegung der Residenz von München nach Nürnberg?
Wahrheit oder Gerücht?

Den Plan, die Residenz „aus dem ultramontanen München in das protestantische Nürnberg" zu verlegen, wie es König Ludwig im folgenden Briefteil anspricht, hatte sein Freund Richard Wagner schon zu Beginn des Jahres *1866* entwickelt. Dies war seine Reaktion darauf, dass er im *Dezember 1865* aus München hatte abreisen müssen. Seit dieser Schritt vollzogen ist, so hieß es damals in einem Brief an den König, „werden die Raben nicht mehr um den Berg fliegen, der herrliche Kaiser ist erlöst". Und seither lässt dieser Gedanke auch den König nicht mehr los:
„Wenn, was mir nun leider völlig und unbezweifelbar klar erscheinen muss, in München nie und nimmer Heil Unsrem Wirken erblühen kann, so will ich den größten Teil des Jahres in Zukunft hier zubringen, hier im geliebten Nürnberg, das mir täglich teurer wird. Denn hier haben wir nicht jene tückischen Feinde zu fürchten, die Uns durch Anwendung von niederen und kleinlichen Mitteln so geschadet haben; auf Bosheit, vereint mit Dummheit, werden Wir hier nirgends stoßen. Hier muss dereinst der große Kunsttempel sich erheben, hier wollen Wir die deutsche Kunstschule errichten, hierher Bülow berufen, hierher endlich bitte ich den heiß geliebten Freund nach Vollendung der ‚Meistersinger' zu ziehen, um

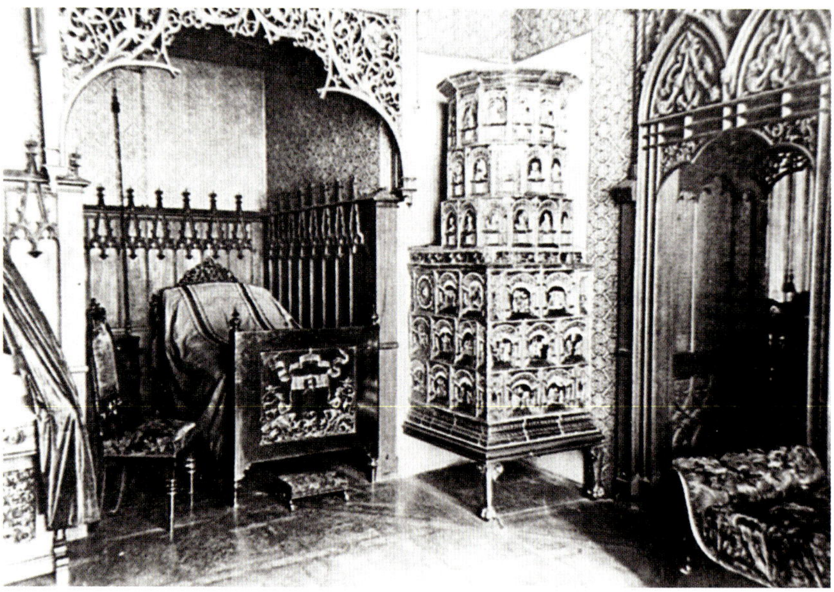

Kaiserburg Nürnberg, Schlafzimmer um 1941

stets hier zu bleiben; hierher nach dem ehrwürdigen, heiligen Nürnberg will ich kommen, um nimmer vom Freunde zu scheiden; hier wollen Wir gemeinsam den schönen, den kühnen Traum verwirklichen. [...]"
Diese unglaubliche Absicht, Nürnberg den Vorzug gegenüber München zu geben, wird Ludwig nicht nur in diesem Brief geäußert haben. Das Gerücht, der König trage sich mit dem Gedanken, seine Residenz nach Nürnberg zu verlegen, dringt natürlich auch zu den Münchner Hof- und Ministerialbeamten. Sie sind beunruhigt. Der König weilt in Nürnberg jetzt schon länger als in jeder anderen fränkischen Stadt. Auf die stets dringlicher werdende Anfrage, zu welchem nunmehr endgültigen Termin die immer wieder verschobene Rückreise seiner Majestät nach München denn nun endlich stattfinden werde, lässt der König durch seinen Generaladjutanten mitteilen, dass die Rückreise „überhaupt nicht vor dem 10. Dezember erfolgen" werde. Jetzt zerbricht man sich in München die Köpfe, wie die beiden rätselhaften Worte „überhaupt nicht" denn zu verstehen seien. Sind sie nur Ausdruck des königlichen Unmuts, stellen sie eine Zurechtweisung der aufdringlichen Frager dar oder enthalten sie bereits die versteckte Andeutung, dass sich der König von München abkehren will und sich schon nach Nürnberg orientiert? Ist der König, der Franken doch für Bayern zurückgewinnen sollte, am Ende von den Franken gar selbst eingefangen worden? Den fixen Franken traut man nach jüngsten Erfahrungen bei Stellenbesetzungen jeden Eingriff in Münchner Zuständigkeiten zu.

Warum aber fühlte sich Ludwig so sehr zu den Franken hingezogen, vor allem zur Stadt Nürnberg? Für diese Einstellung sind besonders drei Gründe ausschlaggebend.
Zum einen verurteilten etliche Franken die „Hetze" der Münchner „gegen den jungen König und seinen Günstling Richard Wagner", wie dies Anton Memminger tat, der spätere Chefredakteur der bayerischen Landeszeitung, der 1865 an der Würzburger Universität studierte und dem „diese Treiberei gegen den Strich ging". Er konstatierte: „In Franken fand man es auch ganz in Ordnung, dass der König einen Tondichter von der Bedeutung Richard Wagners aus dem Elendswinkel hervorzog und auf ein höheres Podium stellte [...] das Urteil der Münchner Dunkelmänner, Bierdümpfel, Weißwurstphilister, Schmalzlerschnupfer, Hofbräuhäusler und Betschwestern kann für gebildete Männer nicht maßgebend sein. Sie sind zwar dort die Mehreren, aber auch die Dümmeren [...] Oder wollen wir den Schimpfaposteln und Neidnickeln der Hauptstadt beipflichten, die dem großen Tonkünstler ein besseres Dasein missgönnen, oder sollen wir den Flach- und Hohlköpfen beistimmen, die den jungen König und seine edlen Bestrebungen nur mit ererbtem Vorurteil und eingetrichtertem Parteihass verfolgen? Nein, dazu geben sich deutsche Studenten nicht her." Und auch fränkische Studenten nicht.
Zum Zweiten trachtete man in Franken Ludwig nicht nach dem Thron. Der Gesandte des Norddeutschen Bundes Freiherr v. Werthern sprach davon, dass die „Ultramontanen Abgeordneten, die alle Reichsräte und kgl. Prinzen auf ihrer

Seite haben, ihn [Ludwig] stürzen können und werden, wenn man es in Rom für der Mühe wert hält, ihn noch vor dem Konzil zu beseitigen, und demgemäß entsprechende Befehle hierher sendet." Den Ultramontanen, also der dem Vatikan in Rom hörigen Partei (ultra montes/ jenseits der Berge), missfiel Ludwigs Ablehnung des Dogmas der päpstlichen Unfehlbarkeit. Ein solcher Papstwidersacher verdiente nach ihrer Ansicht nicht, König in Bayern sein zu dürfen. Auch in Franken wusste man darüber Bescheid, wie eine Meldung des „Fränkischen Kuriers" vom 4. Dezember 1866 erkennen lässt, in dem es heißt, dass in München bezüglich eines Empfangs des zurückkehrenden Königs „in klerikalen Kreisen nicht das Geringste von Vorbereitungen" zu hören sei, „im Gegenteil hat man im ‚schwarzen Casino' das stillschweigende Übereinkommen getroffen, die Ankunft des Königs zu ignorieren und sich überhaupt bei allen derartigen Anlässen völlig passiv zu verhalten. Wir wissen keinen eigentlichen Grund, aber so viel ist gewiss, der junge König hats bei der Pfaffenpartei verdorben, das merkt man aus ihrem Tun und Unterlassen. Man höre nur ihre halblauten Äußerungen in ihren Conventartikeln, lese ihre Organe und man weiß genug."
Zum Dritten waren es die in München lebenden königlichen Prinzen, insbesondere sein Onkel Luitpold und dessen Sohn Ludwig. Zwischen ihnen und Ludwig II. bestanden tiefer gehende Spannungen und Animositäten, die schließlich zu schriftlichen Abmahnungen durch den König, ja sogar zum Hofverbot für sie führten. Es verwundert nicht, dass sie König Ludwigs II. Abdankung insgeheim befürworteten. Auch die von ultramontaner Seite geschürten Bemühungen, wie Freiherr v. Werthern notierte, den König „um alle Popularität zu bringen, vielleicht gar für verrückt erklären zu lassen, und auf diese Weise, mit Umgehung des Prinzen Otto, die Thronbesteigung des Prinzen Ludwig, Sohn des Prinzen Luitpold, vorzubereiten" wurden von der Luitpoldinger Linie sicher nicht abgewiesen.
Auch etliche Mitglieder des in München ansässigen Ministeriums und das Kabinett nahmen den gerade erst volljährig gewordenen König nicht ernst, glaubten, ihn bevormunden und die eigenen Interessen durchsetzen zu müssen und zu können. Aber sie wurden enttäuscht, da sich Ludwig in so manchen Entscheidungen nicht ihren Vorstellungen fügte.
Zusammenfassend ausgedrückt hetzten in München nicht einmal zwei Jahre nach Ludwigs Thronbesteigung die „Pfaffenpartei" und die ihr gleichgesinnten Konservativen ebenso gegen den König wie die Feinde Wagners und Ludwigs Onkel, Prinz Luitpold, der als 45-Jähriger sich von einem knapp 21-jährigen Bürschchen keine Vorhaltungen machen lassen wollte. Er wurde nach König Ludwigs II. Tod tatsächlich Prinzregent und auf ihn folgte dann als König Ludwig III., sein Sohn. Dazu kamen neben dem Ministerium und dem Kabinett, das über Ludwigs Fehlverhalten, vor allem in den Kriegsmonaten, entrüstet war, noch zahlreiche Münchner Bürger, die, aufgehetzt von der Presse, ebenfalls gegen Ludwig II. polemisierten. Anton Memminger fasste alle diese Leute treffend und mit Sicherheit auch im Sinne König Ludwigs II. als „Münchner Dunkelmänner, Bierdümpfel, Weißwurstphilister, Schmalzlerschnupfer, Hofbräu-

häusler, Betschwestern, Schimpfaposteln, Neidnickel, Flach- und Hohlköpfe" zusammen.
Demgegenüber distanzierten sich die protestantischen Franken von der „Pfaffenpartei", von den Wagnerhassern und von den nach dem Thron gierenden Luitpoldingern. Immer wieder verlangten sie nach der Nähe ihres Königs, dem sie treu und loyal dienen wollten. Ludwig honorierte das auch, wie aus der Tatsache zu ersehen ist, dass von 32 Ministern in seiner Regierungszeit 18 aus Franken und nur sechs aus Altbayern kamen, die übrigen acht kamen aus außerbayerischen Gebieten. Und in den letzten Wochen bereiteten die Franken, als der König durch ihr Land reiste, ihm in allen Städten einen triumphalen Empfang.

Der Gedanke an die Rückkehr nach München bedrückt den König.

Es verwundert nicht, dass sich Ludwig nach eigenen Worten in München wie eingekerkert fühlt, dass ihm die Luft in dieser Stadt nicht bekommt, dass er im „Hauch der Grüfte", in dieser „Sumpfluft" erstickt und er der Überzeugung ist: „Lange in München zu sein, wäre mein Tod."
Die Münchner erkennen, wie sich Ludwig in ihrer Stadt und wie er sich demgegenüber in Franken fühlt. Sie nehmen deshalb die Nachricht, der König wolle seine Residenz nach Nürnberg verlegen, durchaus sehr ernst. Nur eines kann dieses Unheil abwenden, dass sie dem König endlich zeigen, wie sehr auch sie ihn trotz allen vorausgegangenen gegenteiligen Verhaltensweisen verehren. Wenn dies aber nicht jetzt bei seiner Rückkehr von der Frankenreise deutlich wird, wann dann?
Zwar nimmt man mit Erleichterung die Nachricht entgegen, dass aus diesen abenteuerlichen Residenzverlegungsplänen doch nichts werden würde, aber dennoch drückt die Münchner Bevölkerung nunmehr ihr schlechtes Gewissen, beschleicht sie so etwas wie Reue. Was hatte die Residenzstadt ihrem König im Vergleich zu Nürnberg und den anderen fränkischen Städten, in denen Ludwig mit nicht enden wollendem Jubel begrüßt wurde, denn bislang schon geboten? In München war man mit ihm doch nur unzufrieden gewesen, hatte ihn ständig kritisiert, nicht nur wegen seiner Freundschaft zu Wagner, nein, auch wegen seiner Regierungsarbeit, seiner häufigen Abwesenheit von München, seinem Fernbleiben in den Kriegstagen und seiner Liebe zur Kunst. Für eine Wiedergutmachung ist es deshalb allerhöchste Zeit. Noch weilt Ludwig in Nürnberg, aber die Münchner wissen, dass nur noch wenige Tage bleiben, den Empfang des Königs zu organisieren, der vielleicht schon morgen in seine Residenzstadt zurückkehren wird.

Der siebte Tag in Nürnberg – Charles Gounods Oper „Faust"

Freitag den 7. Dezember 1866

Es ist wärmer geworden in Nürnberg. Und das milde Frühlingswetter begünstigt natürlich auch den Aufenthalt des Königs in der fränkischen Hauptstadt.
Heute ist Kleiderfabrikant Ramp aus Nürnberg, bei dem der König während seines Bamberger Aufenthalts neue Uniformen bestellt hatte, zu einer Privataudienz geladen. Damals in Bamberg wurden für den König drei Obersten-Unifor-

men (für ein Ulanen-, Chevauxleger- und Infanterie-Regiment) sowie eine Marschalls- und eine Generalsuniform bestellt. In diesen neuen Uniformen ist Ludwig bereits in Nürnberg auf dem Bürgerball, bei der Revue und bei den Ausfahrten aufgetreten. Fabrikant Ramp wird nun mit neuen Aufträgen betraut. Diesmal handelt es sich um Uniformen für den Winter und um die dazugehörigen Equipierungstücke. Da König Ludwig II. mit der Qualität sehr zufrieden ist, wird dem Schneidermeister versichert, dass er auch in Zukunft mit Aufträgen aus der Münchner Residenz rechnen kann. Die dazu gehörigen Epaulettes, Säbelkuppeln, Knöpfe usw. liefern Herr Gürtlermeister und Magistratsrat Pauschinger.

Am frühen Nachmittag setzt der König in Begleitung seines Bruders Otto die Besuche in Industrieunternehmen fort. Gegen 14.00 Uhr treffen die beiden in der Erzgießerei Lenz und Heroldt ein, wo sie sich zunächst für den Guss der Kepler-Statue interessieren, zu der Direktor von Kreling das Modell schuf. Ludwig ist begeistert und freut sich, dass von Kreling an der hiesigen Kunstschule lehrt, die er auch noch besuchen will. Er erkundigt sich nach den größeren Aufträgen und besichtigt die in den Räumen der Gießerei aufbewahrten Modelle sowie jene Arbeiten, die gerade ausgeführt werden. Die für ihre Sorgfalt bekannte Gießerei erhält fast nur auswärtige Aufträge, so etwa kürzlich aus Schweden. Ludwig erinnert die Gieß-Werkstätte an den von ihm verehrten Meister Peter Vischer. Beim Abschied erbittet er einige vorhandene Arbeiten als Erinnerung an diesen ihn höchst beeindruckenden Besuch.

Von hier begeben sich die hohen Gäste zum Germanischen Museum. Im festlich dekorierten Vorhof empfängt der 1. Vorstand Professor Essenwein mit einigen Beamten die königlichen Besucher, um ihnen Sammlungen und Einrichtungen des Instituts zu zeigen. Der König lässt sich eingehend über die Organisation und Aufgaben des Museums Bericht erstatten, bedauert lebhaft, dass er sich leider über Details jetzt nicht genauer unterrichten lassen könne, und verspricht, dies bei seinem nächsten Besuch nachholen zu wollen. Auch über die finanziellen Verhältnisse des Museums lässt er sich Bericht erstatten und sagt seine Unterstützung zu.

Prinz Otto besucht seinen Bruder König Ludwig II. in Nürnberg.

Schon sind die Königsbrüder auf dem Weg in die Kunstgewerbeschule. Dort gilt ihre Aufmerksamkeit den Arbeiten der Kunstschüler, den Zeichnungen nach lebenden Modellen und Vorlagen der Antike, den figürlichen Bildhauerarbeiten, den Brunnengruppen, den Statuen und anderen Werken. Besonderes Interesse zeigt der König für die Büsten sämtlicher deutscher Meister der Tonkunst. In jeder Abteilung der Schule stellt Direktor von Kreling die zuständigen Professoren vor. Während Hofrat und Professor Mayer dem Prinzen Otto einige Werke der Kunstschüler vorlegt, motiviert Ludwig beim Durchqueren der Räume die auf ihre Arbeit konzentrierten Schüler durch lobende und aufmunternde Worte.

Besonders fasziniert ihn auf den Porträtzeichnungen die Ähnlichkeit mit den lebenden Modellen. Infolge der früh hereinbrechenden Dunkelheit unterbleibt der Besuch der Erzgießerei. Dafür hält sich Ludwig längere Zeit im Atelier von Direktor von Kreling auf. Anerkennend äußert er sich über dessen aktuelle Arbeiten, darunter das Modell zum Kepler-Denkmal. Eine besondere Freude bereitet Professor Eberle dem König. Er ist im Besitz eines alten Teppichs, der im Dom zu Erfurt entdeckt wurde und auf dem die Geschichte von Tristan und Isolde dargestellt ist. Davon fertigte Eberle Zeichnungen an und ließ auch Fotografien machen, die der Direktor des Germanischen Museums, Herr Essenwein, dem König vor knapp einer halben Stunde gezeigt hatte. Ludwig, der sich daran erinnert, erkundigt sich bei Eberle nach dem Verbleib des Teppichs, den der Professor dem völlig überraschten, aber hoch erfreuten König nicht nur zeigt, sondern ihm als Geschenk überreicht. Ludwig lässt dem Professor dafür 200 Gulden zukommen. Über eine Stunde verweilen der König und sein Bruder in den Räumen dieser von der Staatsregierung unterstützten und von Direktor von Kreling so vorbildlich geleiteten Kunstgewerbeschule.

Ludwig der II. in der Uniform des bayerischen Infanterie-Leibregiments

Abschließend fahren die hohen Gäste noch zur Fleischmann'schen Papiermaché-Fabrik, wo sie die interessanten Erzeugnisse dieses weithin bekannten Unternehmens begutachten. Besonders die in einzelne Teile zerlegbaren wissenschaftlichen Präparate des menschlichen Körpers und der Sinnesorgane sowie die getreuen Nachbildungen altertümlicher Gegenstände wecken ihr Interesse. Ludwig lobt die Leistungen der Fabrik und tätigt einige Einkäufe.
Nach dem reichhaltigen Besuchsprogramm begeben sich der König, sein Bruder Otto und das übrige Begleitpersonal gegen 17.30 Uhr in die Burg zurück.
Zur anschließenden Hoftafel sind außer General Tausch die Stabsoffiziere des 2. Chevaulegersregiments aus Ansbach, der interimistische Stadtkommandant von Nürnberg, Oberst Mulzer, Fabrikbesitzer Johannes Zeltner, Bürgermeister John von Fürth und der königliche Stadtkommissär Bezirksamtmann Herr Rücker, ebenfalls aus Fürth, geladen.
Um 19.30 Uhr fahren die Königsbrüder ins Theater, wo die Oper „Faust" von Charles Gounod gegeben wird und zwar mit folgender Besetzung: Herr Braun-Brini (Faust), Herr Rafalsky (Mephisto), Herr Lang (Valentin), Frl. Norden (Gretchen), Frau Freund (Martha), Frl. Hoffmann (Siebel), Herr Carlmüller (Brandner) und Herr Clement (Altmayer). Auch diese Vorstellung erringt den Beifall der hohen Gäste. Illumination und bengalische Flammen beleuchten den Theaterplatz und die Straßen bei der Rückkehr des Königs in sein Quartier auf der Burg.
Da der König musikalische Darbietungen ganz besonders schätzt, wird in der Magistratssitzung beschlossen, auch am morgigen Abend im großen Rathaussaal ein zweites städtisches Konzert zu Ehren seiner Majestät zu geben.

Der achte Tag in Nürnberg – zweites Konzert im Rathaussaal

Samstag, der 8. Dezember 1866

Die auf heute festgesetzte und bereits telegrafisch nach München gemeldete Abreise Seiner Majestät des Königs wird nun erst Montagnachmittag 13.00 Uhr stattfinden. Dieser Entschluss wurde Freitagnachmittag während der Tafel von Ludwig gefasst. In München ist man über diese Ankündigung erleichtert.
Am *Vormittag* werden die Spitzen der königlichen und städtischen Behörden, die Geistlichkeit sowie die Vorstände der höheren Schulen Seiner königlichen Hoheit dem Prinzen Otto vorgestellt. Des Weiteren sind bei der Audienz der königliche Regierungspräsident von Mittelfranken, die Beamten Nürnbergs, mehrere Offiziere und eine Deputation des Magistrats und des Kollegiums der Gemeindebevollmächtigten zugegen.
Am Nachmittag um 14.00 Uhr begibt sich der König in Begleitung seines Bruders in das Antiquitätenkabinett des Hofantiquars Pickert und verweilt fast zwei Stunden darin. Die reichhaltige Sammlung, aus der er mehrere interessante Gegenstände kauft, findet sein höchstes Wohlgefallen. Danach besucht er das Militärhausdepot und macht eine Spazierfahrt um die Stadt.
Wie jeden Tag, so lädt Ludwig auch heute wieder zur Hoftafel, die um 17.00 Uhr in der Burg beginnt. Wieder sind eine Menge Gäste geladen, darunter die beiden Bürgermeister von Wächter und Seiler, die Generalität und die hohen Militärbehörden der Stadt, Regierungspräsident von Feder, Regierungsrat und Stadtkommissar Schrodt, Oberst von Caspar, Vorstand des Hauptmonturdepots, dem Seine Majestät das *Ritterkreuz I. Klasse des Verdienstordens vom heiligen Michael* verleiht, die Kammerherren Freiherr von Tucher, von Künsberg und Kreß sowie der Armenpflegschaftsrat und Feingoldschläger Reichert. Geladen sind auch Mitglieder der städtischen Kollegien, zuerst die Herren Magistratsräte: Fabrikbesitzer Kugler, Gürtlermeister Pauschinger, Kaufmann Arnold, Kaufmann Birkner, Drechslermeister Städler und Herr Kriegler. Dann die Gemeindebevollmächtigten: Kammfabrikant Probst, Fabrikbesitzer Barthelmeß und Spielwarenfabrikant Maaß. Aus dem Wirtschaftsbereich kommen hervorragende Industrielle und Gewerbetreibende, die ihr Geschäft mehr in Schwung haben als mancher auswärtige Fabrikant, so der königliche Gewerbskommissar Dr. Beeg sowie die Industriellen: Brauereibesitzer Henninger, Kommerzienrat Kempf (von der Cramer-Klett'schen Fabrik), Direktor v. Kreling, Konsul Platner, Kaufmann Puscher und die Erzgießereibesitzer Lenz und Heroldt.
Der König unterhält sich nach der Tafel besonders eifrig mit den Industriellen und wünscht eingehende Erklärungen über deren Produkte und Absatzquellen. Wie bedeutend der Einfluss des Handels auf das Gewerbewesen Nürnbergs ist, zeigt sich darin, dass die Stadt derzeit allein 200 000 Gulden direkte Steuer zahlt, wovon die Hälfte Gewerbesteuer ist. Der Güterzugverkehr beläuft sich seit einigen Jahren im Durchschnitt jährlich auf vier Millionen Zentner unterschiedlicher Güter. Allein den jährlichen Umsatz der Rothgießer schätzt man

Nürnberger Rathaus

auf 3 Millionen Gulden, den der Feingoldschläger auf eine Million Gulden im Jahr. Ein genauer Einblick in das hiesige Fabrik- und Gewerbewesen sowie in den Vertrieb von Tausenden Artikeln lässt sich nur schwer gewinnen. Besonders Zahlenangaben und Absatzorte bleiben vielfach im Dunkeln, da man sich vor deren Bekanntgabe scheut und sie vor der Konkurrenz und Kundschaft lieber geheim hält.
Während der Hoftafel überrascht der König Nürnbergs Bürgerschaft mit der Ernennung des Herrn von Cramer-Klett zum Reichsrat auf Lebenszeit. Diese Ehrung, durch die Nürnberg eine überaus wichtige Vertretung in der Reichsratskammer erhält, stellt ein Ereignis von höchstem Interesse dar, da die bekannte volkswirtschaftliche Bildung und fortschrittsfreundliche Gesinnung Cramer-Kletts Sicherheit dafür bieten, dass er in allen industriellen Fragen, welche Nürnberg berühren, das diesbezügliche Wohl der Stadt im Auge behalten wird. Mit seiner Ernennung zum Reichsrat wurde Herrn von Cramer-Klett auch das *Komturkreuz des Verdienstordens vom heiligen Michael* verliehen. Direktor Kempf der Cramer-Klett'schen Fabrik wird beauftragt, seinen Chef, der sich in Paris aufhält, umgehend telegrafisch von dieser Ehrung in Kenntnis zu setzen.
Auch der Gewerberat der Stadt Nürnberg lässt an Herrn von Cramer folgendes Telegramm nach Paris senden:
„Herrn Reichsrat Theodor von Cramer-Klett. Paris.
Die Vertreter des Gewerbestandes Nürnberg bringen Ihnen zu Ihrer Ernennung zum Reichsrate die herzlichsten Glückwünsche dar. Gestatten Sie uns, Hochver-

ehrter Herr, den in dieser Ernennung liegenden Triumph der Industrie über veraltete Vorurteile mit Ihnen zu feiern. Namens des Gewerberats Nürnberg:
Der Vorsitzende: Pauschinger. Kolb."

Komturkreuz des Verdienstordens vom Hl. Michael (Vorder- und Rückseite)

Nachdem das erste Konzert am 3. Dezember vom König äußerst positiv aufgenommen wurde, beschließt die Stadt Nürnberg am heutigen Abend, ihm zu Ehren ein *zweites Konzert im Rathaussaal* zu veranstalten, zu dem gegen 20.00 Uhr Ludwig und Prinz Otto erscheinen. Wieder ist zahlreiches Publikum anwesend. Ein dreifacher Tusch der Stadtkapelle begrüßt die königlichen Gäste. Das Programm des Konzertes erfüllt alle Erwartungen Ludwigs durch die treffliche Auswahl meisterhafter Kompositionen:
I. Abteilung:
Ouvertüre zu „Anacreon" von Cherubini, Arie aus der Oper „Don Sebastian" von Donizetti, gesungen von Frau Bertram-Meyer, Adagio für Streichinstrumente von L. Spohr, Arie aus dem Oratorium „Die Schöpfung" von J. Haydn, gesungen von Herrn Rafalsky, Zug der Frauen und Entreacte aus der Oper „Lohengrin" von Richard Wagner.
II. Abteilung:
Musik zu dem Ballet „Die Geschöpfe des Prometheus" von Ludwig van Beethoven (vom König zum ersten Mal gehört) und die Ouvertüre zur Oper „Rienzi" von Richard Wagner.
Das Festkonzert gelingt trotz der erforderlichen Improvisation in allen Teilen vorzüglich. Der König ist von der orchestralen und gesanglichen Ausführung begeistert und lässt dem Dirigenten, Stadtmusikdirektor Grobe, Frau Bertram-Meyer, Herrn Rafalsky und allen Mitwirkenden seine hohe Zufriedenheit und Anerkennung aussprechen. Nach dem Konzert unterhält er sich mit vielen der anwesenden Damen und mit Magistratsrat Weiß aufs Freundlichste.
Kurz vor Mitternacht verlässt er mit seinem Gefolge das Rathaus und kehrt in die Burg zurück. Trotz der späten Stunde bittet Ludwig Staatsrat von Neumayr zu sich, um mit ihm noch ein bis zwei Stunden zu arbeiten.

Der neunte Tag in Nürnberg – Molières Komödie „Don Juan"

Sonntag, der 9. Dezember 1866

Auch am zweiten Sonntag, den der König in Nürnberg verbringt, besucht er am Morgen in der Burgkapelle die Heilige Messe und empfängt danach abermals Nürnberger Bürger zur Audienz, von denen er einige reich beschenkt. Dem Maler Johann Maar lässt er für das von ihm verfasste und illustrierte Märchen „Vom Sänger und vom verstoßenen Prinzen" eine Gratifikation von 300 Gulden zukommen. Der Fabrikant Gustav Häusler wird für seine „Neue deutsche Spielkarte" (Schildkarte) ebenfalls belohnt. Aber auch Ludwig erhält Geschenke, so von dem Dichter J. Priem, der ihm ein Exemplar seines Nürnberger Künstlerdramas „Veit Stoß" überreicht.
Am *Nachmittag* unternehmen der König und sein Bruder Otto Spazierfahrten in die nähere Umgebung der Stadt, besuchen den Johanniskirchhof mit seinen his-

torischen Gräbern und dann den Schmausenbuck, eine Erhöhung am östlichen Rand von Nürnberg. Die verbreitete Nachricht, Seine Majestät habe heute die Stadt Ansbach besucht, erweist sich als Gerücht.
Zur heutigen Hoftafel ist zum wiederholten Male Nürnbergs Bürgermeister von Wächter eingeladen. Aus Würzburg sind telegrafisch Oberstabsarzt Dr. Sommer und noch zwei andere dort tätige Militärärzte herbeordert worden. Bei dieser Gelegenheit überreicht der König dem Bürgermeister noch einmal 1000 Gulden für die Armen der Stadt, nachdem er schon in den ersten Tagen seiner Anwesenheit 2000 Gulden für die Armenkasse zur Verfügung gestellt hat. Dazu schreibt der „Fränkische Kurier":
„Nürnberg, 10. Dez.: Mit dankbarer Freude können wir melden, dass von Sr. Maj. dem Könige gestern Abend an Hrn. Bürgermeister v. Wächter noch weitere 1000 fl. für die Armen unserer Stadt überreicht wurden; von anderweitigen zu unserer Kenntnis gelangten Privatwohltätigkeiten des Königs Meldung zu machen, sind wir leider nicht ermächtigt."
Dass sich die Franken von dem Monarchen große Hilfe erwarten, zeigen die vielen Petitionen, die überreicht werden. Zu denen, die sich von der Königsvisite einen Vorteil erhoffen, gehört auch der Drechslermeister H. aus Nürnberg, den man wegen Majestätsbeleidigung zu einigen Monaten Arbeitshaus verurteilt hatte. Das von ihm an den König gerichtete Gnadengesuch wurde von diesem mit den Worten befürwortet: „Wenn Sie bereuen, kann ich verzeihen". Ob der Mann wirklich vorzeitig freikam, ist nicht überliefert.
Am Abend gehen die beiden Brüder ins Nürnberger Theater, wo Molières Komödie „Don Juan" zur Aufführung kommt. Die Besetzungsliste nennt: Herr Lang (Don Juan), Herr Rafalsky (Gouverneur), Frau Bertram-Meyer (Donna Anna), Herr Braun-Brini (Octavio), Frl. Norden (Elvira), Herr Schmid (Leporello), Herr Carlmüller (Masetto) und Frl. Hoffmann (Zerline).
Nach Ende der beifällig aufgenommenen Vorstellung fahren Ludwig und Otto von der Menge wie immer umjubelt durch die erleuchteten Straßen zur königlichen Burg zurück und begeben sich bald zur Ruhe, da morgen die Rückreise nach München stattfinden wird.

Tag der Abreise aus Nürnberg – Am Grabe von Hans Sachs

Montag, der 10. Dezember 1866

Offensichtlich besucht Ludwig noch am Vormittag des letzten Tages seines Nürnbergaufenthalts das Grab von Hans Sachs, wie dem Brief zu entnehmen ist, den er am 11. Dezember an Cosima von Bülow in die Schweiz schreibt und in dem es heißt:
„[...] Gestern war ich am Grabe von Hans Sachs. – Wie herrlich ist Alles gekommen! Es erhebt sich der neue, der höhere Sachs wie ein Phönix aus der Asche, um ewig zu leben, um die Welt zu erlösen! Zu einem Himmel auf Erden zu schaffen! [...]"
Viele Nürnberger Vereine laden in den letzten Tagen den König zu Festen ein, so etwa die Nürnberger Schützengesellschaft, die ein bayerisches Festschie-

ßen auf dem Maxfeld veranstaltet. Diese und manch andere Einladung muss Ludwig aus Zeitgründen ablehnen. Er verspricht aber dem Schützenmeister und allen anderen Vereinsvorständen, dass er sie im nächsten Frühjahr besuchen wird.
Am frühen Morgen verkünden Anschläge des Magistrats an allen Straßenecken die auf Mittag um 13.00 Uhr angesetzte Abreise des Königs und seines Bruders, des Prinzen Otto. In aller Frühe werden bereits ein Teil des Dienstpersonals und die Kutschen nach München transportiert. Trotz des stürmischen und regnerischen Wetters finden sich Tausende von Menschen auf dem Bahnhof ein. Ludwig und Prinz Otto verlassen um 13.00 Uhr die Burg. Die Fahrt durch die von Menschenmassen verstopften Straßen zum Bahnhof geht nur langsam vorwärts. Aus den Fenstern winken Nürnberger Frauen mit Tüchern. Überall schallt dem Brüderpaar großer Jubel entgegen und ständig werden beiden Blumensträuße zugeworfen. Um 13.30 Uhr trifft der Korso am Bahnhof ein.
Im Königssalon haben sich die Generalität und die städtischen Kollegien versammelt. Ludwig geht mit Prinz Otto ohne Aufenthalt durch den Salon zum Wagen, zu dem ihn Bürgermeister von Wächter geleitet. Der König dankt für die freundliche Aufnahme, die er in Nürnberg gefunden hat, und bittet den Bürgermeister, den Bürgern seinen Dank auszusprechen. Sein Versprechen, bald wiederzukommen, wird er allerdings nie einlösen.
Kurz vor 14.00 Uhr verlässt der Hofzug den Nürnberger Bahnhof in Richtung München. Die enthusiastischen Hochrufe der im Bahnhof Anwesenden und auch jener, die außerhalb an der Strecke stehen, erwidert Ludwig mit zum Gruß erhobenen Händen. Die Arbeiter der Zeltner'schen Fabrik, die neben der Eisenbahnlinie liegt, bilden bei der Vorüberfahrt des königlichen Hofzuges ein Spalier und rufen ihrem scheidenden König herzliche Abschiedsgrüße zu.

Nachklänge zum Nürnberg-Aufenthalt Ludwigs II.

Dienstag, der 11. Dezember 1866

Am Tag nach der Abreise des Königs wird den Nürnbergern durch öffentlichen Anschlag und in der Presse folgende Bekanntmachung mitgeteilt:

Seine Majestät der König
haben mich bei soeben erfolgter Abreise huldvollst beauftragt, den Bewohnern Nürnbergs Allerhöchst Ihren freundlichen Dank für die vielen Beweise treuer Anhänglichkeit und Ergebenheit auszusprechen, welche dieselben während Allerhöchst Ihrer Anwesenheit an den Tag gelegt haben.
Es gereicht mir zur größten Freude, dieses neue Zeichen königlicher Huld dadurch bekannt zu geben.
Nürnberg, den 10. Dezember 1866
Der I. Bürgermeister von Wächter Kalb

Nach und nach beginnt die Stadt sich ihres festlichen Schmucks zu entledigen, aber in den Herzen der Bewohner und in den Annalen der Stadt bleiben die triumphalen Königstage 1866 in Nürnberg ewig in Erinnerung. Die an Ludwig während seines Nürnbergaufenthalts eingereichten Unterstützungsgesuche belaufen sich auf 180 Petitionen, darunter befindet sich auch ein Darlehensgesuch von Näherinnen zur Anschaffung einer Nähmaschine.
Zum Abschied wird König Ludwig II. noch folgendes Gedicht gewidmet, welches im pegnesischen Blumenorden veröffentlicht wird:

König und Volk
Des Schlosses Pforten stehen offen,
Der junge König tritt hervor.
Die Herzen schwellt ein fröhlich Hoffen,
Die Blicke richten sich empor.
Und fragst du: warum schwärmt ihr so?
So schallt's: Der König lebe froh!
Die alten Türme steh'n in Flammen,
Die Nacht erhellt ein glänzend Licht;
Von allen Seiten strömt zusammen
Das Volk mit strahlendem Gesicht.
Und fragst du: was soll Licht und Klang?
So tönt's: Der König lebe lang!
Von allen Zinnen wehen Fahnen,
Und alle Häuser steh'n geschmückt,
Und mächtig rings auf allen Bahnen
Schallt lauter Jubelruf entzückt.
Und fragst du: warum jauchzt ihr doch?
So klingt's: Der König lebe hoch!
O schöner Tag, o frohe Stunde,
Wo Du Dich Deinem Volk gezeigt,
Wo Du zum freien Liebesbunde
Ihm huldvoll Deine Hand gereicht!
Gott segne dies geknüpfte Band:
Den König und das Vaterland!

Unmittelbar nach der Abreise Ludwigs II. aus Nürnberg veröffentlicht „Der Münchner Bote" ein Gerücht, das besagt, König Ludwig II. habe eine Order gegeben, für sich in Nürnberg am Dutzendteich eine Villa bauen zu lassen. Die Anfertigung von Bauplänen sei bereits angeordnet. Diese Nachricht wird von vielen Zeitungen nachgedruckt. Der „Fränkische Kurier" dementiert diese Meldung aber umgehend als Zeitungsente. Ob der König dieses Schloss wirklich bauen wollte, lässt sich nicht mehr nachweisen. Eines aber steht fest: Obwohl sich Ludwig II. in Nürnberg sehr wohlgefühlt hat, ist er nie wieder dahin zurückgekehrt.

Viertelstündiger Zwischenstopp auf der Heimfahrt

Augsburg, den 10. Dezember 1866

Mit dem gleichen festlichen Gepräge, mit dem die Königsreise ihren Anfang genommen hatte, geht sie auch ihrem Ende entgegen. Wieder sind alle Stationen auf der Strecke Nürnberg–München festlich geschmückt und mit wartenden Menschen überfüllt, die den königlichen Zug im Vorbeifahren mit freudigem Jubel begrüßen. Selbst auf freier Strecke warten am Bahndamm Menschen, um einen Blick auf ihren König zu werfen.

Einmal noch macht der königliche Hofzug Halt, und zwar in Augsburg, wo er in den dort gelegenen geschmackvoll dekorierten Bahnhof zwischen 17.00 Uhr und 17.30 Uhr einfährt. Die Koch'sche Kapelle spielt Musik aus Lohengrin und Tannhäuser. Bei der An- und Abfahrt mischen sich in die Klänge der Volkshymne enthusiastische Lebehochrufe der Menschenmenge, die sich im Bahnhof drängt, um ihren Landesvater zu begrüßen.

Der Aufenthalt des Extrazuges dauert nur an die 15 Minuten. Ludwig verlässt den Zug nicht, sondern empfängt im Salonwagen Seine königliche Hoheit Herzog Ludwig in Bayern, Seine Exzellenz den Herrn Regierungspräsidenten Freiherrn von Lerchenfeld, den 1. Bürgermeister der Stadt, Herrn Ludwig von Fischer sowie dessen Stellvertreter. Der König macht den anwesenden Herren die Mitteilung, dass am *1. Januar 1867* Chlodwig Fürst Hohenlohe-Schillingsfürst an Stelle des Freiherrn von der Pfordten Minister des Äußern werde.

Dann beauftragt der König Bürgermeister von Fischer, den Einwohnern Augsburgs seinen Gruß und Dank zu übermitteln. Er verspricht, in naher Zukunft der Stadt einen längeren Besuch abzustatten. Am folgenden Tag ist in den Augsburger Zeitungen zu lesen:

Seine Majestät der König, durch die heute dargebrachten Huldigungen sehr erfreut, haben mich zu beauftragen geruht, meinen Mitbürgern Dank und Gruß nebst der Zusicherung zu bringen, dass Allerhöchst dieselben unsere Stadt in naher Zukunft mit einem länger dauernden Besuche beglücken werden.
Augsburg, 10. Dez.
Fischer, Bürgermeister

Stürmische Begrüßung in der Residenzstadt

München, den 10. Dezember 1866

Schon Anfang Dezember wurde vonseiten einiger Münchner Bürger beim Magistrat der Antrag gestellt, man solle bei der Rückkunft des Königs einen größeren festlichen Empfang vorbereiten. Beide städtischen Kollegien diskutierten diesen Vorschlag, beschlossen zunächst aber, den König im Bahnhof „in corpore" zu empfangen, ohne jedoch eine besondere Festlichkeit zu veranstalten. Dies hielten etliche Bürger keinesfalls für ausreichend. Sie waren der Meinung, dass eine sichtbare und freudige Kundgebung, wenn auch auf freiwilliger Basis, über die glückliche Rückkehr Seiner Majestät bei seiner Ankunft in München angebracht wäre. Im Namen dieser Bürger veröffentlichte der Buchdruckereibesitzer F. Wolf, Vorstand des Gemeinde-Kollegiums, ein entsprechendes Rundschreiben an die Bürgerschaft, in dem es hieß:
„Die Tatsache, dass Seine Majestät der König zum ersten Mal nach seinem Regierungsantritt sich unter sein Volk begeben hat, dass dieses Volk auch trotz der Drangsale des vergangenen Sommers in Liebe zu seinem Regentenhaus und Vaterland seine Treue unantastbar bewahrt, und dass der König sich gerade nach einer solch traurigen Periode von dem guten Geist und der vortrefflichen Gesinnung seines bayerischen Volks überzeugen und erfreuen wollte, und auch in ungetrübter Weise konnte – dies sind, glauben wir, Motive genug, um auch in München Allerhöchstdemselben einen Empfang zu bereiten, der, wenn auch nicht so pompös wie in denjenigen Städten, denen der königliche Besuch direkt galt, doch nicht minder herzlich sein soll."

Zentralbahnhof in München

Kaspar Ritter von Steinsdorf, 1. Bürgermeister von München

Das Rundschreiben hat den gewünschten Erfolg, denn immer mehr Münchner erklären sich bereit, an den Empfangsfeierlichkeiten mitzuwirken. Da man die genaue Ankunftszeit des Königs noch nicht kennt, aber für alle Fälle gewappnet sein will, wird im Bürgerkomitee beschlossen:
„Erfolgt die Ankunft Seiner Majestät zur Tageszeit, so werden die Häuser an der Schützen-, Neuhauser-, Kaufinger- und Residenzstraße mit Fahnen geziert; dieselben sollen illuminiert werden, wenn die Ankunft zur Nachtzeit erfolgt. Auch der Wagen, in welchem Seine Majestät in die Residenz fährt, wird mit Blumenkränzen geschmückt werden."
Am *Samstag, den 8. Dezember,* läuft der Countdown für die Ankunft des Königs in München. Die Vorbereitungen für den freundlichen Empfang machen gute Fortschritte. Die Sängergenossenschaft wird Ludwig in der Einsteighalle des Bahnhofs mit einem feurigen patriotischen Lied begrüßen. Sobald nach dem offiziellen Empfang der König den Wartesaal verlässt, werden im Anfahrthof bengalische Feuer abgebrannt und ein „Willkommen" in farbigen Lichtern erscheinen. Die Turnerschaft wird mit farbigen Lampions und die Express-Dienstmannschaft mit Flambeaux und Fähnchen neben dem königlichen Wagen ein Spalier bilden und ihn durch die wogende Menschenmenge zur Residenz geleiten.
Im Karlstorrondell, auf dem Tor, am Rathausgebäude und am Residenzplatz werden verschiedene Transparente in Gasbeleuchtung und als Feuerwerk aufleuchten. Überhaupt soll der ganze Straßenzug in bengalischem Lichterglanz erstrahlen. Am Karlstor ist ein Münchner Kindl angebracht, das man schon vor zwei Tagen am Abend probeweise in Gasbeleuchtung erstrahlen ließ. Am Rathaus prangt ein großes „Ludwig-L" mit Königskrone, ebenfalls in Gasstrahlen. Auf dem Marienplatz, auf dem Max-Josephs-Platz und an drei weiteren Plätzen befinden sich Musiktribünen.
Am *Sonntag, den 9. Dezember,* wird mittels einer am Nachmittag eintreffenden telegrafischen Depesche bekannt, dass der König in 24 Stunden mit seinem Sonderzug in München eintreffen wird. Als Zeitpunkt wird Montagabend um18.20 Uhr angegeben. Fünf Musikkorps, von denen drei aus den vereinigten Regiments- und Bataillonsmusikern der hiesigen Landwehr in Uniform zusammengesetzt sind, werden ab 17.00 Uhr auf den errichteten Tribünen fröhliche Weisen und Märsche erklingen lassen. Während der Vorüberfahrt des Königs aber spielen sie die bayerische Hymne. Die Beleuchtung des Karlstores und des Rathauses beginnt um 17.30 Uhr. Turner werden mit farbigen Lampions den königlichen Wagen begleiten.

Am Tage vor der Rückkehr Ludwigs veröffentlichen einige Zeitungen Kommentare mit Wünschen und Hoffnungen, die sie mit der Rückkehr des Königs in die

Landeshauptstadt München verbinden. So artikulieren die „Münchner Neuesten Nachrichten“:

„An die Rückkehr des Königs in die Hauptstadt knüpfen sich mannigfache Hoffnungen des Landes. Es wird ein Wechsel im Ministerium und die baldige Berufung der Kammern zur Entgegennahme für das Wohl des Landes höchst wichtiger Gesetze erwartet.

Als im verwichenen Jahr von Franken aus eine Bewegung zutage trat, deren Resultat die Absendung einer Landesdeputation an den König war, um dem Monarchen über die Wünsche und Gesinnungen des Volkes reinen Wein einzuschenken, da regnete es Verdächtigungen und Verleumdungen und es gelang damals der Stimme der Wahrheit nicht, zum Ohr des Königs zu dringen. –

Weltgeschichtliche Ereignisse mit schweren Prüfungen für Krone und Volk sind über Bayern weggeschritten. Die erste Königsreise Ludwigs II. geht durch die vom Kriege verheerten, vom Feinde ausgesogenen Provinzen des Landes. –

Er trifft nirgends ein Murren über die Drangsale, die der Krieg uns gebracht, ein Krieg, der mit der Zustimmung des ganzen Landes geführt wurde.

Für den unglücklichen Ausgang den Monarchen verantwortlich zu machen – wem möchte dies einfallen? – Aber ein Ruf ertönt überall, wo der König seinen Fuß hinsetzt: ‚Es muss anders werden.‘ Die bitteren Erfahrungen des Sommers darf kein Schleier der Vergessenheit bedecken; sie müssen den Grund bilden zu Reformen in allen Zweigen des Staatslebens, das sich als unfähig erwiesen, einem politischen Sturm mit Erfolg zu widerstehen.

Die freieste Entwicklung der Volkskraft in militärischer, sozialer und politischer Beziehung gibt allein dem Staate Kraft und Lebensfähigkeit. Aber selbst unter den günstigsten Voraussetzungen kann Bayern nicht isoliert bleiben, wie dies seit Auflösung des letzten Bandes unserer Nation der Fall ist. Unsere Politik nach außen darf also nur eine solche sein, die den Wiederaufbau des gesamten Vaterlandes im Auge hat. Was vermögen die Bestrebungen der Patrioten in dieser Richtung, solange an der Spitze des Staates Männer stehen, deren deutschnationale Gesinnung ebenso zweifelhaft ist wie ihr Freiheitssinn?

Nicht die Freiheit, sondern der Druck auf die Freiheit bringt Fürstenthrone in Gefahr. Kein Volk in Europa ist freier und zugleich loyaler als das der Briten, und wer in letzter Zeit die herzlichen Anhänglichkeitsbezeugungen der freisinnigsten Landesteile an den Monarchen zu betrachten Gelegenheit hatte, der musste zu der Überzeugung kommen, dass auch bei uns in Bayern der Stoff zu einem solchen Verhältnis vorhanden ist. –

Möge auch der König diese Überzeugung in seine Residenz heimbringen, dann wollen wir die Zeiten des Unglücks segnen, denn sie sind uns zum Heile geworden.“

Wie gespannt die Atmosphäre ist, zeigt eine Meldung des „Fränkischen Kuriers“ vom *4. Dezember*, in der es über die Vorbereitungen, die man für die Rückkehr des Königs in München traf, hieß, dass die klerikalen Kreise abseits stünden: „So viel ist gewiss, der junge König hat bei der Pfaffenpartei verdorben, das merkt man aus ihrem Tun und Unterlassen ohne Unterlass. Dazu passte es dann, dass Prinz Luitpold, in dem viele einen Repräsentanten dieser klerikalen Partei sahen, genau an jenem *10. Dezember*, an dem der König nach München zurückkehrte und festlich empfangen wurde, die Stadt verließ." Er habe sich, so stand hinterher in der Zeitung, nach Unterfranken begeben, um im Spessart einige Jagden abzuhalten.

Am *Montag, den 10. Dezember*, erstrahlen bei hereinbrechender Dämmerung ab 17.00 Uhr einzelne Häuser in festlicher Beleuchtung. Obwohl die Münchner Wege und Straßen witterungsbedingt entsetzlich aufgeweicht und verschmutzt sind, drängt sich dennoch halb München auf ihnen. Alle Fenster sind mit Zuschauern besetzt, und alles wartet ungeduldig auf die Ankunft des Königs. Unterdessen haben sich in den Wartesalons des Bahnhofs die beiden Gemeindekollegien in Amtstracht mit den Bürgermeistern Kaspar von Steinsdorf und Anton von Widder und dem Vorstand der Gemeindebevollmächtigten Fr. Wolf, außerdem das gesamte Landwehroffizierskorps mit dem General Stöber an der Spitze sowie die Münchener Sängergenossenschaft versammelt.

Um 18.00 Uhr trifft auch Ihre Majestät die Königinmutter in Begleitung des Hofmarschalls Grafen Pappenheim ein. Pünktlich zur angekündigten Zeit um 18.20 Uhr rollt der königliche Sonderzug in den Bahnhof. Während der langsamen Einfahrt in die Bahnhofshalle beginnt die im Fond der Halle aufgestellte Sängergenossenschaft, umgeben von den Turnern, die farbige Lampions in Händen halten, die von Kunz komponierte Nationalhymne „Gott erhalte Bayern" mit Instrumentalbegleitung vorzutragen. Die Bahnhofshalle erstrahlt in bengalischer Beleuchtung und hallt wider von den Hochrufen der versammelten Menge. Der König verlässt den Wagen und eilt gemeinsam mit seinem Bruder Otto seiner königlichen Mutter entgegen, überreicht ihr ein prachtvolles Blumenbouquet, reicht ihr galant seinen Arm und schreitet mit ihr herzlich grüßend durch die ihn umdrängende Menge in den Königssalon. Dort heißt ihn der 1. Bürgermeister von Steinsdorf im Namen der Stadt mit einer kurzen Rede willkommen:

„Gestatten Ehrwürdige Königliche Majestät unsere Glückwünsche in Ehrfurcht auszusprechen zu dem Jubel, der Ew. Majestät in allen von Allerhöchst Ihnen besuchten Gebieten des Königsreich entgegengebracht wurde, zu dem Wetteifer in Kundgabe der Treue und der Anhänglichkeit an Ew. Majestät. Nehmen Ew. Königliche Majestät auch in München die freudigen, aus dem freiesten Willen des Einzelnen hervorgehenden Huldigungen in Allerhöchster Gnade entgegen! Möge es Ew. Königliche Majestät wieder bei uns gefallen! Die Dankbarkeit und die Liebe, die Treue und die Anhänglichkeit der Münchner mit dem geraden und wahrhaftigen Gesinnungsausdrucke war und ist Ew. Majestät zugewendet und wird Ew. Majestät durch das Leben begleiten!"

Ludwigs Mutter, Königin Marie, nimmt ihren Sohn bei der Rückkehr nach München in Empfang.

Ludwig dankt daraufhin für den freundlichen Empfang, wobei er bedauert, dass seine Heiserkeit ihn daran hindere, mit den einzelnen Anwesenden zu sprechen. Im weiteren Verlauf des Gesprächs erkundigt er sich nach dem Gesundheitszu-

stand der Bevölkerung Münchens und vor allem der Verwundeten, die sich gegenwärtig noch hier befinden.

Vor dem Bahnhof, in der Schützenstraße, auf dem Karlsplatz, in der Neuhauser- und Kaufingerstraße, am Residenzplatz, in der Dienergasse und in der Residenzstraße haben sich schon von 17.00 Uhr an die Münchner in derart großer Anzahl eingefunden, dass man dort kaum mehr passieren kann. Alle Häuser an den genannten Straßen und Plätzen sind festlich beleuchtet. Jeder Hauseigentümer und Wohnungsinhaber in den Häusern an den erwähnten Straßen bemüht sich, die Beleuchtung zu Ehren des zurückgekehrten Königs so glänzend als möglich ausfallen zu lassen.

Nach der herzlichen Begrüßung verlassen Ludwig, sein Bruder Otto und seine Mutter Marie den Bahnhof. Auf dem überfüllten Vorplatz werden die drei vom Publikum mit enthusiastischen Hochrufen begrüßt.

Als gegen 19.00 Uhr der König mit der Königinmutter den offenen mit Blumenkränzen geschmückten Hofwagen besteigt, bricht die im Perron des Bahnhofes harrende Volksmenge in stürmischen Jubel aus, der die vom Landwehrartillerie-Musikkorps angestimmte Volkshymne übertönt. Vor dem königlichen Wagen, zu seinen Seiten und hinter ihm schreiten Landwehrmänner, Turner und Mitglieder des katholischen Gesellenvereins mit Fahnen, farbigen Lampions und Fackeln.

Im Schritttempo fährt der Wagen des Königs und seiner Mutter, gefolgt vom Wagen des Prinzen Otto und von weiteren Kutschen, in denen Bürgermeister von Steinsdorf und die Gemeindekollegien sitzen, durch die hell erleuchtete Schützen-, Neuhauser-, Kaufingerstraße und Dienergasse zur Residenz. Hinsichtlich

Begrüßung der Münchener Bevölkerung vor der Residenz nach der Rückkehr König Ludwigs II.

München, Max-Joseph-Platz mit Residenz und Oper

der festlichen Beleuchtung zeichnen sich besonders die Hotels und Bräuhäuser aus. Fünf Musikkorps der Landwehr, die in diesen Straßen Aufstellung genommen haben, spielen ununterbrochen festliche Weisen. Etwa alle 100 Schritte sind am Straßenrand Dienstmänner postiert, die bengalisches Feuer abbrennen. Außerdem begleiten den Konvoi die lebhaftesten Hochrufe und eine sich ständig vergrößernde Menschenmenge drängt dem königlichen Wagen bis zur Residenz nach.

Das Lichtermeer am Rondell des Karlstors, wo an die 100 Fenster mit je vier Kerzen beleuchtet sind, ist großartig anzuschauen. Dieses wunderbare Bild kam zustande, da sich die Hauseigentümer und Bewohner der Häuser vorher über die Illumination verständigt hatten. Nur das Münchner Kindl auf dem Karlstor widersetzt sich hartnäckig der Beleuchtung durch die Gasflammen, da heftige Windstöße das kaum auflodernde Gas sofort wieder auslöschen. Hingegen strahlt der königliche Namenszug mit Krone am mittleren Rundbogenfenster des alten Rathauses im schönsten Licht.

Auf dem Max-Josephs-Platz steigen, während der königliche Konvoi vorüberfährt, zwei feurige Fontänen und Leuchtkugeln in die Höhe, wodurch der Platz magisch beleuchtet wird. Kaum hat der König an der Residenz seinen Wagen verlassen, steigen auch schon farbige Raketen in die Luft. Der Max-Josephs-Platz füllt sich immer rascher mit Menschen, die in kaum enden wollendem Jubel ihrer Freude über die glückliche Rückkehr des Monarchen Ausdruck verleihen. Als der

König zum wiederholten Male an den Fenstern erscheint, um sich für den so überaus herzlichen Empfang zu bedanken, wird er mit rauschendem Applaus empfangen, dazu spielt das Orchester einen von Josef Benzl, einem Mitglied des Hoforchesters, komponierten Festmarsch, der die Menschen durch seine Ausdruckskraft und melodiöse Frische mitreißt.
Dieser überaus herzliche Empfang der Münchner Bevölkerung ist umso höher zu bewerten, als er von der Bürgerschaft ausging. Er ist ein schöner und erhebender Schluss der triumphalen königlichen Frankenreise. Ludwig ist von diesem unerwarteten herzlichen Empfang, den ihm seine Hauptstadt bereitet, überwältigt. Trotz des stürmischen Regens grüßt er die ihm zujubelnde Bevölkerung mit unbedecktem Haupt immer wieder. Er beauftragt Bürgermeister von Steinsdorf, den Einwohnern Münchens seinen Dank dafür auszusprechen.
Abends um 19.30 Uhr erscheint König Ludwig II. in Begleitung seiner Mutter und des Prinzen Otto im Hoftheater. Die drei werden mit donnernden Hochrufen und den Fanfaren des Orchesters willkommen geheißen. Der König genießt die Aufführung von Grillparzers Stück „Des Meeres und der Liebe Wellen", das auf seinen Wunsch gegeben wird, und er bleibt bis zum Schluss im Theater. Wie es in blumiger Sprache heißt, „spielte Frau Lilla von Bulyowsky (Hero) ihre an Abwechslung der Seelenaffekte überreiche Rolle mit einer Innigkeit, einer Poesie, die nicht selten tief rührte. Frau von Bulyowsky zeigte die Künstlerin sowohl im Salon als vor dem griechischen Altar. Auch Frl. Baison (Jahnte) war ganz brav, und die Herren Rohde (Leander), Rüthling (Naurokles), Possart (Oberpriester) und Christen (Tempelwächter) spielten zur allgemeinen Zufriedenheit." Der König und mit ihm alle anwesenden Zuschauer finden das Stück äußerst gelungen und spenden reichlich Beifall.

Am *Dienstag, den 11. Dezember*, verkünden alle Zeitungen auf Anweisung des Bürgermeisters von Steinsdorf den Dank des Königs für den gestrigen Empfang mit den Worten:

„In Folge allerhöchsten Auftrages vom Heutigen gebe ich bekannt, dass Seine Majestät der König über den bei der gestrigen Rückkehr Allerhöchstdemselben zu Teil gewordenen Empfang hoch erfreut waren und den Bürgern der Stadt München den wärmsten und herzlichsten Dank hiefür aussprechen lassen.
München am 11. Dezember 1866
(L.S.) Bürgermeister: von Steinsdorf"

Zusätzlich wird diese Bekanntmachung als Anschlag in der ganzen Stadt verbreitet. Ein besonderes Dankeschön lässt Seine Majestät dem Personal des Hofdienstes übermitteln, das ihn auf der langen Reise durch die fränkischen Provinzen begleitet hat. Er spricht für den Eifer und die Pünktlichkeit, mit der diese ihren Dienst versehen haben, seine allerhöchste Zufriedenheit aus.
Abends 19.00 Uhr erscheint Ludwig dann zum ersten Mal im festlich beleuchteten Actienvolkstheater, dem heutigen Gärtnerplatztheater, wo aus Anlass der

glücklichen Rückkehr das Stück „Griseldis" von Friedrich Halm gegeben wird. Der König wird begleitet von seiner Mutter Marie und seinem Bruder Otto. Wiederum werden die hohen Gäste in dem überfüllten Theater mit Jubel begrüßt. Ludwig bleibt bis zum Schluss und beauftragt den Vorstand des Verwaltungsrats, den Mitwirkenden seine besondere Anerkennung auszusprechen.
In den letzten beiden Tagen hat Ludwig Abstand von allen politischen Geschäften genommen. Er empfängt keinen seiner Staatsminister, auch nicht den Ministerpräsidenten Freiherrn Ludwig von der Pfordten, obwohl er weiß, dass dieser schriftlich um seine Entlassung nachgesucht hat. Offensichtlich will der junge König die vergangenen schönen Tage seiner triumphalen Frankenreise noch ungestört genießen, bevor ihn die meist wenig erfreulichen Realitäten des politischen Alltags einholen.
Der von ihm verehrten Freundin Cosima von Bülow berichtet er in einem kurzen Brief von den letzten Tagen in Nürnberg, von dem freundlichen Empfang in München und von der geplanten Erholungspause in Hohenschwangau:

„Teuerste Freundin!
[...] Gestern war ich am Grabe von Hans Sachs. – Wie herrlich ist alles gekommen! Es erhebt sich der neue, der höhere Sachs wie ein Phönix aus der Asche, um ewig zu leben, um die Welt zu erlösen! zu einem Himmel auf Erden zu schaffen! – Herzlich war auch der Empfang, der mir hier in München zuteil ward; doch teure Freundin ich lasse mich nicht blenden durch bengalische Feuer, durch Hochrufe etc. etc. Nächstens wird Pfordten entfernt, mit Neumayr geht es nicht mehr recht, sein Nervensystem ist durch und durch erschüttert. – Um Ruhe mir zu gönnen, die ich jetzt brauche, gehe ich morgen oder übermorgen nach Hohenschwangau, wo ich höchstens 8 Tage verweilen werde. [...]"

Darauf antwortet Cosima geradezu hämisch am 17. Dezember, dass „der fränkische Enthusiasmus und das schlechte Gewissen [der Münchner] viel Besorgnis erregt" hätten. Des Königs Gegner „bemühten sich nun eifrig ängstlich, frugen herum, ob der König wohl München betreten würde. [...] Überall wird hier von einem Residenzwechsel mit wahrhafter Todesangst gesprochen. Gott behalte die elenden Leute in dieser heilsamen Angst, denn ‚die Furcht des Herrn ist der Weisheit Anfang' – die Meisten können nur lieben, wo sie fürchten."
Und ein paar Absätze weiter fügt Cosima hinzu:
„Alle Wohlgesinnten freuen sich, dass der königliche Herr dem ganzen Lande nun angehöre, und sprechen fast ihre Hoffnung darüber aus, dass der gnädige Landesvater zeitweilig in Würzburg, Nürnberg und Bamberg sich aufzuhalten geruhen wird. Damit würde München im Zaum gehalten werden ohne die große Beschwerlichkeit eines Residenzwechsels – meint man."

So herzlich der Empfang in München auch gestaltet war, Ludwig weiß genau, was er davon zu halten hat. „Durch bengalische Feuer, durch Hochrufe etc. etc." lässt er sich nicht blenden. Schon Tags darauf entflieht er aus der ungeliebten Residenzstadt in seine Bergwelt, „ins Licht der Sonne, in den Balsamstrom der Lüfte".

Rückzug in die geliebte Bergwelt

Hohenschwangau, am 12. und 13. Dezember 1866

Am *Mittwoch, den 12. Dezember*, verlässt das königliche Gefolge und eine Abteilung Trompeter vom 1. Artillerieregiment vormittags die Residenzstadt München in Richtung Hohenschwangau, um dort alles Erforderliche für die Ankunft des Königs vorzubereiten, denn Ludwig will sich hier in der Bergeinsamkeit von den Anstrengungen der Frankenreise erholen.

Der König selbst fährt gegen 17.00 Uhr in einem Sonderzug – ob es wieder sein Hofzug ist, ist unbekannt – in Richtung Schwangau. Die Bahnstrecke endet in Unterpeißenberg, und so verlässt Ludwig den Zug, um mit einem Wagen weiter nach Hohenschwangau zu fahren. Aber die Straße dorthin ist nur eine kleine Distriktstraße, die durch die vielen darauf verkehrenden Fracht- und Kohlenfuhrwerke völlig ruiniert ist. Zudem ist sie vom Regen derart aufgeweicht, dass das königliche Gefährt in den Schlammlöchern umsinkt und nicht wieder flott gemacht werden kann. Zum Glück ereignet sich die Panne noch in der Nähe des Bahnhofs. Der König, der sich keine Verletzung zugezogen hat, marschiert zu Fuß nach Unterpeißenberg zurück, wo er mit dem dort wartenden Sonderzug wieder nach München fährt. Gegen 21.00 Uhr trifft er dort ein.

Verwunderung äußert die „Bayerische Zeitung" darüber, dass der König nicht von Staatsrat Max von Neumayr sondern von Oberappelationsrat Johann Lutz aus dem Kabinettssekretariat begleitet wird. Es heißt dazu:

„Einer schon vor der Rundreise getroffenen Bestimmung zufolge werden Seine Majestät von Herrn Oberappellrat Lutz nach Hohenschwangau begleitet, um noch einige Geschäftsgegenstände aus früherer Zeit zur Erledigung zu bringen. (War dieser Ausflug schon vor der Rundreise projektiert? die Red.) Die bis jetzt noch nicht erlassenen Verfügungen bezüglich der Ernennung des Herrn Staatsrat von Neumayr zum Sekretär des Königs und wegen Enthebung der bisherigen Mitglieder des Kabinettsekretariats von ihren Funktionen werden in den nächsten Tagen zur Ausfertigung gelangen."

König Ludwig II. als Reiter im Gebirge

Am *Donnerstag, den 13. Dezember*, verbreitet die Presse das Gerücht, große Schneemassen hätten die Weiterreise des Königs von Peißenberg nach Hohenschwangau verhindert, was aber nicht der Wahrheit entspricht.

Am Vormittag startet Ludwig einen zweiten Versuch, um nach Hohenschwangau zu gelangen.

Schloss Hohenschwangau

Um 11.00 Uhr verlässt der königliche Sonderzug München und fährt nach Peißenberg. Diesmal reist der König aber nicht wie üblich in einer Kutsche oder einem Schlitten weiter. Stattdessen schwingt er sich auf sein Pferd und reitet durch die winterliche Landschaft nach Schloss Hohenschwangau, wo er gegen 15.30 Uhr eintrifft. In der Abgeschiedenheit der Allgäuer Berge will er nun bis zum Weihnachtsfest bleiben. Noch ganz benommen von der positiv verlaufenen Frankenreise, der ersten Dienstreise, die er nach seinem Regierungsantritt unternahm und auf der er, trotz der kriegsbedingten Nöte in diesen Gebieten, die Liebe und Treue seines Volkes erfahren durfte, verfasst Ludwig am *Montag, den 17. Dezember*, eine Proklamation, in der er sich für die ihm von den Franken entgegengebrachte Zuneigung mit herzlichen Worten bedankt.

„Königliche Proklamation.
Bei der jüngst zurückgelegten Rundreise war Mein Augenmerk zunächst den schwergeprüften fränkischen Provinzen zugewendet, welche durch die Leiden, die sie erduldet, durch die Opfer, die sie gebracht, wie durch die Treue, die sie un-

erschütterlich bewahrt, auf Meine landesväterliche Fürsorge das nächste Anrecht sich erworben haben.
Der Zweck, den Ich bei jener Fahrt Mir vorgenommen hatte, ist erreicht. – Es war mir vergönnt, den Zuständen und Verhältnissen jener Gebietsteile allenthalben an Ort und Stelle näher zu treten, Wünschen und Klagen Mein Ohr und Mein Herz zu öffnen, über die Wunden des Krieges und die Mittel ihrer Heilung Mich zu belehren, dem Verdienste Meine Anerkennung, dem Unglück Meine Teilnahme zu widmen, und, so Gott will, die Wechselbande zwischen Fürst und Volk, welche durch eine erschütternde Katastrophe unlängst bedroht erschienen, von Neuem dauernd zu befestigen. – Indem Ich diese unter Gottes Beistand gewonnenen Ergebnisse mit Befriedigung erblicke, drängt es Mich aber vor allem, jene rührenden Beweise von Liebe und Treue, die überall in Stadt und Land Mir entgegenkamen, mit dem vollen Ausdrucke Meines innigsten und wärmsten Dankes zu erwidern. – Ich erkenne darin einen neuen mächtigen Impuls, in dem Glücke Meines Volkes den Zielpunkt Meiner Bestrebungen, wie in dessen Liebe Meinen höchsten irdischen Lohn zu suchen.
Hohenschwangau, 17. Dezember 1866
Ludwig."

Der König ordnet an, diese Proklamation allen Einwohnern jener Städte zur Kenntnis zu bringen, die er auf seiner Rundreise besucht hatte. Der Text wird auf seinen ausdrücklichen Befehl daher sowohl in allen dort erscheinenden Zeitungen veröffentlicht als auch durch öffentlichen Anschlag zur allgemeinen Kenntnis gebracht. Wie man aus der Umgebung des Königs vernimmt, sind dessen Reiseeindrücke derart positiv, dass schon im nächsten Sommer mit einem erneuten und längeren Aufenthalt seiner Majestät in den fränkischen Provinzen gerechnet werden darf. Obwohl Ludwig bereits während der Reise reichlich Auszeichnungen und sonstige Belohnungen an verdiente Persönlichkeiten vergab, lässt er recherchieren, welche anderen hilfsbereiten Personen in Franken ebenfalls eine Ehrung verdient haben. Auch ihnen möchte er eine entsprechende Anerkennung und Auszeichnung zuleiten.
Angenehme Erinnerungen an die Frankenreise hat auch Amalie, die in Bamberg lebende Königin von Griechenland. Sie schreibt am 31.Dezember 1866 an König Ludwig II., ihren Neffen:
„Wir denken oft und viel an die schönen Tage, die Du in Bamberg zubrachtest u[nd] wo Du so liebevoll und rücksichtsvoll zu uns warst. Auch auf unser Wiedersehen in München freuen wir uns ungeheuer und möchten wissen, wann es Dir am bequemsten [ist] u[nd] wie viele wir mitbringen sollen. Ich rechne schon die Zeit u[nd] Tage mit Ungeduld."

Wieder fest auf seinem Thron

Das Ziel von Ludwigs Frankenreise

Die einmonatige Frankenreise Ende des Jahres 1866 barg für König Ludwig II. durchaus das Risiko, kläglich zu scheitern. Dessen war er sich auch bewusst, als er vor Antritt seiner Reise sich selbst Mut zusprach und trotzig die Absicht äußerte: „[...] Ich will den Dunstkreis der Gehässigkeit, die Wolken der Bosheit und falscher Kunde auseinanderjagen. Mein Volk soll erfahren, wie ich bin, und soll seinen Fürsten endlich kennenlernen [...]" Dieses Ziel erreichte der König. Ja, es schien fast so, als ob sich die Niederlage Bayerns im Krieg 1866 zu einem Sieg für Ludwig wandelte. Aus dem Tiefpunkt der Beziehungen Frankens zu Bayern war ein neues Zusammengehörigkeitsgefühl hervorgegangen. Karl von Heigel, ein Zeitgenosse Ludwigs II., schreibt 1893 in seiner Königsbiografie über die Frankenreise Folgendes:

„Durch die breiten Spiegelscheiben sah der hohe Reisende Strecken lang nur fallenden Schnee, doch wenn ein Dorf, ein Weiher in Sicht kam, wehten Fahnen von jedem Dach und Tücher aus jedem Fenster. Wo der Schienenweg die verschneite Dorfstraße kreuzte, standen schwarze Menschenhaufen, und er sah die aufgeworfenen Arme und hörte durch das Rasseln des Zuges Jubelgeschrei und die Klarinetten und Trompeten einer Dorfmusik.

Und in den Städten welch ein Empfang!

Nicht die Fahnenzier aller Straßen, das Geläute aller Glocken, der Lärm der Geschütze und der Paukenklang, nicht die feierlichen Ansprachen der Würdenträger noch die Verse, womit ihn weißgekleidete Mädchen, vor Kälte und Ehrfurcht zitternd, begrüßten, waren ihm Beweis, wohl aber das Ungestüm, mit dem sich Alt und Jung, Reich und Arm, das ganze Volk an ihn herandrängte, der Glanz aller Augen, die Freude, die sich weder an Polizei noch Etikette kehrte. Der Besiegte hielt einen Siegeszug. Schneegestöber machte wohl den einen oder andern Plan zunichte, dann wieder war Ludwig den Festfreuden nicht gewachsen und musste, leidend, auf Hoftafel und Konzert verzichten. Doch waren das nur leichte Trübungen.

Das Frankenvolk, das mit Recht auf seinen Stamm, auf die ruhmvolle Vergangenheit und blühende Gegenwart seiner Städte stolz ist, hatte in schwerer Zeit gezeigt, dass sich Intelligenz und die schlichten, aber ewig schönen Eigenschaften des Gemüts, Treue und Opfermut, wohl vertragen. Nun schwelgte es in der Glückseligkeit, den gegenwärtig zu haben, dem es in Treue gedient, dem es die Opfer gebracht hatte. Es war ein gegenseitiges Geben und Empfangen."

Die Frankenreise bedeutete im Leben Ludwigs II. eine entscheidende Weichenstellung.

Auch wenn zumindest das einfache Volk der Franken dem König nicht immer ganz so nahe kam, wie Heigel dies beschreibt, so fühlte es sich dem Landesvater doch eng verbunden. Die einfachen Bürger durften den König nämlich nur auf den Bahnhöfen, an den Straßen, auf den Balkonen der königlichen Unterkünfte und in den Theatersälen aus gehörigem Abstand bejubeln. Ein wirklich enger

Kontakt entstand so nur gelegentlich, so etwa, als er durch Hof einen Spaziergang unternahm, bei dem ihm die Bürger näher als sonst kamen. Auch bei den Hoftafeln, Bällen und Audienzen war Ludwig fast ausschließlich von geladenen Gästen, städtischen Würdenträgern und Honoratioren umgeben. Bei den Besuchen der Krankenhäuser kam er verwundeten Soldaten etwas näher. Bisweilen durften auch einzelne Bürger ein paar Worte mit ihm wechseln, so etwa der Konditormeister Schipp aus Bamberg, der Ludwig ein Modell von Hohenschwangau zeigen konnte, das der König dann für die Residenz ankaufen ließ. In jenen Städten, in denen er nur sehr kurz oder gar nicht Halt machte, ließ er enttäuschte Menschen zurück, auch wenn er ihnen zusicherte, zu einem späteren Zeitpunkt dort einen Aufenthalt nachholen zu wollen, was jedoch nie geschah.
Während Ludwig im königlichen Hofzug von einer fränkischen Stadt zur anderen fuhr, bereitete sich in Bayern ein politischer Wandel vor, der mit einem Personalwechsel begann. Als Verantwortliche für die Niederlage von 1866 verloren einige Personen ihre Ämter, so der ahnungslose Kriegsminister Eduard von Lutz. Er wurde ebenso entlassen wie Innenminister Vogel und General Fürst von Thurn und Taxis. Den 71-jährigen Oberbefehlshaber Prinz Karl feindete man als unfähigen Oberkommandierenden an; er ging von selbst. Nur Generalstabschef Ludwig von der Tann konnte sich halten, obwohl er beschuldigt wurde, heimlich über einen Sonderfrieden verhandelt zu haben. In der Schusslinie standen nun auch der Vorsitzende des Ministerrates, Freiherr von der Pfordten, und der Kabinettsekretär Franz Seraph von Pfistermeister. Über sie, die man spöttisch „Pfi" und „Pfo" nannte, machte sich Unmut breit, da die beiden, so die Meinung vieler, das Land in den Krieg geführt hätten. Den König sah man hingegen immer mehr als Hel-

Schloss Linderhof,
Planungsbeginn 1868

Schloss Neuschwanstein, Grundsteinlegung 1869

den, da er unerwartet günstige Friedensbedingungen erreicht habe. Ludwig konnte das vorgesehene Besuchsprogramm seiner Frankenreise also gleichsam mit Vorschusslorbeeren absolvieren. Ihm traute man auch zu, er könne alle Wünsche und Bitten erfüllen, die ihm nach den Kriegswirren von den fränkischen Bürgern nahe gebracht würden. Dass sich die Franken von dem Monarchen tatsächlich große Hilfe erwarteten, zeigten die vielen Petitionen, die ihm überreicht wurden; an einem einzigen Tag waren es bis zu fünfhundert.

Die Strapazen der einmonatigen Frankenreise forderten den König bis an die Grenze seiner Belastbarkeit. Jeder Tag war zum Bersten mit zahlreichen Terminen und aufwändigen Zeremoniellen gefüllt, darunter Audienzen, Besichtigungen repräsentativer Einrichtungen, aber auch Hoftafeln, Bankette, Bälle, Theaterbesuche, zahllose Ordensverleihungen, strapaziöse Fahrten durch die jeweiligen Städte und immer wieder wohlwollende Reaktionen seiner Person auf den endlosen Jubel des Volkes, Anhören von dargebrachten Reden, von Willkomm-Gedichten und musikalischen Ständchen. In den wenigen freien Stunden musste er auch noch alle laufenden Staatsgeschäfte erledigen, was er trotz der Reisestrapazen pünktlich tat. Fast in jeder Nacht saß er, nachdem er von den ermüdenden Verpflichtungen des Tages und des Abends in sein Quartier zurückgekehrt war, mit seinem Sekretär, Staatsrat Max von Neumayr, über den immer neu einlaufenden Akten aus München, um diese schnell und gewissenhaft zu bearbeiten.

Wegen des nasskalten Wetters hatte Ludwig fast durchgehend unter einer Erkältung zu leiden, sah blass und mitgenommen aus. Außerdem wurde er fortwährend mit den Folgen des verlorenen Krieges konfrontiert. An vielen Häusern, so etwa in Kissingen, waren die Spuren des Gewehr- und Granatfeuers zu sehen. Die

Menschen waren von den gerade erst überstandenen Strapazen gekennzeichnet und sehnten sich nach dem Mitgefühl und der Anerkennung des Königs. Die Zahlen der bayerischen Verluste, von Gefallenen, Vermissten und zum Teil schwer verwundeten Offizieren, Unteroffizieren und einfachen Soldaten schmerzten Ludwig. Bereits am 25. September 1866 hatte er die Gründung des „Bayerischen Invaliden-Unterstützungsvereins", der Keimzelle des späteren „Bayerischen Roten Kreuzes", vorbereiten lassen. Die Besuche von Lazaretten, Krankenhäusern, Schlachtfeldern und Soldatenfriedhöfen, in denen er auf den schneebedeckten Grabhügeln Kränze niederlegte, deprimierten ihn. Es entging ihm nicht, dass man der bayerischen Heeresleitung die Schuld dafür zuschob und lautstark vom Versagen des Oberkommandos sprach. Das Wort „Du Hauptquartier" sei damals zu einem überall in Bayern gebräuchlichen Schimpfwort avanciert. Obwohl Ludwig offiziell nicht dafür verantwortlich gemacht wurde, empfand er insgeheim doch zumindest eine teilweise Mitschuld an den Folgen des Krieges, spürte auch, dass seine Zurückgezogenheit während der Kriegstage auf allgemeines Unverständnis stieß. Der König registrierte die Verbitterung der Franken darüber, dass sich nach dem Kriege, in dem gerade sie die schwersten Opfer zu bringen hatten, die Regierung in München kaum um sie kümmerte. „Für den unglücklichen Ausgang [des Krieges] den Monarchen verantwortlich zu machen", so urteilte die „Neue Würzburger Zeitung", „wem möchte dies einfallen? – Aber ein Ruf ertönt überall, wo der König seinen Fuß hinsetzt: ‚Es muss anders werden!'" Dafür sollte der König Sorge tragen. Und die „Aschaffenburger Zeitung" grollte in ihrem Leitartikel „Eine Stimme aus Franken": „Die fränkischen Provinzen waren … verstimmt, dass der König ruhig am Starnberger See weilte und sie ihrem herben Schicksal zu überlassen schien. Andererseits schuf das Münchner Philistertum … eine Menge Gerüchte über die Person und Lebensweise des Königs."
Erst als Ludwig nach Franken kam, schien sich von Tag zu Tag die aufgebrachte Stimmung zu legen, vor allem als die Menschen erste finanzielle Unterstützungen zu sehen bekamen. Den Armenkassen der von ihm besuchten Städte ließ er Beträge zwischen 200 und 3000 Gulden überweisen. Allen Verwundeten, die er in den Lazaretten der einzelnen Städte besuchte, überreichte er je einen Dukaten mit seinem Bild, die Mannschaften, die sich an den Paraden beteiligten, erhielten ein bis drei Taglöhnungen als Zulage, die Arbeiter der Fabriken, in denen er vorbeischaute, wurden mit Geldgeschenken überrascht. Zu großherzigen Spenden von 10 000 Gulden etwa zur Linderung der in Unterfranken kriegsbedingten Not und zu gleich hohen Gaben für den Invaliden-Unterstützungsverein kamen die zahlreichen Auszeichnungen mit Orden an die Bürgermeister der besuchten Städte sowie Pretiosen und Schmuckgaben, darunter auch goldene Uhren, an Künstler, Sänger und Dirigenten und Wohltätigkeitsakte, die auch auswärtigen Deputationen zuteil wurden.
Das Volk war vom Erscheinen des jungen und schönen Königs geradezu geblendet, und es brauste von Tag zu Tag immer mehr Jubel auf. So wurde Ludwigs Frankenreise durch nahezu 15 kleinere Ortschaften und große Städte für ihn zu einem einmonatigen Triumphzug. Immer wieder spülten die Menschen ihre und des

Schloss Herrenchiemsee: Erste Ideen auf Ludwigs Frankreichreise 1867

Königs Sorgen mit ihrer Begeisterung hinweg. Von Ludwigs angeblich „angeborener Menschenscheu" keine Spur. Wurde vor Antritt der Frankenreise in Bayern unverhohlen die Frage gestellt, ob Ludwig wirklich für das Amt des Königs geeignet sei, so verstummten nach Beendigung der Reise solche Überlegungen und Ludwig II. saß wieder fest auf seinem Thron, zumindest für einige Zeit. Bedauerlicherweise nutzte er die Erfolge seiner Frankenreise aber nie aus, sodass sie schließlich verblassten und die Selbstüberwindung, mit der er sie angetreten hatte, umsonst war.

Doch was waren die Gründe, dass es bei dieser einzigen offiziellen Dienstreise blieb, die Ludwig zeit seines Lebens unternahm, obwohl er mit weiteren Dienstreisen auch in andere Regionen Bayerns doch mit Sicherheit ähnliche Begeisterung erzielt hätte? Hatte er den Bewohnern Frankens nicht mehrfach versprochen, im kommenden späten Frühjahr oder Sommer zu einem längeren Aufenthalt wiederzukommen, um alle jene Städte zu besuchen, die er auf seiner ersten Frankenreise nicht frequentiert hatte? Dazu kam es allerdings nicht mehr, denn 1867 bewegten den jungen König ganz andere Sorgen und ein Termin jagte den anderen.

Nur etwa eineinhalb Monate nach seiner Rückkehr nach München verlobte er sich anlässlich eines Hofballes am 22. Januar 1867 mit seiner Cousine Sophie. Im Mai 1867 plante er, seine Wohnung im dritten Obergeschoss der Münchner Residenz durch einen kleinen Wintergarten zu vergrößern und zu verschönern. Im selben Monat entschloss er sich außerdem zum Bau seines Schlosses Neuschwanstein, was neben dem Ausbau von Linderhof seine ganze Aufmerksamkeit in Beschlag nahm. Nach dem verlorenen Krieg bangte er darüber hinaus um seine Souveränität und die seines Königreiches. Auch die Staatsgeschäfte liefen weiter mit täglichen Audienzen und Verhandlungen mit Sekretären und Ministern. „Kaum eine Minute Zeit zum Atemschöpfen, es ist kaum zum Aushalten", klagte er seiner Braut. Anfang April wollte Ludwig seine Mutter, die eine Reise nach Italien plante, nach Rom begleiten, um von dort aus nach Jerusalem weiterzureisen.

Doch infolge „neuer politisch gefährlicher Nachrichten", die eine erneute vom Ministerium erwogene Regentschaft betrafen, zerschlug sich die Reise. Stattdessen besuchte Ludwig am 1. Juni mit seinem Bruder Otto inkognito die Wartburg in Eisenach und am 20. Juli die Weltausstellung in Paris, von wo er aber bereits am 30. Juli zu den Bestattungsfeierlichkeiten für seinen verstorbenen Onkel, den griechischen König Otto, in dessen Bamberger Schloss er noch vor einem halben Jahr logiert hatte, nach München zurückkehren musste. Am 18. August begrüßte er in München Kaiser Napoleon III. und Kaiserin Eugénia, von der er begeistert war. Im August war auch die Hochzeit vorgesehen, die Ludwig aber zuerst auf den 12. Oktober 1867 und kurz darauf auf den 28. November verschob. Hatte er etwa von der Liebesaffäre seiner Braut mit dem Fotografen Edgar Hanfstaengl erfahren? Über die zweimalige Vertagung des Hochzeitstermins regten sich Sophies Eltern auf und versuchten Ludwig zur Eheschließung zu drängen, was diesen höchst empörte, sodass er schließlich am 11. Oktober öffentlich die Verlobung für gelöst erklärte. Zu den gescheiterten Heiratsplänen kam Anfang 1868 auch noch die gespannte Beziehung zu Richard Wagner, infolge der die Korrespondenz zwischen beiden vom 30. November 1867 bis zum 9. März 1868 zum Erliegen kam. Im Juni 1868 erfuhr Ludwig dann auch noch, dass ihn Wagner bezüglich seiner Beziehung zur verheirateten Cosima von Bülow zwei Jahre lang belogen und ihn als Ehrenretter missbraucht hatte. An eine Reise nach Franken, wie angekündigt, war infolge all dieser sich überlagernden Ereignisse nicht zu denken.
Womöglich hatten aber auch das Ministerium und das königliche Kabinett kein Interesse daran, den König so kurz nach seiner ersten, höchst erfolgreichen Frankenreise wieder zu einer Fahrt in diesen Landesteil Bayerns zu ermuntern oder gar zu drängen. Vielleicht käme ihm dabei gar erneut der Gedanke, seine Residenz doch noch nach Nürnberg zu verlegen. Schließlich hatte er von Würzburg aus an Cosima von Bülow geschrieben: „Sollte ich ferner Grund haben, mit den Bewohnern meiner bisherigen Hauptstadt unzufrieden zu sein, so soll mich

Königshaus auf dem Schachen, erbaut 1870

König Ludwig II. zog sich ab 1867 immer mehr von öffentlichen Auftritten zurück.

nichts hindern, mein Hoflager in Nürnberg aufzuschlagen und dorthin den Sitz meiner Regierung zu verlegen." Auf solche Gedanken wollte man Ludwig mit einer neuen Frankenreise auf keinen Fall mehr bringen.

Außerdem darf angenommen werden, dass der König, so sehr ihn der freundliche Empfang seiner Franken auch gerührt und froh gestimmt hatte, es dennoch immer mehr als Belastung empfand, ständig von Menschenmassen umlagert zu sein, fortwährend deren Jubel über sich ergehen lassen zu müssen und unablässig mit Bitten und Fragen behelligt zu werden. Mehrfach brachte er seine Scheu vor öffentlichen Auftritten unverhohlen zur Sprache, wenn er etwa stöhnte: „Im lauten Weltgetümmel fühle ich mich fürchterlich unglücklich. Dieses Abhetzen und doch nichts tun, wie es bei Audienzen, Bällen, Festlichkeiten aller Art der Fall ist, ist mir bis in den Tod verhasst. Ich will mich nicht neugierigen Gaffern produzieren und als Ovationsopfer hergeben." Oder an anderer Stelle: „Ich wollte ja gerne reisen; konnte denn aber ein Volk seine Liebe zu seinem König nicht anders bezeigen, als dass es immer vor ihm herumkroch und ‚Hoch' dazu schrie?" Und mehrfach brach es aus ihm heraus: „Es ist entsetzlich, aber ich kann es nicht mehr ertragen, mich von Tausenden Menschen anstarren zu lassen, tausendmal zu lächeln und zu grüßen, Fragen an Menschen zu richten, die mich gar nichts angehen, und Antworten zu hören, die mich nicht interessieren. Nein! Nein! Ich kann aus der Einsamkeit nicht mehr heraus."

Und dann das zunehmende Misstrauen des Königs, der von vielen angeblichen Freunden stets aufs Neue enttäuscht wurde. „O, ich habe die Menschen kennengelernt, glauben Sie mir. Ich kam ihnen mit wahrer Liebe entgegen, fühlte mich abgestoßen; und solche Wunden heilen langsam, sehr langsam", so klagte Ludwig immer wieder: „Wie nichtssagend und fad kommen mir nun alle Menschen vor. Welch erbärmliche niedere Insektenseelen. Mittelmäßigkeit und Borniertheit fast überall, wohin ich blicke. Das Volk ist gut, sein innerster Kern gesund, aber urteilslos und leicht lenkbar." Ihn störte, wie er das ausdrückte, „das Befassen mit neuen Menschen, auch ich will mich der verdammten Höllendämmerung, die mich beständig in ihren qualmenden Dunstkreis reißen will, entziehen, um selig zu sein in der Götterdämmerung der erhabenen Bergeinsamkeit, fern von dem Tage, dem verhassten Feind, fern von der Tagessonne sengendem Schein! Fern der profanen Alltagswelt, der heillosen Politik, die mit ihren Polypenarmen mich umschlingen will und jede Poesie so gerne gänzlich ersticken möchte."

So sehr Ludwig auf der einen Seite Freude darüber verspürte, von seinem Volk der Franken verehrt und geliebt zu werden, so sehr fühlte er sich auf der anderen Seite von dieser Zuneigung nahezu erdrückt. Als er nach München heimgekehrt war, wo er ebenfalls umjubelt wurde, zog er sich rasch nach Hohenschwangau zurück. Dort verspürte er sicher große Erleichterung, den unentwegt jubelnden Volksmassen und dem Programmterror entronnen zu sein.

In München galt es allerdings noch einiges zu regeln. Gegen Ende des Jahres konnte sich Ludwig infolge der zunehmenden Unbeliebtheit von „Pfi" und „Pfo" trennen. Der 45-jährige Kabinettssekretär Franz Seraph von Pfistermeister, der seinerzeit Richard Wagner aus Stuttgart zum König gebracht hatte, wurde durch den 55-jährigen Max von Neumayr abgelöst, der sich durch die Organisation der Frankenreise Ludwigs hervorgetan hatte, sich dann aber auch nicht lang halten konnte. Bedeutsamer als diese Veränderung war die Ablösung des Freiherrn von der Pfordten, der seit 1864 dem Ministerrat vorstand. Doch jetzt wollte man in Bayern einen Mann, der nach dem verlorenen Krieg eine preußenfreundlichere Einstellung zeigte. Und dieser Mann war, insbesondere nach Graf von Holnsteins und Richard Wagners Urteil, kein anderer als Prinz Chlodwig von Hohenlohe-Schillingsfürst. Auch Ludwig wollte Wagners Erzfeind endlich loswerden, der die Frechheit besaß, dem König ins Gesicht zu sagen: „Ich halte Richard Wagner für den schlechtesten Menschen unter der Sonne, der den jungen König an Leib und Seele verderben würde. Aus diesem Grunde kann ich nur bleiben, wenn seine Majestät versprechen, ganz und gar von Wagner abzulassen." Ludwig ließ ab, aber nicht von Wagner, sondern von dessen Widersacher von der Pfordten. Schon Wochen vor Beginn von Ludwigs Frankenreise waren vorbereitende Gespräche geführt worden. Die Ministerkrise spitzte sich schließlich derart zu, dass von der Pfordten, nachdem ihm vom König mehrfach eine Audienz verweigert worden war, am 13. Dezember sein Rücktrittsgesuch einreichte, worauf zum Ende des Jahres seine Entlassung verfügt wurde.

Am 13. Januar 1867 schrieb Ludwig an seinen Großvater: „Die Politik Pfordtens im verflossenen Jahre hat zwar nicht bloß meine Zustimmung gehabt, sondern auch die des Landes. Allein, er hatte eben nicht den erwarteten Erfolg. Das Land hatte die Lasten des Krieges zu tragen und musste sich einen ungünstigen Frieden gefallen lassen; die natürliche Folge war, dass diejenigen Personen, in deren Hände die Geschicke Bayerns lagen, Onkel Karl und Pfordten, für die eingetretenen Misserfolge verantwortlich gemacht wurden.

Das geschah nicht bloß von Seiten der unteren Schichten der Bevölkerung, sondern von allen Ständen. So unverständlich dies sein mag, so lässt sich die Tatsache doch nicht verleugnen, ebensowenig als die Tatsache, dass Pfordten allerorts mit wenigen Ausnahmen das Vertrauen im Lande verloren hatte … Jeder Schritt, den Pfordten unternahm, wurde von Anfang an auf das Herbste kritisiert und als verfehlt bezeichnet. Mit einem solchen Minister zu regieren, ist eine Sache der Unmöglichkeit …"

An von der Pfordtens Stelle berief Ludwig nun Hohenlohe als Staatsminister des Königlichen Hauses und des Äußeren sowie zum Vorsitzenden des Ministerrates, auch wenn die beiden hinsichtlich ihrer Einstellung zum Nationalreich und der Nationalstaatsverfas-

Gemeinsam mit Richard Wagner wollte Ludwig II. in Zukunft künstlerische Projekte realisieren.

sung gegensätzlicher Meinung waren. Hohenlohe votierte dafür, Ludwig sah dadurch die bayerische Monarchie und die Eigenständigkeit seines Bayernlandes höchst bedroht.

Für die Tatsache, dass König Ludwig II. künftig von offiziellen Dienstreisen Abstand nahm, waren nicht nur die privaten und politischen Aktivitäten, seine zunehmende Menschenscheu und sein Misstrauen verantwortlich, sondern damit zusammenhängend auch seine Zurückhaltung Reisen gegenüber. Die Frankenreise sollte in den 22 Regierungsjahren die einzige dieser Art bleiben. 1864, eben König geworden, schien das noch anders zu sein. Damals unternahm der junge König eine knapp zweiwöchige Reise nach Bad Schwalbach, wo die von ihm verehrte russische Zarin und deren Tochter zur Kur weilten, sowie nach Bieberich bei Wiesbaden, wo sich Wagner einst aufgehalten hatte. Auf der Fahrt den Rhein hinab kam er auch nach Köln. Dort besichtigte er den Dom und in Frankfurt besuchte er das Goethehaus. Die meisten Städte durchquerte er aber im Norden Bayerns auf seiner offiziellen Frankenreise 1866. Sonst gab es in Bayern für ihn noch Kürzestaufenthalte in Regensburg, Landshut und Augsburg, wo er allerdings nur den Bahnhof sah. Kurzreisen führten ihn 1867 zur Wartburg nach Eisenach sowie Anfang August 1876 zur Generalprobe der Bayreuther Festspiele. Die großen Städte Stuttgart, Berlin und Wien bekamen ihn nie zu Gesicht. Drei kurze Frankreich-Reisen führten ihn im Sommer 1867 zur Weltausstellung nach Paris und 1874 und 1875 unter anderem nach Versailles und Reims zu den Schlössern der von ihm verehrten Bourbonen. Diese Reisen unternahm er ebenso als Privatperson und inkognito wie die drei Schweizer-Reisen, die er 1865/1866 antrat und 1881 in Begleitung des Schauspielers Josef Kainz unternahm und auf denen er den Stätten von Schillers „Wilhelm Tell" nahezukommen suchte. Sonst hielt sich der König im Wesentlichen im Voralpenland auf. Um die Welt zu erleben, reichten ihm wohl die künstlich geschaffenen Welten in seinem Wintergarten in der Münchner Residenz und vor allem in seinen Schlössern. Auch bei der Lektüre von Büchern aus seiner umfangreichen, fortwährend anwachsenden Bibliothek konnte sich der König in andere Welten versetzen. Zwar gab es Reisepläne nach Nord- und Südtirol, nach Italien, ja sogar nach Spanien und Jerusalem, aber deren Realisierung wurde nicht ernsthaft betrieben und so zerschlugen sie sich alle. Immer mehr versagte ihm die Kraft, Gedachtes und Geplantes zu verwirklichen, und so mied er die vertrauliche Nähe zu seinem Volk, wie er sie in jenen Wintertagen 1866 erfahren hatte, und verweigerte sich der Liebe und Verehrung, dem Jubel und der Begeisterung, die ihm damals entgegengeschlagen waren.
Nachdem Ludwig 1867 mit seinem Festspielhaus-Projekt in München gescheitert war, gab es für ihn kein Halten mehr. Er verließ München, seine Residenzstadt, und zog sich ins entfernte Allgäu in seine geliebte Bergwelt zurück, die ihm von Kindheit an vertraut und lieb war. Hier wollte er nun seine Residenzen errichten, allen voran Schloss Neuschwanstein. Eine offizielle Dienstreise wie jene 1866 nach Franken, auf Schritt und Tritt umgeben von seinem Hofstaat, überfüllt mit Terminen und endlos umjubelt vom Volk, unternahm der König jedoch nie wieder.

Überraschende Weichenstellung 1866

Die besondere Bedeutung von Ludwigs Frankenreise

Was verleiht nun Ludwigs Frankenreise einen so bedeutsamen Stellenwert in seinem Leben? Das war sicher nicht nur die Tatsache, dass es sich dabei um die einzige offizielle Dienstreise seines Lebens gehandelt hatte. Was war der Grund, dass er während dieser Wochen eine entscheidende Weichenstellung vornahm, nach der sein Lebensweg in ganz anderer Richtung weiterverlaufen sollte als bisher?

Vor 1866 war Ludwig noch ein Monarch gewesen, der nach anfänglichem Schrecken darüber, so jung auf den Thron gesetzt worden zu sein, allmählich Freude an den Regierungsgeschäften entwickelte, in die er sich zunächst pflichtbewusst und mit Fleiß stürzte. Jeden Morgen saß er bereits um neun Uhr am Schreibtisch, um allen Verpflichtungen gerecht zu werden. Was ihm an staatswissenschaftlichen und geschichtlichen Kenntnissen fehlte, versuchte er durch Lektüre von Büchern und Zeitungen nachzuholen. Er erbat sich den Rat der Minister und den seines Großvaters, mühte sich, ihm übel gesonnene Hofdemagogen und Pöstchenjäger, die ihn als Marionette betrachteten, eines Besseren zu belehren, indem er sich nicht scheute, Ministerien neu zu besetzen. Lange Zeit glaubte er, er allein habe die Regierungsgewalt in Händen und könne sich den Parlamentarismus vom Hals halten. Er wollte sich die Stellung des Kaisers von Russland verschaffen, die nach seiner Ansicht einzig würdige eines Fürsten. Über diese seine Absicht lächelte man nur milde. Er war auch überzeugt, die Selbstständigkeit und Integrität seines Landes Bayern und dessen Spitzenposition innerhalb der Mittelstaaten erhalten zu können. Und er sah sich auch als Kunsterzieher seines Volkes, „denn von dem Ernste der Kunst muss alles erfüllt werden." Doch nach und nach musste er erleben, wie alle diese Hoffnungen zu bröckeln begannen, musste er immer mehr die Ohnmacht seiner Macht erkennen, sah er sich sukzessive vom König zum Schattenkönig degradiert, nur mehr ein hohles Amt, dem er schließlich entfliehen wollte.

Nach dem Krieg 1866 wandelte er sich immer mehr zu einem frustrierten Herrscher. Die von ihm vorausgeahnten politischen Enttäuschungen der Jahre 1870/71 machten ihm einmal mehr klar, dass gerade in seiner Regierungszeit Bayerns Souveränität und die seiner Person dem neuen preußisch-deutschen Reich immer mehr untergeordnet wurden. „Es ist beklemmend", urteilt der Historiker Hans-Michael Körner, „wenn man verfolgt, wie eindeutige politische Willensbekundungen des jungen Monarchen von eben diesem Ministerium abgeblockt werden. In einer raffinierten Mischung aus psychologischem Kalkül, Zurückweisung des monarchischen Anspruchs, Betonung der ministeriellen Verantwortung und souveräner Beherrschung des bürokratischen Geschäftsgangs werden die Initiativen Ludwigs desavouiert, als lächerliche Versuche eines politisch dilettierenden Jünglings konterkariert."

Ludwig II. im Ornat des Georgiritterordens, in der Pose eines absolutistischen Herrschers

Sicher war die Frankenreise Ludwigs sein erster und sicher auch sein größter innenpolitischer Erfolg. Sein Erscheinen in den nördlichen Gebieten Bayerns ließ alle sich anbahnenden separatistischen Bestrebungen der Franken schließlich im Sande verlaufen. An der Frankenreise erfreute den König zwar die Zuneigung des Volkes, gleichzeitig aber war er sich bewusst, diese Reise in erster Linie doch nur auf Drängen des ihn immer mehr bevormundenden Ministeriums unternommen zu haben, genauso wie dies auch bei der Mobilmachung für den vorausgegangenen Krieg der Fall war, die er anzuordnen hatte.

Und so geschah es auf eben dieser Frankenreise, dass Ludwig eine Trennlinie zog, hinter die er nicht mehr zurückgehen konnte und wollte. Sie markierte den Beginn eines anderen politischen Handelns, aber ebenso auch einen Wandel in seinen Lebensperspektiven. Ziemlich genau in der Mitte seines Lebens – im Alter von 21 Jahren und 20 Jahre vor seinem Tod – schrumpfte der zunächst durchaus regierungswillige Monarch zunehmend zu einem resignierenden Schattenkönig. Doch in diesem Schattenreich wollte er nicht mehr verharren. Wie Phönix aus der Asche erhob er sich gewandelt, um einem Königtum gerecht zu werden, wie er es sah. Und bei dieser Auferstehung würde ihn auch Wagner begleiten, wie er kurz nach seiner Rückkehr in München am 11. Dezember an Cosima von Bülow in die Schweiz schrieb: „Es erhebt sich der neue, der höhere Sachs wie ein Phönix aus der Asche, um ewig zu leben, um die Welt zu erlösen! Zu einem Himmel auf Erden zu schaffen!"

Ludwig entschied sich, in den kommenden Jahren anstelle des ihm aufgedrängten politischen Schattenkönigtums, das nie seiner Vorstellung entsprechen würde, ein selbst gewähltes und selbst zu gestaltendes geistiges und absolutistisches Königtum zu realisieren. „Was ihm die politische Realität nicht erlaubte", so betont Rupert Hacker, „ – als mächtiger Herrscher aufzutreten und zu wirken –, das vollzog er in der Traumwelt seiner Schlossbauten, in denen ihm die Zeiten des mittelalterlichen Rittertums und der Bourbonenkönige wieder lebendig wurden, in denen er sich in das Dasein großer Könige hineindachte und den höfischen Glanz vergangener Epochen nachempfand." Und das bedeutete für Ludwig auch, sich aus der profanen Öffentlichkeit zurückzuziehen und sich in einer geistigen Welt einzurichten, in der ihm eine Verwirklichung seiner Ideale möglich erschien. „Die Geistesrichtung des Königs ist von der aller übrigen Bayern verschieden", urteilte am 6. April 1867 Freiherr Georg von Werthern in einem Schreiben an Bismarck. „Er hat in seinem Gefolge, in seiner ganzen Umgebung nicht eine Seele, die ihn versteht, ihm auf dem Fluge zu den Sternen folgt und mit überlegenem Geiste wieder zur Erde zurückführt. Er ist ganz einsam und verzehrt sich in fruchtlosen Spielen überreizter Fantasie."

„Ich will, dass mein Volk erfährt, wie ich bin, dass es seinen Fürsten endlich kennenzulernen beginnt", versprach Ludwig zu Beginn seiner Reise. Der Versuch, dieses Versprechen einzulösen, begann auf der Frankenreise und setzte sich bis zu seinem Lebensende fort.

Unmissverständlich endete Ludwig das alte Jahr am 30. Dezember 1866 in einem Brief an Cosima von Bülow mit den Worten:

„[...] für mich war dieses Jahr das fürchterlichste, das ich erleben musste [...] Ich darf von mir sagen, mutig habe ich lange ausgeharrt in meiner für die Dauer trostlosen Einsamkeit, habe Entsetzliches erduldet, denn der Thron mit all seiner Herrlichkeit kann nicht das Verlorene mir ersetzen, ich habe ja keine Seele, die mich hier versteht, o fühlen Sie mit mir, bitten sie Ihn [Wagner], zum Treuen zu kommen, ich beschwöre Sie [...] Ach alles hatte so wonnevoll begonnen, ich war so überglücklich, wagte kaum zu denken, dass dies alles Wahrheit sei, ich wähnte in Himmelssphären zu schweben und nun grausam herabgestürzt von dieser Seligkeit, getrennt von allem was mir teuer, geschieden vom einzig geliebten Freunde, verdammt unter mehr oder weniger niedrig denkenden Menschen (wenige ausgenommen) mein Leben zu vertrauern – o das ist hart, bringt mich in kurzer Zeit dem Tode nahe."

Cosima von Bülow, Freundin Richard Wagners

Das neue Jahr 1867 aber beginnt Ludwig – wieder in einem Brief an Cosima von Bülow vom 5. Januar 1867 – mit folgendem klar und kämpferisch formulierten Vorsatz:

„Jetzt aber wollen Wir den verblendeten Deutschen, wenn sie nicht durch sich selbst zur Erkenntnis des Hohen zu bringen sind, gewaltsam die Augen aufreißen, wollen ihnen energisch Unseren ‚Willen' kundtun. O die unbegreiflich blöden Menschen, sie sehen nur das Gewöhnliche der Dinge, ihren Blick umhüllet noch das irdische Band, Wir haben das Unsterbliche mit Augen geschaut."

Und diesem „Unsterblichen" will Ludwig künftig nun seine ganze Kraft widmen. Die Weichen zu diesem mystischen Vorhaben, zu diesem nunmehr beginnenden „Flug zu den Sternen" stellte er aber auf seiner Reise durch das Land der Franken.

Literatur

Amery, Carl: Leb wohl geliebtes Volk der Bayern (Aktualisierte Sonderausgabe). List, München 1996

Aufsess, Hans Max von: Ludwig II. Triumphzug durch Franken. Nürnberger Presse. Nürnberg 1980

Bartelsheim, Ursula: Versailles auf Rädern. Ludwig II. und sein Hofzug. DB Museum, Nürnberg 2009

Below, Ludwig: Dem Toten die Ehre – Entsiegelte Dokumente. Bayerischer Volksverlag, München 1926

Blunt, Wilfried: König Ludwig II. von Bayern. München 1970

Böhm, Gottfried von: Ludwig II. König von Bayern. Sein Leben und seine Zeit. 2. Auflage. Hans Robert Engelmann, Berlin 1924

Bronner, Franz-Josef: Bayerisch' Land und Volk diesseits und jenseits des Rheins in Wort und Bild. Verlag von Max Kellerer's Hofbuchhandlung, München 1910

Curtius, Friedrich: Denkwürdigkeiten des Fürsten Chlodwig zu Hohenlohe-Schillingsfürst. Bd. I. Deutsche Verlagsanstalt, Stuttgart 1907

Dahn, Felix: Erinnerungen 4. Buch Abt. 1 (1863–1870). Breitkopf & Härtel, Leipzig 1895

Doeberl, M.: Entwicklungsgeschichte Bayerns 3. Band. R. Oldenbourg, München 1931

Domarus, Max: Bayern 1805–1933. Stationen der Staatspolitik (Nach Dokumenten im Bayerischen Hauptstaatsarchiv). Verlag Franz Teusch, Würzburg 1979

Dümler, Christian: Die königlich-griechische Exilhofhaltung in Bamberg 1863–1875 in: Von Athen nach Bamberg – König Otto von Griechenland. Bayerische Schlösserverwaltung, München 2002

Eger, Dr. Manfred: Königsfreundschaft – Legende und Wirklichkeit. Druckhaus Bayreuth, Bayreuth 1987

Eisert, Beatrice: Ludwig II. Leben – Wirken – Sterben. Verlag Unverhau, München 1979

Enderlein, Friedrich Leonard: Ein Menschenalter in Schweinfurt. Verlag Stadtarchiv, Schweinfurt 1992

Evers, Hans Gerhard: Ludwig II. Theaterfürst – König – Bauherr. Hirmer, München 1986

Fischer, Ernst/ Kratzer, Hans (Hrsg.):Unter der Krone. Das Königreich Bayern und sein Erbe. Süddeutsche Zeitung Edition, München 2006

Gall, Lothar (Hrsg.): Bismarck, Preußen, Deutschland und Europa. Verlag Nicolai, Berlin 1990

Gehring, Ludwig: Würzburger Chronik, Bd. 4. Personen und Ereignisse von 1848 bis zur Gegenwart. Bonitas Bauer, Würzburg 1925

Haasen, Gisela: Ludwig II. – Briefe an seine Erzieherin. Bruckmann, München 1995

Hacker, Rupert: Ludwig II. von Bayern in Augenzeugenberichten. Rauch, Düsseldorf 1966

Hahn, Edi: Eine Führung durch die Kuranlagen aus 1200 Jahren Stadtgeschichte. Heimatverlag, Bad Kissingen 1996

Hahn, Edi: Kaiserkur im Grand-Hotel. Heimatverlag Bad Kissingen, 1996

Heigel, Karl von: König Ludwig II. von Bayern, Ein Beitrag zu seiner Lebensgeschichte. Adolf Bonz & Comp, Stuttgart 1893

Herre, Franz: Ludwig II. von Bayern – Sein Leben – Sein Land – Seine Zeit. Deitsche Verlags-Anstalt, Stuttgart 1986

Hojer, Gerhard (Hrsg.): König Ludwig II. – Museum Herrenchiemsee. Hirmer, München 1986

Hopf, Wilhelm: Das Jahr 1886 (Die deutsche Krisis des Jahres 1886). Verlag Heinrich Feesche, Hannover 1906

Hüttl, Ludwig: Ludwig II. König von Bayern. Bertelsmann, München 1986
Keller, Hans K. E. L. (Hrsg.): Der König. Beiträge zur Ludwigforschung. Verlag der Grotius-Stiftung, München 1967
Kolb, Peter & Krening, Ernst Günter: Unterfränkische Geschichte Band 5/1 – Von der Eingliederung in das Königreich Bayern bis zum beginnenden 21. Jahrhundert. Echter, Würzburg 2002
Lampert, Friedrich: Ludwig II. König von Bayern, Ein Lebensbild. G. Franz'scher, München 1890
Lüdecke, Steffen: „Die Schiefe Ebene" – eine legendäre Eisenbahnstrecke. Eisenbahn-Kurier Verlag, Freiberg 1993
Mommsen, Wolfgang J.: Das Ringen um den nationalen Staat; In: Propyläen Geschichte Deutschlands 7/1. Propyläen, Berlin 1993
Nöhbauer, Hans F.: Auf den Spuren König Ludwigs II. Ein Führer zu Schlössern und Museen, Lebens- und Erinnerungsstätten des Märchenkönigs 1. Auflage. Prestel, München 1986
Obermeier, Siegfried: Münchens goldene Jahre. Bertelsmann, München 1976
Priem, J.: Die Königstage in Nürnberg. Robert Koenecke, Nürnberg 1866
Rall, Hans; Petzet Michael: König Ludwig II. Wirklichkeit und Rätsel. 2. Auflage. Schnell & Steiner, Regensburg 1968
Richter, Werner: Ludwig II. König von Bayern. 14. Auflage. Stiebner, München 2001
Röckl, Sebastian: Ludwig II. und Richard Wagner. II. Teil: Die Jahre 1866–1883. Verlag C.H. Beck, München 1920
Rummel, Walter: Der König und sein Kabinettchef. 2. Auflage. Knorr & Hirth, München 1930
Schad, Martha: Briefe – Cosima Wagner und Ludwig II. von Bayern. Eine erstaunliche Korrespondenz. Gustav Lübbe, Bergisch-Gladbach 1996
Scharrer-Schauenberg: Unbekanntes und wenig Bekanntes aus den ersten drei Regierungsjahren König Ludwig II. von Bayern. Seitz & Bauer, München 1906
Schödl, M.; Schübel, W.: Geschichte der Gesellschaft Concordia in Bamberg. Als Festgabe den Gesellschaftsmitgliedern gewidmet und nach urkundlichen Quellen bearbeitet. Reindl'sche Officien, Bamberg 1885
Schweiggert, Alfons: Schattenkönig – Otto, der Bruder König Ludwigs II. von Bayern. Ein Lebensbild. Ehrenwirth, München 1992
Schweiggert, Alfons: Der Kronprinz. Kindheit und Jugend König Ludwig II. von Bayern. Turmschreiber Verlag, Pfaffenhofen 1995
Schweiggert, Alfons: Die letzten Tage im Leben König Ludwig II. Eos Verlag, St. Ottilien 2003
Schweiggert, Alfons: Edgar Allan Poe und König Ludwig II. Anatomie einer Geistesfreundschaft. Eos Verlag, St. Ottilien 2008
Steinberger, Hans: Ludwig II. von Bayern. Der Romantiker auf dem Königsthron. Speiser, Prien 1906
Strobel, Otto: König Ludwig II. und Richard Wagner – Briefwechsel. Band 2. G. Braun, Karlsruhe 1936
Strobel, Otto: König Ludwig II. und Richard Wagner – Briefwechsel. Band 5. G. Braun, Karlsruhe 1939
Ücker, Bernhard: Bayern, der widerspenstige Freistaat. Verlag Ehrenwirth, München 1967
Ücker, Bernhard: Die bayerische Eisenbahn. Süddeutscher Verlag, München 1972
Weißheimer, Wendelin: Erlebnisse mit Richard Wagner, Franz Liszt und vielen anderen Zeitgenossen nebst deren Briefen. Deutsche Verlags-Anstalt, Stuttgart 1898
Wolf, Georg Jacob: König Ludwig II. und seine Welt. 2. Auflage. Franz Hanfstaengl, München. 1926
Ziegler, Peter: Prominenz auf Promenadenwegen. Kaiser – Könige – Künstler – Kurgäste in Bad Kissingen. Ferdinand Schöningh, Würzburg 2004

Quellen

Informationen wurden in den Stadtarchiven folgender Städte gefunden
Aschaffenburg, Augsburg, Bamberg, Bayreuth, Erlangen, Fürth, Gemünden, Hammelburg, Hof, Kissingen, Kitzingen, Lohr, Marktschorgast, Münchberg, Nürnberg, Schweinfurt, Weiden, Würzburg

Recherchen erfolgten außerdem in den Privatarchiven von
Walter Hamm, Uettingen – Rudi Kurz, Marktschorgast – Erich Adami, Kleinwallstadt

Internet-Informationen bei
Wikipedia und Zeno

Von folgenden Zeitungen wurden Ausgaben der Monate Oktober bis Dezember 1866 ausgewertet:
Anzeiger für Hof und Umgebung; Aschaffenburger Intelligenzblatt; Aschaffenburger Zeitung; Augsburger Allgemeine Zeitung; Augsburger Allgemeine Zeitung (Beilage); Augsburger Postzeitung; Bamberger Neueste Nachrichten; Bamberger Neueste Nachrichten Sonntagsblatt; Bamberger Tagblatt; Bayerische Zeitung München; Bayerischer Kurier München; Bayerisches Volksblatt München; Bayreuther Tagblatt; Beilage der Bayerischen Rundschau München; Epheuranken, Beilage zum Würzburger Abendblatt; Erlanger Tagblatt; Fränkischer Kurier Nürnberg; Fürther Tagblatt; Füssener Blatt; Hammelburger Journal; Kurier für Niederbayern Landshut; Lohrer Anzeiger; Morgenblatt der Bayerischen Zeitung, München; Münchberger Wochenblatt; Münchener Neueste Nachrichten; Neue Bayerische Landeszeitung München; Neue Würzburger Zeitung (Mnemosyne); Regensburger Morgenblatt; Regensburger Tagblatt; Saal-Zeitung Bad Kissingen; Schweinfurter Tagblatt; Würzburger Anzeiger; Würzburger Journal.

Sämtliche Quellen und Textanhänge sind aufgrund ihres erheblichen Umfangs auf einer CD-ROM gespeichert. Bearbeiter der CD-ROM: Erich Adami (Kleinwallstadt) in enger Kooperation mit Sandra Borkowsky (Gießen). Die CD-ROM enthält u.a.:
Quellenhinweise zu den einzelnen Kapiteln des Buches
Hinweise auf verwendete Artikel in Zeitungen und Zeitschriften
Hinweise auf alle Archive und Bibliotheken
Gesamttexte der im Buch nur in Ausschnitten zitierten Quellentexte, Gedichte etc.
Die Originaltexte der Zeitungsartikel
Zusätzliches nicht im Buch verwendetes Quellenmaterial
Bildmaterial zur Frankenreise und zu König Ludwig II.
Alte Postkarten zu Ludwig II. und seinen Schlössern
Der Preis der CD-ROM beträgt € 10.- + € 3.- Versandkosten.
Die CD-ROM trägt den Titel:
Quellenmaterial zu dem Buch König Ludwig II.
Seine triumphale Reise durch Franken
von Erich Adami – Alfons Schweiggert
Nähere Informationen unter der Website: www.borkowsky.org
Die CD-Rom ist unter dem Stichwort „L II-Frankenreise" und der Angabe der Besteller-Anschrift per E-Mail anzufordern bei Sandra Borkowsky, Crednerstr. 37, 35392 Gießen – E-Mail: sandra.bo@gmx.net
Der Preis der CD-Rom beträgt 10.- € + 3 € (Verpackung/Porto). Der Betrag von 13.- € ist nach der Bestellung unter dem Stichwort „L II.-Frankenreise" als Vorkasse zu überweisen an:
Sandra Borkowsky – Sparkasse Gießen – BLZ 51350025 – Konto 5039223

Personenregister

Beispiel: 30 (2) = Seite 30, Name kommt 2-mal vor

Abel, Karl von (bayerischer Politiker) 26 (2)
Abt, Frau (Komponistin) 156
Aldosser, Herr (Generalmajor) 157
Alexander II. (russischer Zar) 88
Arnold, Herr (Kaufmann, Magistratsrat) 182
Arnold, Herr (Opernsänger) 165
Asmuß, Herr (Dichter) 118

Baison, Frl. (Schauspielerin) 195
Barth, Herr (Opernsänger) 165
Barthelmeß, Herr (Fabrikbesitzer) 182
Bauernschmitt, Dr. (Vorstand der Stadtgemeinde-Bevollmächtigten Bamberg) 71
Bayern, Alexandra Amalie von (Tochter König Ludwig I.) 117
Bayern, Karl Theodor Maximilian August Prinz von (Generalfeldmarschall und Reichsrat der Krone Bayerns) 15, 18, 35 (2), 88, 201, 207
Bayern, Ludwig Wilhelm in Bayern (Bayerischer Herzog) 188
Bayern, Luitpold Karl Joseph Wilhelm von (Prinzregent) 30 (2), 117, 178 (3), 192
Bayern, Marie Sophie Amalie, Herzogin in (Königin von Neapel-Sizilien) 88
Bayern, Max in (Herzog) 88
Bayern, Sophie Charlotte Auguste in (Verlobte König Ludwigs II.) 204, 205
Beeg, Dr. Johann Caspar (Königlicher Gewerbskommissar) 182
Beethoven, Ludwig van (Komponist) 61 (2), 62 (3), 107, 167, 168, 170, 173, 184
Behaim, Martin (Tuchhändler aus Nürnberg und Erfinder des Globus) 156
Below, Ludwig (Buchautor) 158, 160
Benker, Herr (Kaufmann) 162
Benzl, Josef (Mitglied des Hoforchesters) 195
Berg, Graf von (Pseudonym für König Ludwig II. bei seinen Reisen nach Frankreich) 30
Bertram-Meyer, Frau (Schauspielerin und Opernsängerin) 154, 155, 165, 173, 174, 184 (2), 185
Betier, Herr (Magistratsrat) 109
Birkner, Herr (Kaufmann und Magistratsrat) 182
Bismarck-Schönhausen, Otto Eduard Leopold von (Kanzler von Preußen und Deutscher Reichskanzler) 11, 13 (2), 18, 39, 80, 93, 96, 211
Böhner, Georg (Besitzer eine Gasthauses) 145, 146 (5)
Bösmüller, Herr (Oberstleutnant) 110
Böttinger, Johann Ignaz Tobias (Kurfürstlicher Bamberger Geheime Rat) 72
Bomhard, Eduard Peter Apollonius Ritter von (Politiker und Justizminister) 136
Bourdon, Herr (Vizekorporal) 167
Brandt, Herr (Schauspieler) 169, 174
Braun, Josef (Librettist) 175
Braun-Brini, Herr (Schauspieler und Opernsänger) 155, 165, 173, 181, 185
Brochier (Rat) 31
Bülow-Liszt, Cosima von (Tochter des Komponisten Franz Liszt, Gattin des Dirigenten Hans von Bülow und später zweite Ehefrau Richard Wagners) 15, 64–65, 106, 109, 125 (2), 154 (2), 171 (4), 175, 185, 196 (3), 205 (2), 210, 211 (2)
Bulyowsky, Lilla von (Schauspielerin) 195 (2)
Burger, Herr (Magistratsrat und 1. Vorstand der Gesellschaft „Concordia") 73 (2), 77, 78 (3), 79

Caflisch (Postoffizial und Dichter) 44
Carlmüller, Herr (Schauspieler und Sänger) 169, 174, 175, 181, 185
Caspar, Oberst von (Vorstand des Hauptmonturdepot) 182
Castell, Gustav Graf zu (Oberhofmeister) 31
Cherubini, Luigi (Komponist) 184

Christen, Herr (Schauspieler) 195
Christin, Herr (Baurat) 99
Clement, Herr (Opernsänger) 155, 181
Cramer-Klett, Theodor Freiherr von (Industrieeller
und Reichsrat) 27, 153, 165, 172 (2), 182, 183 (6)

Dahn, Felix (Schriftsteller und Historiker) 119, 121 (2)
Daumenlang, Herr (Künstler) 171
Deinlein, Michael von (Erzbischof von Bamberg) 74
Deuerling, Herr (Musikdirektor) 108
Diem, Frau (Gattin des Landwehroberstleutnant Diem) 160
Dientzenhofer, Johann (Baumeister) 72
Dientzenhofer, Leonhard (Baumeister) 67
Donizetti, Gaetano (Komponist) 184
Droberg, Herr (Schauspieler) 169
Dürer, Albrecht (Maler) 156
Dürig, Herr (Ordonnanzoffizier in der bayerischen Armee) 35
Dupont, Frau (Schauspielerin und Sängerin) 175

Eberle, Herr (Hofrat und Professor an der Kunstgewerbeschule) 181 (3)
Elisabeth Amalie Eugenie, Herzogin in Bayern (Kaiserin von Österreich
und Königin von Ungarn) 88 (3)
Emmerling, G. (Vorsitzender des Oratorienvereins) 167 (3), 168
Enderlein, Friedrich Leonhard (Forscher für die Stadtgeschichte Schweinfurts) 83
Engelhard, G. (Gendarmerie-Brigadier) 95
Engelmann (Unternehmer) 144
Erdmannsdorfer, Max (Pianist) 168
Essenwein, Dr. h.c. August Ottmar Ritter von (Erster Direktor des
Germanischen Museums) 180, 181
Euler, Herr (Gutspächter der Hettstätter Höfe) 131 (3)

Faber, Johann Lothar Freiherr von (Reichsrat und ein deutscher
Großindustrieller) 157, 172 (6)
Fal(c)kenstein, Eduard Ernst Friedrich Hannibal Vogel von
(Kommandeur der preußischen Mainarmee) 107
Farnbacher, Frl. (Fürther Bürgerstochter) 160
Feder, Gottfried von (Regierungspräsident von Mittelfranken und
Mitglied des Deutschen Reichstags) 152, 157, 182
Feilitzsch, Maximilian Alexander Freiherr von (Innenminister) 31
Fikenscher, Herr (Regierungsrat und Bezirksamtmann) 107 (2)
Finckh, Carl (Bewohner Schweinfurts) 81 (2)
Fischer, Ludwig von (Bürgermeister in Augsburg) 188 (3)
Fleischmann, Herr (Fabrikant) 181
Flotow, Friedrich (Komponist) 117
Fontane, Heinrich Theodor (Schriftsteller) 89
Frank & Wunnerlich (Bundweberei) 63
Frankenstein, Freiherr von (Reichsrat 157
Freund, Frau (Opernsängerin) 165, 181
Freyberg, Herr von (Generalstabshauptmann) 93
Friedrich III. (Marktgraf Friedrich III. von Brandenburg-Bayreuth) 48
Frohberg, Wilhelm Künsberg Freiherr von (Flügeladjutant des Königs) 21, 31, 172
Fuchs, Valentin A. (Erster rechtskundiger Bürgermeister von Kissingen) 91, 92 (3), 95, 96

Gärtner, Friedrich Wilhelm von (Baumeister und Architekt) 101
Gahn, Herr (Sergeant der Garnison in Nürnberg) 167
Gebsattel, Johann Philipp von (Fürstbischof des Hochstiftes Bamberg) 67
Gemming, August (Weinhändler) 146 (3)
Gerhard, Dr. H. (Professor in Würzburg) 123 (2)

Gerstner, Herr (Professor und Vorstand des polytechnischen Vereins Würzburg) 120
Gietl, Dr. Franz von (Geheimrat und Leibarzt des Königs) 31, 63, 92, 93, 123, 124, 141, 152, 168 (2)
Glenk, Frl. (Schauspielerin) 169
Gounod, Charles François (Komponist) 179, 181
Grandjean, M. A. (Dichter und Theaterautor) 174
Graner, Herr (Fürstlich reußischer Kapellmeister und Musikdirektor) 63
Grillparzer, Franz (Dichter) 93, 195
Grobe, J. (Musikdirektor) 156 (2), 158, 167 (2), 168, 184
Groten, Herr (Hofkapellist und Violinsolist der Fürstlich reußischen Hofkapelle) 63
Güll, Herr (Ingenieur und städtischen Baurat) 148
Günther, Georg (Tapezierer) 160
Gustav II. Adolf (König von Schweden) 101
Gutbrod, Herr (Dechant und Geistlicher Rat und Stadtpfarrer von Kissingen) 92 (2)

Haas, Frl. (Schauspielerin) 169
Habsburg, Franz Joseph Karl von (Kaiser Franz Joseph I. von Österreich und König von Ungarn) 27, 88
Hacker, Fräulein (Vorstandsmitglied im Oratorienverein Nürnberg) 168
Hacker, Rupert (Buchautor aus München) 210
Häberlein, Herr (Lebkuchenfabrikant) 166
Händel, Georg Friedrich (Komponist) 168
Häusler, Gustav (Spielkartenfabrikant) 184
Hager, Herr (Stabstrompeter einer Musikkapelle der Chevaulegers) 168
Hahn, Herr (Direktor des Theaters Würzburg) 118 (8), 128 (4)
Hahn, Frau (Frau des Theaterdirektors) 129
Haller, Sigmund von (Erster rechtskundiger Magistratsrat in Fürth) 142 (2)
Haller, Freiherr von (Architekt) 160
Haller, Freifräulein von (Bürgerstochter) 160
Halm, Friedrich (Theaterautor) 196
Hartmann, Herr (Offizier und Generalkommandant in Würzburg) 166
Hanfstaengl, Edgar (Photograph) 205
Haubenstricker, Herr (Rechtsrat) 157, 158
Haydn, Franz Joseph (Komponist) 62, 184
Heigel, Karl August Ritter von Heigel (Schriftsteller und Biograph) 200 (2)
Heider, Herr (Bezirksamtsassessor) 84, 86
Heinlein, Herr (Büchsenmacher) 74
Heinrich, Herr (Zinnfigurenfabrikant) 144
Heinrich II. (römisch deutscher Kaiser) 77
Held, Dr. (Hofrat und Professor in Würzburg) 120
Helm, Herr (Kantor und Dirigent des Liederkranzes Hof) 62
Henninger, Herr (Brauereibesitzer) 182
Herold, Herr (Mitbesitzer einer Erzgießerei) 180, 182
Hessen, Prinz Karl (Prinz von Hessen) 108
Hessen, Prinz Ludwig (Prinz von Hessen) 108
Hessen, Prinz Wilhelm (Prinz von Hessen) 108
Hirschberg, Comtesse von (Dame der besseren Gesellschaft von Bayreuth) 46
Höfling, Karl (Bürgermeister der Stadt Gemünden) 99 (2)
Hörmann, Herr von (Regierungsdirektor) 120
Hörschel, Kaplan (Spitalgeistlicher im Zivilkrankenhaus Aschaffenburg) 109
Hofmann, Julius von (Hofsekretär) 31
Hofmann, Herr (Landwehroberstleutnant) 71
Hoffmann, Frl. (Schauspielerin und Opernsängerin) 155, 173, 175, 181, 185
Hohenlohe-Schillingsfürst, Chlodwig Carl Viktor Fürst zu (Politiker und Bayerischer Ministerpräsident) 19, 188, 207 (2), 208
Holnstein, Maximilian Karl Theodor Graf von (Oberststallmeister von König Ludwig II.) 31, 97, 127, 128 (3), 129 (4), 207
Hüttner, Frl. (Schauspielerin) 174

Ille, Eduard (Maler, Illustrator, Karikaturist und Schriftsteller) 175

Jäger, Herr (Schauspieler und Opernsänger) 155, 173, 174
John, Christof Adolf Eduard Emanuel John (Bürgermeister von Fürth) 140 (2), 141, 142, 181
Jürgan, Herr (Schauspieler) 169

Käfferlein, Pauline (Ehrenjungfrau in Bayreuth) 42, 46
Kainz, Josef Gottfried Ignaz (Schauspieler) 208
Kaiser, Herr (Magistratsrat und Hotelbesitzer in Kissingen) 92
Kalb, Herr (Verwaltungsbeamter der Stadt Nürnberg) 156, 186
Kaltenstein, Kalt zu (Dichter) 119
Kamm, Herr (Bezirksarzt von Hammelburg) 98
Karpeles, Sigmund (Komponist und Klaviervirtuose) 46
Kaufmann, Herr (1. Vorstand der Bürgergesellschaft Concordia) 73
Kelber, Johann Jakob Karl (2. Bürgermeister von Erlangen) 162
Kellner, Hermann (berühmter Glasmaler) 172
Kempf, Herr (Kommerzienrat und Assistent des Herrn Cramer-Klett) 172, 182, 183
Kepler, Friedrich Johannes (Naturphilosoph) 180, 181
Koch, Herr (Leiter einer Musikkapelle Augsburg) 188
Körner, Prof. Dr. Hans-Michael (Historiker) 209
König, Chr. (Photograph) 171
Köpf, Josef (Bildhauer) 142
Kohl, Herr (Feldwebel der Garnison in Nürnberg) 167
Kolb, Herr (Schriftführer des Gewerberates Nürnberg) 184
Korn, Christian (Buchhändler) 166
Krafft, Adam (Baumeister zur Zeit der Spätgotik) 171
Krafft, Herr (Kaufmann) 160
Krakhardt, Herr (Direktor einer Aktienspinnerei Bamberg) 73
Kraus, Herr (Magistratsrat in Bayreuth) 52
Kraushaar, Herr (Geheimer sächsischer Finanzrat und Direktor der sächsischen Westbahnen) 59, 60
Kreling, Dr. h.c. August (Maler und Bildhauer) 180 (3), 181 (2), 182
Kreß, Freiherr von (Kammerherr des Königs) 168, 182
Kreuzers, C. (Komponist) 156
Kriegler, Herr (Kaufmann und Magistratsrat) 182
Kühles, Herr (Oberkondukteur und Komponist) 132
Künsberg, von (Kammerherr des Königs) 182
Kugler, Herr (Alabasterwarenfabrikant) 166, 182
Kundiger, Herr (Exsoldat und jetziger Metallschlägergeselle) 144

Lang, Herr (Schauspieler und Opernsänger) 155, 165, 173, 181, 185
LaRoche, Graf Delph von (Generalleutnant und Generaladjutant des Königs) 21, 31, 63, 152
Leinfelder, Franz von (Legationsrat und Mitglied im Sekretariat des Königs) 127
Lenz, Herr (Mitbesitzer einer Erzgießerei) 180, 182
Leonrod, Frau Sibylla von (König Ludwigs ehemalige Erzieherin) 21, 22
Leonrod, Herr (Oberst und Mann von Sibylle von Leonrod) 157
Lerchenfeld, Freiherr von (Regierungspräsident von Schwaben) 188
Liebel, Herr (Bierbrauer und Gemeindebevollmächtigter aus Nürnberg) 160
Liebermann, Herr (Pächter des Café Noris in Nürnberg) 161
Lindenfels, Herr von (Generalleutnant) 157
Linhart, Dr. (Professor in Würzburg) 120
Loe, Herr (Landwehr-Major) 71
Löwy, Dr. Isaak (Rabbiner in Fürth) 143 (8), 144 (4)
Lossow, Oskar von (Landrat von Hof und Rechtsrat) 61
Ludwig I. (König von Bayern) 14, 21, 26 (4), 96, 100, 101 (2), 117 (3), 123
Ludwig III. (König von Bayern) 30, 131 (2), 178 (3)
Lutz, Eduard von (Kriegsminister) 16, 201
Lutz, Johann (Kabinettssekretär, Ministerpräsident von Bayern) 131, 197 (2)

Maar, Johann Simon (Maler und Illustrator) 184
Maaß, Herr (Spielwarenfabrikant) 182
Maffei, J. A. (Lokomotiv- und Maschinenfabrik in München) 32, 54
Manteuffel, Edwin Karl Rochus Freiherr von (preußischer Generalfeldmarschall) 17, 89
Maria Alexandrowna (russische Zarin) 88
Maria Eugénia Ignacia Augustina Palafox de Guzmán Portocarrero y Kirkpatrick (Kaiserin der Franzosen und die letzte Monarchin Frankreichs) 205
Maria, Königin von Hannover (Königin) 88
Marie, Königin von Bayern (Prinzessin Marie von Preußen) 90, 93, 123, 148, 172, 193, 196
Martin, Herr (Brandversicherungsinspektor) 92
Max I. Joseph (König von Bayern) 14, 123
Maximilian II. (König von Bayern) 13 (3), 14, 26, 27 (5), 38, 43, 68, 96, 123, 133, 148, 153
Mayer, Herr (Leutnant vom 5. Infanterieregiment) 73
Mayer, Herr (Hofrat und Professor an der Kunstgewerbeschule Nürnberg) 180
Meier, Herr (Opernsänger) 165
Memminger, Anton (Chefredakteur der bayerischen Landeszeitung) 177
Mendelssohn-Bartholdy, Felix (Komponist 61, 167
Merk, Wolfgang (praktischer Arzt) 84, 86
Meyerbeer, Giacomo (Komponist) 109 (2), 147, 154
Modena, Adelgunde Auguste Charlotte von (bayerische Prinzessin) 117
Möhring, Ferdinand (Komponist) 62
Molière (Theaterdirektor und Dramatiker) 184, 185
Moritz, Herr (Regimentstambour) 167
Mozart, Wolfgang Amadeus (Komponist) 132
Müller, Herr (Bezirksamtsassessor) 98
Münch, Georg (Besitzer einer Weberei und Appreturanstalt in Hof) 63
Münch, Hermann von (Bürgermeister der Stadt Hof) 60, 63, 66 (5)
Mulzer, Oberst von (Interimistische Stadtkommandant Nürnbergs) 157, 181
Muncker, Johann Theodor von (Bürgermeister von Bayreuth) 41, 42, 44 (2), 45, 46, 47 (2), 48, 50 (3), 52 (2)
Muncker, Frau (Frau des Bayreuther Bürgermeisters) 46
Muschi, Bernhard (Schüler einer Würzburger Oberklasse) 123
Muzaffar ad-Din (Schah von Persien) 29

Nathan, Amalie (Mutter von Louis Alfred Nathan) 142
Nathan, Louis Alfred (Reicher Fürther Bürger und Stifter eines Ludwigsbrunnens) 142 (2)
Napoleon I. (Kaiser der Franzosen) 36, 38 (2), 117
Napoleon III. (Kaiser der Franzosen) 18, 205
Naumer, Dr. von (Prorektor der Universität Erlangen) 162
Neumann, Balthasar (Baumeister) 116, 117
Neumayr, Max von (Sekretär des Königs Ludwig II.) 21, 23, 64, 76, 84, 94 (2), 106, 108 (2), 152, 159, 174, 184, 196, 197 (2), 202, 207
Nickels, Herr (Regierungsrat) 100, 107
Norden, Frl. (Schauspielerin und Opernsängerin) 165, 175, 181, 185
Notaras, Panajotis (Hofmarschall Königs Otto I. von Griechenland) 76

Oegg, Herr (Arzt im Zivilkrankenhaus Aschaffenburg) 109
Oldenburg Amalie von (griechische Königin) 68, 69, 70, 72, 77, 199
Oppmann, L. (Hofkellermeister in Würzburg) 127
Orttenburg-Tambach, Graf (Reichsrat) 157
Otto I. Friedrich Ludwig (König von Griechenland) 68 (3), 69 (2), 70 (2), 74, 75, 76 (2), 77 (4), 205

Papellier, August Heinrich (Bürgermeister in Erlangen) 162 (2)
Pappenheim, Max Graf zu (Generaladjutant von König Ludwig II.) 76
Pappenheim, Herr von (Hofmarschall der Königin Mutter) 192
Pappenheim, Graf zu (Reichsrat) 157
Pauschinger, Herr (Gürtlermeister) 166, 180, 182, 184

Parseval, Herr von (Bezirksamtmann und Badekommisär von Kissingen) 92, 93
Paul, Jean (Dichter) 42
Pechmann, Johann Nepomuk Freiherr von (Bayrischer Staatsminister des Innern) 40
Petri, Friedrich (Ingenieur und königlicher Rat der Verkehrsanstalten) 31
Pfistermeister, Franz Seraph Freiherr von (Hofsekretär und Staatsrat) 21, 127, 201, 207
Pfordten, Ludwig Karl Heinrich Freiherr von der (Außenminister und Vorsitzender im Ministerrat) 18, 26, 27, 136, 188, 196 (2), 201, 207 (8)
Pickert, Herr (Hofantiquar) 182
Platner, Herr (Konsul und Kaufmann) 182
Port, Herr (Stadtpfarrer von St. Lorenz in Nürnberg) 163
Possart, Ernst (Schauspieler und Bühnenleiter) 195
Preußen, Friederike Sophie Wilhelmine von (Markgräfin von Brandenburg-Bayreuth) 39 (3)
Priem, Johann Paul (zeitgenössischer Historiker, Autor und Dichter und Stadtbibliothekar in Nürnberg) 148, 149, 151, 184
Probst, Herr (Kammfabrikant und Gemeindebevollmächtigter in Nürnberg) 182
Puscher, Herr (Kaufmann) 182

Rathgeber (Maschinenfabrik München) 30
Rafalsky, Herr (Schauspieler und Opernsänger) 155, 173, 181, 184 (2), 185
Ramp, Herr (Kleiderfabrikant) 166, 179, 180
Rechberg und Rothenlöwen, Graf von (Generaladjutant des Königs) 21, 31, 123
Reck, Maximilian (Direktor des Stadttheaters Nürnberg) 147, 154 (2), 155, 171
Reichert, Herr (Armenpflegschaftsrat und Feingoldschläger) 182
Reinhard, Herr (Notar und Vorstand des Gemeindekollegiums Nürnberg) 162
Reuß, Herr (Magistratsrat in Aschaffenburg) 109
Riemann, Frau (Kaufmannsfrau) 160
Ries, Magdalena (Schuhhändlerin) 133
Rienecker, Frau (Hofrätin) 133
Rinecker (Bürgermeister Hammelburg) 97 (2)
Rinecker, Dr. Franz von (Professor an der Würzburger Universität) 120
Röhm, Herr (Büttnermeister aus Sommerach) 127
Rohde, Herr (Schauspieler) 195
Roman, Herr von (Oberleutnant und Adjutant) 160
Romanow, Nikolai (Nikolaus) Alexandrowitsch (Sohn des russischen Kaiserpaares Alexander II. und Maria Alexandrowna) 88
Rose, Herr (Magistratsrat in Bayreuth) 50, 52
Rose, Herr (Zuckerfabrikant) 73
Rücker, Herr (Bezirksamtmann Fürth) 181
Rüthling, Herr (Schauspieler) 195

Sachs, Hans (Meistersinger) 65, 153 (2), 154, 156, 171, 172, 175 (2), 185 (2), 196 (2), 210
Sachsen-Hildburghausen, Therese Charlotte Luise Friederike Amalie von (Königin von Bayern) 117
Sauer, Karl Theodor von (Hauptmann und Flügeladjutant des Königs) 31
Saverny, Marquis de (Pseudonym für König Ludwig II. bei seinen Reisen in die Schweiz) 30
Schad, Dr. Christian (Lyriker und Heimatdichter) 138
Schäfer, Oskar (Maler) 147
Schäffer, B. (Kantor) 156
Schalk, Herr (Bezirksamtmann Hammelburg) 97
Schamberger, Adolph von (Generaldirektionsrat bei den königlichen Bayerischen Staatseisenbahnen und für den Fahrdienst zuständig) 31
Schamel, Hans (Königlich bayerischer Leibgardist) 146 (2)
Scharf-Scharffenstein (Dichter) 114
Schellhorn, Herr (Zimmermeister) 147
Scheuering, Herr (Posamentier und Vorstand der Feuerwehr Würzburg) 120
Schiele, Josef (Bürgermeister in Lohr) 100 (3), 107 (2)
Schiller, Johann Christoph Friedrich von (Dichter) 111, 119, 122, 124, 128, 167, 208
Schilling, Dr. August (Maler) 81

Schipp, Herr (Konditormeister) 76, 201
Schlagintweit, Eduard (Hauptmann der bayerischen Armee) 93
Schleich, Herr von (Generalmajor in der Garnison Bamberg) 47
Schlemmer, Herr (Feldwebel vom 7. Infanterieregiment) 48
Schmid, Herr (Schauspieler und Opernsänger) 155, 165, 173, 185
Schmiedel, Andreas (Bürgermeister von Kitzingen) 137
Schmitt, Herr (Porzellanmaler) 73
Schmitt, Matthäus (Wachtmeister im 3. Ulanen-Regiment) 74
Schmitt, Theodor (Besitzer einer Zuckerfabrik) 47
Schmittbüttner, Herr (Stadtkommissar in Bamberg) 67, 69
Schneider, Eugen (Bürgermeister von Bamberg) 69, 71 (3), 76, 77, 78, 79 (3)
Schneider, Herr (Uhrmachermeister) 166
Schönborn, Friedrich Karl Reichsgraf von (Fürstbischof von Würzburg und Bamberg) 117
Schönborn, Johann Philipp Franz von (Fürstbischof von Würzburg) 117
Schönborn, Lothar Franz von (Fürstbischof von Bamberg) 67
Schönchen, Frl. (Schauspielerin) 169
Schott, Herr (Katholischer Pfarrer) 92
Schrag, Herr (Kunstverlagshändler) 171 (2)
Schrodt, Herr (Regierungsrat und Stadtkommissar in Nürnberg) 162, 182
Schultes, Carl von (Bürgermeister von Schweinfurt) 82 (2), 84 (3), 86, 87
Schwesinger, Herr (Brauereibesitzer) 105
Seidel, Herr (Komponist) 48
Seiler, Christoph Wilhelm (2. Bürgermeister von Nürnberg) 173 (2), 182
Seiler, Marie (Frau des Bürgermeisters Seiler) 160
Seitz, Franz von (Maler, Hochschullehrer und Theaterdirektor) 28
Siebenbeutel, Herr (Korporal im 3. Ulanen-Regiment) 74
Siebert, G. (Schauspieler, Sänger und Komiker) 169, 171 (2), 174, 175
Sineerus bavarieus (Pseudonym eines unbekannten Dichters) 84. 85
Spohr, Louis (Komponist und Geiger) 184
Soldau, Herr (Buchhändler) 166
Solger, Herr (Architekt und Oberbaurat) 147, 154, 172
Sommer, Dr. (Oberstabsarzt) 185
Sotier, Alfred (Badearzt der Kaiserin Elisabeth) 92
Springer, Herr (Kaufmann) 165
Städler, Herr (Drechslermeister) 182
Steinhäußer, Herr (Fabrikant) 60
Steffen, Frau Walter (Schauspielerin) 169
Stehle, Fräulein (Opernsängerin) 154
Steigerwald, Herr (Feldwebel der Garnison) 167
Steinsdorf, Kaspar von (Bürgermeister von München) 192, 193, 195 (3)
Stephan, Herr von (General-Kommandant und Generalleutnant) 157, 169
Sternbach, Freifrau von (Bürgerin Nürnbergs) 160
Stöber, General (General des Münchner Landwehroffizierskorps) 192
Stoeckel, Johann Georg (Bürgermeister von Münchberg) 56, 57 (3)
Stolzing, Walther von (Meistersinger) 154 (2)
Stoß, Veit (Bildhauer und -schnitzer der Spätgotik) 184
Stubenrauch, A. (Färbermeister) 144
Süßmilch-Hörnig, Major von (Königlich sächsischer Etappenkommissar) 58
Suppé, Franz von (Komponist) 174

Tann, Ludwig Samson Heinrich Arthur Freiherr von und zu der (königlich bayerischer General der Infanterie) 15–16, 35, 201
Tattenbach, Graf von (Oberst eine Kürrasierregimentes) 37
Tausch, Herr (General der bayerischen Armee) 181
Tauschek, Herr (Oberleutnant) 98
Tell, Wilhelm (Schweizer Nationalheld und Sagengestalt) 208
Theodoline Charlotte Luise (Tochter von Ludwig I.) 117
Thiem, Anna (Bürgerstochter) 46

Thiereck, von (Oberst des 4. Infanterieregiments) 111
Thurn und Taxis, Paul Maximilian Lamoral von
(Ordonnanzoffizier von König Ludwig II.) 23, 35
Thurn und Taxis, Fürst von (General der bayerischen Armee) 201
Tiepolo, Giovanni Battista (Maler) 116
Toskana, Ferdinand III. Joseph Johann Baptist von (Großherzog von Würzburg) 117
Timansky, Herr (Schauspieler) 169, 174, 175
Tucher, Freiherr von (Kammerherr des Königs) 182
Tucher, Freifrau von (Frau des Freiherrn von Tucher) 160
Tucher, Freifräulein von (Frau des Freiherrn von Tucher) 160

Ungemach, Herr (Stadtrichter und 3. Gesellschaftsvorstand der
Gesellschaft Harmonie) 122
Ullmann (Unternehmer) 144 (3)

Verdi, Giuseppe Fortunino Francesco (Komponist) 75, 76, 165
Vischer, Peter (Bildhauer und Rotschmied) 180
Völk, Dr. Josef (Abgeordneter des bayerischen Parlaments) 13
Völk (Reitknecht des Königs) 35
Vogel, Johann (Lohnkutschereibesitzer) 144
Vogel Johann Georg Carl von (Verweser des Innenministeriums) 201
Vogler, Bernhard Emil (Bürgermeister in Aschaffenburg) 105, 106, 107 (2), 108 (2), 109, 111, 112
Vierneisel, Peter (ehrenamtlicher Bürgermeister in Miltenberg) 107

Wächter, Maximilian Ritter von (Erster Bürgermeister der Stadt Nürnberg) 132, 148, 151, 154, 155, 156, 157 (3), 163, 167, 169–170, 171, 173 (2), 182, 185 (2), 186 (2)
Wächter, Christine Helene Ida Emilie von (Ehefrau des Bürgermeisters von Nürnberg) 159
Wächter, Fräulein von (Tochter des Bürgermeisters von Nürnberg) 160
Wächter, Herr von (Notar und Vorstand der Gemeindebevollmächtigten
Aschaffenburgs) 111
Wagner, Cosima (Frau von Richard Wagner) 174
Wagner, Wilhelm Richard (Komponist) 9, 14, 15 (6), 17 (2), 20 (2), 22, 23, 34, 35, 37, 38, 47, 61 (2), 64, 106, 107, 118 (2), 124, 125 (3), 128 (3), 129, 147, 153 (2), 154, 167 (2), 171 (2), 175 (2), 176, 177 (2), 178, 179, 184 (2), 205 (2), 207 (6), 208, 210, 211
Wagner Herr Th. (Magistratsrat in Bayreuth) 50
Wahnschaffe, Herr (Spielwarenhändler) 166
Wanderer, Friedrich Wilhelm (Professor an der Kunstgewerbeschule in Nürnberg) 155, 171
Weber, Carl Maria Friedrich Ernst von (Komponist) 48, 76
Weiß, Herr (Magistratsrat von Nürnberg) 184
Weißheimer, Wendelin (Komponist, Kapellmeister und Musikschriftsteller) 118 (4), 126 (2), 128 (8), 129 (4)
Welsch, Herr (Landwehr-Oberst) 71
Wenglein, Herr (Landwehr-Major) 71
Werder, Johann Ludwig (Direktor der Cramer-Klett'schen Maschinenfabrik) 172
Werthern-Beichlingen, Georg Graf und Herr von
(Preußischer Diplomat in Bayern) 177, 178, 211
Wessenig, Herr von (Oberstleutnant und Stadtkommandant von Aschaffenburg) 110, 111
Wetzstein, Herr (Buchhändler) 81
Widder, Anton von (2. Bürgermeister der Stadt München) 192
Wilhelm I. (Deutscher Kaiser und Preußischer König) 18, 19, 28, 35
Winter, Christian (Juwelier) 166
Winter, Johannes (Gendarm) 95
Wittelsbach, Otto Wilhelm Luitpold Adalbert Waldemar von (Bruder Ludwigs II.) 14, 18, 32, 38, 146, 171, 172 (2), 174 (5), 175, 178, 180 (2), 181, 182, 184, 185, 186 (3), 192, 193 (2), 195, 196, 205
Wolf, F. (Vorstand des Gemeindekollegiums von München) 189, 192
Wolfskeel zu Uettingen, Freifrau Karoline von – Gräfin in Unterfranken) 130 (3)
Württemberg, Friedrich Wilhelm Alexander von (Herzog von Württemberg) 42, 45 (2), 47, 50

Württemberg, Karl I. Friedrich Alexander von (König von Württemberg) 88
Württemberg, Olga Nikolajewna Romanowa von (Königin von Württemberg) 88

Zandt, Max Freiherr von (Generalleutnant) 133
Zeller, Herr (Pyrologe Feuerwerker) 105
Zellmann, Carl (Tenor) 75
Zeltner, Johannes (Fabrikant, Unternehmer) 164, 172, 181, 186
Ziegele, Herr oder Ziegler, Herr (Schreinermeister) 144 (2)
Zoller, Oskar Freiherr von (General der bayerischen Armee) 35, 93 (2)
Zu Rhein, Friedrich Carl Freiherr von (Regierungspräsident der Oberpfalz und von Unterfranken) 133, 136 (2)
Zürn, Dr. Georg von (Bürgermeister in Würzburg) 115 (2), 120 (2), 133, 136
Zwehl, Theodor von (Regierungspräsident der Regierungsbezirke Oberbayern und Oberfranken) 50, 51, 52 (2), 79
Zwehl, Freifrau von (Gattin des Theodor von Zwehl) 46
Zwehl, Freifräulein von (Tochter des Theodor von Zwehl) 46

Bildquellen

Rudi Kurz Archiv
Umschlag, S. 29, 33, 35, 39, 40, 41, 46, 53, 54, 55, 56, 59, 60, 63, 64, 65, 67, 73, 83, 86, 90, 93, 94, 95, 96, 141, 142, 145, 152, 153, 167, 175, 176, 183, 193
Alfons Schweiggert Archiv
S. 12, 14, 19, 69, 84, 91, 100, 118, 122, 135, 138, 139, 140, 149, 151, 158, 161, 162, 165, 168, 179, 187, 200, 206
Walter Hamm Archiv
S. 16, 20, 129, 130, 131, 132, 133
Erich Adami Archiv
S. 3, 7, 8, 15, 18, 23, 25, 27, 42, 43, 44, 45, 49, 57, 62, 68, 81, 89, 98, 99, 102, 105, 106, 109, 110, 113, 114, 117, 120, 121, 126, 128, 146, 154, 157, 163, 164, 180, 181, 188, 189, 194, 198, 201, 202, 204, 205, 207, 210, 211
Marstallmuseum in Schloss Nymphenburg
S. 22, 197
Armeemuseum Ingolstadt
S. 74
Katalog: Von Athen nach Bamberg – König Otto von Griechenland
S. 75, 77, 192
Katalog: König Ludwig II. Museum Herrenchiemsee
S. 32, 50, 76, 170, 184
Katalog: Ludwig II. König von Bayern, Sein Leben und Wirken auf Medaillen und Münzen
S. 47
Bayern Report – Zeitschrift für bayerische Eisenbahngeschichte
Titel-Innenseite, Schluss-Innenseite,
S. 10, 11, 26, 28, 34, 116
Stadtarchiv Aschaffenburg
S. 103
Wikipedia
S. 173, 174, 190

Erich Adami, Jahrgang 1947, lebt in Kleinwallstadt (bei Aschaffenburg). Im Hauptberuf EDV-Kaufmann, widmet er sich seit dem 12. Lebensjahr der Erforschung des Lebens von König Ludwig II. Im Lauf der Jahre schuf er ein umfangreiches privates Ludwig-II.-Archiv, in dem sich die einschlägigen Bücher, Zeitschriftenartikel und Medien zur Thematik befinden. Adami gründete auch den Freundeskreis „Freunde König Ludwigs II." (website: www.koenig-ludwig-freunde.de), deren Mitglieder sich jährlich im Juni mit Schriftstellern und Ludwigforschern in Füssen zum Gedankenaustausch treffen. Das besondere Interesse des gebürtigen Franken gilt seit Jahren der legendären Frankenreise Ludwigs II. im November / Dezember 1866. Zu diesem Thema durchforstete er in vielen Archiven alle greifbaren Zeitungsartikel und Dokumente und sammelte sämtliche Quellen und Belege.

Alfons Schweiggert lebt in München. Er veröffentlichte zahlreiche Erzählungen, Lyrik und den Roman DAS BUCH. In seinen Biografien befasste er sich unter anderem mit König Ludwig II., über den er mehrere viel beachtete Bücher publizierte („Schattenkönig. Otto, der Bruder König Ludwig II. 1998 / Der Kronprinz. Kindheit und Jugend König Ludwig II. von Bayern. 1995/ Die letzten Tage von König Ludwig II. von Bayern. 2003/ Edgar Allan Poe und König Ludwig II. Anatomie einer Geistesfreundschaft, 2008) Schweiggert nahm 1973 bis 1979 an der Universität München einen Lehrauftrag wahr und war von 1993 bis 2009 als Institutsrektor am Staatsinstitut für Schulqualität und Bildungsforschung tätig. – Auszeichnungen: 1976 und 1984 Bestenliste Deutscher Jugendliteraturpreis. 1990 Literatur-Preis München-West. 1995 Literatenkerze der Schwabinger Katakombe, 1995 Bayerischer Poetentaler. Schweiggert ist Präsidiumsmitglied der Literatenvereinigung Turmschreiber.

TRISTAN